Alberto Jori

Das Unendliche

Eine philosophische Untersuchung

Herstellung und Verlag:
Books on Demand GmbH, Norderstedt
ISBN 978-3-8423-3037-5

Inhaltsverzeichnis

Meiner Frau

mit *unbegrenzter* Liebe

Einleitung

Dieses Buch behandelt das Unendliche aus einer Perspektive, die zugleich historisch-philosophisch wie auch theoretisch ist.

Im Wesentlichen ist es meine Absicht, zu beweisen, dass der 'Finitismus' bzw. der finitistische Ansatz vieler griechischen Denker und vor allem des Aristoteles teilweise noch heute gültig ist. Meine Argumentation entwickelt sich dabei in vier 'Phasen', die den vier Kapiteln des Buches entsprechen.

Im 1. Kapitel betrachte ich zunächst die griechische Vorstellung des Endlichen, des Unendlichen und ihrer Beziehungen mit besonderem Bezug auf die Pythagoreer, auf Platon und vor allem auf die tiefen Analysen, die Aristoteles dem Unendlichen widmet.

Im 2. Kapitel untersuche ich die 'infinistische' Wende, die die Kultur der Renaissance und im Allgemeinen der Neuzeit in vielerlei Hinsicht kennzeichnet. Im Rahmen dieser Untersuchung spielt das Denken von Giordano Bruno, seine Begeisterung für die neuen astronomischen Perspektiven und vor allem für die Idee eines unendlichen Kosmos eine wichtige Rolle. Daneben wird auch der Einfluss, den Brunos Perspektive auf das philosophische und wissenschaftliche Denken der darauffolgenden Jahrhunderte ausgeübt hat, in Betracht gezogen.

Im 3. Kapitel analysiere ich den Weg, auf dem Georg Cantor zur Formulierung seiner Mengenlehre wie auch der Theorie des Transfiniten gelangt ist. Diesbezüglich habe ich nicht nur die mathematischen Beweise, sondern auch die philosophischen Gründe untersucht, die Cantor erbracht hat, um die Existenz eines *aktualen* Unendlichen zu behaupten; außerdem habe ich versucht zu beweisen, dass sie nicht ganz überzeugend sind. Jenseits der unbestreitbaren Verdienste der Mengenlehre für die Entwicklung der Mathematik deuten auch einige Probleme, insbesondere das Problem der paradoxen Mengen, das von den Formalisten nur teilweise überwunden wurde, und das der Kardinalität des Kontinuums, darauf hin, dass eine Rückkehr zur Theorie des *potentiellen* Unendlichen sinnvoll oder zumindest nicht illegitim wäre.

Im 4. Kapitel werden schließlich die überraschenden Berührungspunkte zwischen Aristoteles' Vorstellung eines unbegrenzten aber endlichen Universums einerseits und der gegenwärtigen relativistischen Kosmologie andererseits dargestellt; dabei werden auch die Unterschiede zwischen den beiden Perspektiven berücksichtigt.

Es sei dem Leser überlassen zu prüfen, ob der vorliegende Versuch Erfolg gehabt hat, die Gültigkeit und Aktualität der aristotelischen Überlegungen über das Unendliche nachzuweisen.

Danksagung

Dem hochgeschätzten Kollegen und Freund Achim Preuß bin ich für seine unersetzliche Hilfe – sowohl auf der begrifflichen Ebene als auch im 'technisch-graphischen' Bereich – zu allerherzlichsten Dank verpflichtet: Ohne ihn hätte dieses Buch niemals das Licht der Welt erblickt. Den Herren Professoren Vincenzo Cappelletti, Andrew Hodges und Eberhard Knobloch bin ich für ihre wertvollen Vorschläge sehr verbunden. Endlich möchte ich auch dem Freund Stefan Neumaier für seine Beratungsarbeit sehr herzlich danken.

Tübingen, den 10 Juli 2010

Kapitel 1

Das Unbegrenzte bzw. Unendliche bei den Griechen, mit besonderem Bezug auf Aristoteles

Im griechischen Denken herrschte ein System von Wertkoordinaten, nach dem das Begrenzte im allgemeinen für besser oder 'vornehmer' gehalten wurde als das Unbegrenzte bzw. Unendliche. Es ist zwar das große Verdienst von Rodolfo Mondolfo, die wichtige Rolle des Begriffs des Unbegrenzten in der griechischen Philosophie und Wissenschaft erklärt zu haben;[1] trotz seiner sorgfältigen Untersuchung besteht jedoch kein Zweifel daran, dass die Griechen, obwohl sie die Bedeutung des Unendlichen in mancherlei Hinsicht schätzten, fast immer – sowohl auf ontologischer als auch auf axiologischer Ebene – dem Begrenzten den Vorrang gaben. Es handelt sich dabei im Wesentlichen um das, was man als griechischen 'Finitismus' bezeichnen könnte, welcher in der theoretischen Einstellung des Aristoteles sehr deutlich zum Ausdruck kommt.

So bemerkt auch Hermann Weyl: „Die Spannung zwischen dem Endlichen und dem Unendlichen für die Erkenntnis der Wirklichkeit fruchtbar gemacht zu haben, ist die große Leistung der Griechen."[2] Diese beiden Prinzipien, obwohl in gleicher Weise notwendig, stehen jedoch durchaus nicht auf dem gleichen Niveau.

1. Das Unbegrenzte bei den Pythagoreern

An einer Stelle der *Metaphysik* bezeugt Aristoteles, dass bei den Pythagoreern das Unbegrenzte und das Begrenzte als Elemente der Zahlen verstanden werden, die ihrerseits die Prinzipien (ἀρχαί) der ganzen Wirklichkeit darstellen:

> Offenbar nun sehen auch ['die sogenannten Pythagoreer'] die Zahl als Prinzip an, sowohl als Stoff für das Seiende, als auch als Bestimmtheiten und Zustände. Als Elemente [στοιχεῖα] der Zahl aber betrachten sie das Gerade und das Ungerade, von denen das eine begrenzt [πεπερασμένον] sei, das andere unbegrenzt [ἄπειρον], das Eine aber bestehe aus diesen beiden (denn es sei sowohl gerade als ungerade), die Zahl aber aus dem Einen, und aus Zahlen (...) bestehe der ganze Himmel.[3]

Dass das Unbegrenzte in einem solchen strukturellen und wirklichkeitserzeugenden Verhältnis eher die Funktion des *negativen* Poles übernimmt, das Begrenzte dagegen die des positiven Poles, geht deutlich aus der Tatsache hervor, dass die Grenze, das πέρας, bei einigen Pythagoreern in der bekannten Tafel der Gegensätze[4] ausdrücklich auf der Seite des Guten (ἀγαθόν) erscheint, während sein Gegenteil, das Unbegrenzte, das ἄπειρον, auf der Seite des Schlechten (κακόν) geführt wird:

> Andere aus derselben Schule nehmen zehn Prinzipien an, welche sie in entsprechende Reihen [κατὰ συστοιχίαν] zusammenordnen: Grenze [πέρας] und Unbegrenztes [ἄπειρον], Ungerades und Gerades, Eines und Vielheit, Rechtes und Linkes, Männliches und Weibliches, Ruhendes und Bewegtes, Gerades und Krummes, Licht und Finsternis, Gutes und Böses, gleichseitiges und ungleichseitiges Viereck.[5]

2. Vorrang der Grenze und des Begrenzten bei Platon

Dieselbe Dialektik zwischen positiv aufgefasster Grenze und negativ erachtetem Unbegrenztem lässt sich auch bei Platon nachweisen: Im Dialog *Philebos* erweist er dem πέρας und dem πεπερασμένον den Vorzug gegenüber dem ἄπειρον. Im gleichen Dialog befindet sich auch der zentrale Gedanke, dass das ἄπειρον durch ein πέρας begrenzt sein muss, damit eine harmonische Welt geschaffen werden kann. Alle Harmonie und damit letzten Endes alles Gute entstehe nämlich erst durch die Begrenzung, die aus dem unfassbaren ἄπειρον ein Geordnetes und Fassbares macht: Der Ausdruck dieses Zusammenwirkens sei (wie schon für die Pythagoreer) die Zahl. Es gilt nun, die platonische Erörterung über die Relation zwischen πέρας und πεπερασμένον etwas genauer zu untersuchen. Zunächst beschreibt Platon die Methode der Untersuchung, die alles auf einen Begriff bzw. auf eine Idee zurückzuführen versucht, um danach die genaue Zahl der Begriffe irgendwo zwischen der Eins und der Vielzahl festzustellen. Eine solche Forschungsmethode entspricht ganz offensichtlich der Struktur der Wirklichkeit und stellt für Platon ein göttliches Geschenk dar:

> SOKRATES: Als eine Gabe der Götter an die Menschen, wofür ich es wenigstens erkenne, ist er einmal von den Göttern herabgeworfen worden durch irgendeinen Prometheus, zugleich mit einem glanzvollsten Feuer. Und die Alten, besser als wir und den Göttern näher wohnend, haben uns diese Sage übergeben, aus Eins und Vielem sei alles, wovon jedesmal gesagt wird, dass es ist, und habe Bestimmung und Unbestimmtheit in sich verbunden. Deshalb nun müssten wir, da dieses so geordnet ist, immer *einen* Begriff von allem jedesmal annehmen und suchen; denn wir würden ihn gewiss darin. Wenn wir ihn nun ergriffen haben, dann sei nächst dem *einen*, ob etwa *zwei* darin sind, zu betrachten, wo aber nicht, ob drei oder irgendeine andere Zahl, und mit jedem von jenen Eins ebenso, bis man von dem ursprünglichen Eins nicht nur, dass es Eins und Vieles und Unendliches ist, sieht, sondern auch wie vieles; des Unendlichen Begriff aber dürfe man an die Menge nicht eher anlegen, bis einer die Zahl derselben ganz übersehen hat, die zwischen dem Unendlichen und dem Eins liegt, und dann erst jedes Eins von allem in die Unendlichkeit freilassen und verabschieden. So nun haben, wie ich sagte, die Götter uns überliefert zu untersuchen und zu lernen und einander zu lehren.[6]

Besonders wichtig ist ferner die sorgfältige Unterscheidung von vier Arten von Seiendem: (α) das Unbegrenzte (ἄπειρον), (β) die Grenze (πέρας), (γ) das Gemischte der zwei ersteren (μεικτὴν ... οὐσίαν) und (δ) die Ursache der Vermischung (τῆς μείξεως αἰτίαν),[7] wobei die Harmonie des Gemischten aus der Begrenzung des Unbegrenzten stammt. Wie bei einigen Pythagoreern sind auch bei Platon die beide Prinzipien der Grenze – bzw. des Begrenzenden – und des Unbegrenzten zwar notwendigerweise korrelativ, aber die Grenze ist das Vornehmere:

SOKRATES: Gott, sagten wir ja wohl, habe von dem Seienden einiges als unbegrenzt gezeigt, anderes als Grenze.
PROTARCHOS: Allerdings.
SOKRATES: Diese also setzen wir als zwei von diesen Arten; als die dritte aber ein aus diesen beiden zusammengemischtes Eins. Ich werde aber, wie es scheint, lächerlich, wenn ich nach Arten etwas gehörig auseinanderstelle und zusammenzuzählen versuche.
PROTARCHOS: Wie meinst du das, Guter?
SOKRATES: Mir kommt schon wieder vor, als ob noch eine vierte Gattung nötig wäre.
PROTARCHOS: Sage welche.
SOKRATES: Sieh doch auf die Ursache der Vermischung dieser beiden miteinander und setze mir diese zu jenen als die vierte. (...) Die zwei also, die ich vorlege, sollen sein die eben genannten, das eine das Unbegrenzte, das andere das mit Grenze. Dass nun das Unbegrenzte gewissermaßen Vieles ist, will ich versuchen, dir zu erklären (...). Sieh also. Es ist freilich schwierig und strittig, was ich dich auffordere zu betrachten, aber betrachte es doch. Zuerst an dem Wärmeren und Kälteren sieh doch, ob du wohl eine Grenze bemerken kannst, oder ob nicht das Mehr und Weniger, welches diesen Gattungen einwohnt, solange es ihnen einwohnt, gar kein Ende entstehen lässt; denn sobald ein Ende entstände, wäre es selbst auch zu Ende.
PROTARCHOS: Vollkommen richtig.
SOKRATES: Und immer, behaupten wir doch, ist in dem Kälteren sowohl als Wärmeren das Mehr und Weniger.
PROTARCHOS: Allerdings.
SOKRATES: Immer also, deutet unsere Rede an, werden diese beiden kein Ende haben, und da sie ohne Ende sind, sind sie doch auf alle Weise unbegrenzt.
PROTARCHOS: Und das gar stark, o Sokrates.
SOKRATES: Sehr gut, lieber Protarchos, hast du dies aufgefasst und mich erinnert, dass auch dieses <Gar stark>, was du jetzt ausgesprochen hast, und das <Gar schwach> ganz dieselbe Bedeutung haben, wie das Mehr oder Weniger. Denn worin sie sich befinden, das lassen sie nicht bestimmter Größe sein, sondern indem sie in jegliche Handlung ein Stärkeres als das Schwächere und umgekehrt einzeichnen, bewirken sie ein Mehr und Minder und machen die bestimmte Größe verschwinden. Denn, wie wir eben sagten, wenn sie die bestimmte Größe nicht verschwinden machten, sondern das Gemessene in die Stelle des Mehr und Minder und Stark und Schwach eintreten ließen: so müssten diese selbst aus ihrer Stelle verlorengehn, in der sie sich befanden. Denn sie wären nicht mehr Wärmeres und Kälteres, wenn sie die bestimmte Größe aufnähmen. Denn immer vorwärts schreitet das Wärmere und bleibt nicht, und ebenso auch das Kältere. Das von bestimmter Größe aber steht still und ist aufgehalten im Fortschreiten. Demzufolge also wäre das Wärmere unbegrenzt, und sein Gegenteil auch. (...) Jetzt aber sieh doch zu, ob wir nicht dieses als ein Merkmal der Natur des Unbegrenzten annehmen wollen, um nicht alles durchgehend die Sache in die Länge zu ziehen.
PROTARCHOS: Welches meinst du?
SOKRATES: Alles, woran wir sehen, dass es mehr oder weniger wird, und das Stark und Schwach und Sehr und alles dergleichen annimmt, dies alles müssen wir unter die Gattung des Unbegrenzten als unter Eins zusammenstellen nach unserer vorigen Rede, da wir sagten, dass wir alles Zerspaltene und Zerrissene nach Vermögen müssten unter *einen* Begriff einzuzeichnen suchen, wenn du dich erinnerst.
PROTARCHOS: Wohl erinnere ich mich.
SOKRATES: Also was nun dieses nicht annimmt, sondern alles Entgegengesetzte hiervon annimmt, zuerst das Gleiche und die Gleichheit, und nach dem Gleichen das Zwiefache und was sonst Zahl ist im Verhältnis zu Zahl und Maß im Verhältnis zu Maß, wenn wir dies alles unter die Grenze rechneten, würden wir wohl ganz recht daran tun. Oder wie meinst du?
PROTARCHOS: Ganz vortrefflich, o Sokrates.
SOKRATES: Wohl! Aber das Dritte aus diesen beiden gemischte, welche Gestalt sollen wir sagen, dass dieses habe? (...) Wir nannten doch eben etwas Wärmeres und Kälteres. Nicht war?
PROTARCHOS: Ja.
SOKRATES: Nimm nun auch noch Trockeneres und Feuchteres dazu, und Mehr und Weniger, und Schnelleres und Langsameres und Größeres und Kleineres, und was wir sonst noch vorher unter den das Mehr und Minder annehmenden Begriff zusammengestellt haben.
PROTARCHOS: Du meinst unter den des Unbegrenzten?

SOKRATES: Ja. Und mit diesem vermische hierauf wiederum die Familie der Grenze.

PROTARCHOS: Was für eine?

SOKRATES: Die wir auch vor kurzem, obwohl wir, wie wir die des Unbegrenzten in Eins zusammenbrachten, so auch die des Grenzartigen hätten zusammenbringen sollen, nicht zusammengebracht haben. Aber vielleicht wird es uns auch jetzt genügen, wenn bei der Zusammenbringung dieser beiden auch jene Familie deutlich werden wird.

PROTARCHOS: Welche und wie meinst du?

SOKRATES: Ich meine die des Gleichen und Zwiefachen, und jede, welche sonst noch macht, dass das Entgegengesetzte aufhört, sich zu einander ungleich zu verhalten, und welche durch Einbringung des Gleichmäßigen und Zusammenstimmenden eine Zahl hervorbringt.

PROTARCHOS. Ich verstehe. Du willst nämlich offenbar sagen, dass, wenn man diese mischt, gewisse Erzeugnisse aus jedem derselben herauskommen werden.

SOKRATES: Das will ich offenbar.

PROTARCHOS: Sprich also weiter.

SOKRATES: Pflegt also nicht bei Krankheiten die richtige Gemeinschaft beider das Wesen der Gesundheit zu erzeugen?

PROTARCHOS: Allerdings.

SOKRATES: Und wenn in Hohes und Tiefes, in Schnelles und Langsames, die als unbestimmte sind, eben dieses selbige hineinkommt, wird es nicht, indem es Grenze bewirkt, zugleich die gesamte Tonkunst aufs vollkommendste darstellen?

PROTARCHOS: Allerdings.

SOKRATES: Und wenn es in Kälte und Hitze hineinkommt, so wird das Allzuheftige und Unbegrenzte aufgehoben und darin das Angemessene und Ebenmäßige bewirkt.

PROTARCHOS: Wie anders?

SOKRATES: Hieraus also entstehen uns die geregelten Zeiten und alles, was nur schön ist, wenn das Unbegrenzte und das die Grenze in sich Habende vermischt werden.

PROTARCHOS: Wie anders?

SOKRATES: Und tausenderlei anderes übergehe ich anzuführen, wie nächst der Gesundheit auch Schönheit und Stärke und in der Seele wiederum vielerlei anderes Herrliches. Denn Übermut und jegliche Schlechtigkeit aller Art sah diese Göttin wohl, schöner Philebos, dass keine Grenze, weder der Lust noch der Sättigung, in ihnen sei, und hat daher Gesetz und Ordnung als Grenze in sich habend eingerichtet; und du zwar sagtest, sie erschöpfe, ich aber behaupte, sie erhalte. Wie aber erscheint es dir, o Protarchos?

PROTARCHOS: Gar sehr, o Sokrates, ist es so auch nach meinem Sinne.

SOKRATES: Diese drei also hätte ich abgesprochen, wenn du dich besinnst.

PROTARCHOS: Ich glaube wohl es zu verstehen; eines nämlich, denke ich, erklärst du als das Unbegrenzte, eines, das zweite nämlich, als die Grenze in den Dingen, als dritte aber habe ich noch nicht recht inne, was du damit sagen willst.

SOKRATES: Die Menge hat dich eben verwirrt, o Bester, des Werdens dieses Dritten. Wiewohl ja auch das Unbegrenzte uns viele Arten darbot, doch aber eingezeichnet unter den Begriff des Mehr und seines Gegenteils erschien es uns als Eins.

PROTARCHOS: Richtig.

SOKRATES: Die Grenze aber hatte weder Vieles unter sich, noch waren wir auch im mindesten schwierig, dass sie vielleicht nicht Eins wäre ihrer Natur nach.

PROTARCHOS: Wie konnten wir auch!

SOKRATES: Gar nicht freilich. Unter dem Dritten aber, sage nur, meinte ich, das gesamte Erzeugnis dieser beiden als *eines* setzend, das Werden zum Sein aus den mit der Grenze bewirkten Maßen.[8]

Hier werden mit ganzer Deutlichkeit ontologische, axiologische und gnoseologische Kriterien angewandt, um dem πέρας den höheren Status zuzuweisen. Die Grenze ist vornehmer, weil sie dem chaotischen ἄπειρον Ordnung, Gestalt, Zahl auferlegt.

Das „Gute" und das „Erkennbare" bedeutet nämlich für Platon ein Gestaltetes: also ein Begrenztes. Die Begriffe der Grenze, der Gestalt, des Seins, des Guten und der Erkenntnis neigen bei ihm dazu zusammenzufallen. Diese konzeptuelle Perspektive scheinen fast alle griechischen Denker geteilt zu haben.

3. Das 'Apeiron' von Anaximander als Ursprung aller Dinge

Man könnte einwenden, dass im griechischen Denken eine Gegenposition – in Bezug auf die oben erklärte Behauptung der 'Überlegenheit' der Grenze und des Begrenzten – vorhanden ist, d. h. die Annahme, dass das ἄπειρον 'besser' als das Begrenzte ist, und in diesem Zusammenhang auf die Lehre des Anaximander hinweisen.

Bei Anaximander bildet das Unendliche zugleich auch das qualitativ Undifferenzierte, Unbestimmte und Unfassbare: es wird aber gerade deswegen geschätzt und als dasjenige betrachtet, in welches alle Dinge, die durch einen Differenzierungprozess daraus entstanden sind, schließlich zurückkehren müssen. Wie nämlich Anaximanders berühmtes Fragment erklärt:

> Anfang und Ursprung der seienden Dinge ist das Apeiron (das Grenzenlos-Unbestimmbare). Woraus aber das Werden ist den seienden Dingen, in das hinein geschieht auch ihr Vergehen nach der Schuldigkeit; denn sie zahlen einander gerechte Strafe und Buße für ihre Ungerechtigkeit nach der Zeit Anordnung.[9]

Nach der Meinung von Anaximander bedeutet jedes Unterscheiden, Gestalten und Bestimmen zugleich ein sich Abschließen vom Ursprung (ἀρχή), ein sich ihm in arroganter Weise Entgegensetzen.

Und da die gestaltete Welt aus dem ständigen Kampf der Gegensätze gegeneinander entsteht, können Frieden und Gerechtigkeit des Ursprungs nur mittels der Rückkehr aller bestimmten, endlichen Dinge in die gestaltlose Undifferenziertheit des Unendlichen wiederhergestellt werden.[10]

Jedoch auch bei Anaximander findet sich eine Art Finitismus: Indem er das ἄπειρον als Ursprung und Anfang zu zeitlich unbegrenzter – also ewiger – Urgegebenheit macht, verschwindet in einer scheinbar paradoxen Weise die Unbestimmtheit der zeitlichen Unendlichkeit, die für das mythologische Denken typisch war.[11]

Außerdem stellt das Prinzip der Gerechtigkeit (δίκη), das die Welt von Anaximander beherrscht, Maß und Begrenzung für alle endliche Dinge dar, die am Ende wieder in den gegensatzlosen Urgrund des Seins zurückkehren müssen, um „Gerechtigkeit zu geben", indem sie ihre Schuld „gemäß der Ordnung der Zeit" sühnen.

Die Zeit selbst erweist sich in diesem Sinne als normative, ausgleichende Grenze, Dimension der Rechtsordnung, Hauptkoordinate der Wiederherstellung der kosmischen Harmonie. Man kann folglich behaupten, dass der Priorität des πέρας gegenüber dem ἄπειρον auch bei Anaximander im Wesentlichen nicht widersprochen wird.

4. Das Problem des Unendlichen in der „Physikvorlesung" des Aristoteles

Selbst Aristoteles, der sich am intensivsten mit allen vor ihm in der griechischen Philosophie aufgetretenen Problemen hinsichtlich des Unbegrenzten bzw. des Unendlichen auseinandergesetzt hat,[12] billigt dem Begrenzten im Vergleich zum ἄπειρον einen höheren ontologischen, gnoseologischen und axiologischen Rang zu. Er geht sogar zu den metaphysischen Wurzeln der Problematik, indem er sich selbst nicht nur die Frage stellt, ob das ἄπειρον oder das πέρας (und das πεπερασμένον) vornehmer ist, sondern auch die radikalere Frage, ob es ein ἄπειρον überhaupt gibt. So beginnt nämlich seine Erörterung des Unendlichen in der *Physikvorlesung*:

> Da zu den Gegenständen der Naturwissenschaft die (ausgedehnten) Größen, der Prozess und die Zeit zählen, welche sämtlich entweder unendlich oder aber endlich sein müssen – auch wenn nicht alles unter diese Alternative fällt, man denke an die qualitative Zuständlichkeit oder an den Punkt (...), so ist im Rahmen einer Abhandlung über die Natur eine Untersuchung über das *Unendliche* wohl angebracht: Gibt es Unendliches? Und wenn ja, was ist sein Begriff?[13]

4.1. Aus welchen Gründen kann die Existenz des Unendlichen angenommen werden?

Nachdem Aristoteles eine knappe Darstellung (wie für ihn üblich) der verschiedenen Lösungen skizziert hat, die seine Vorgänger für dieses Problem vorgeschlagen haben,[14] zählt er fünf Gründe auf, welche für die Existenz eines Unendlichen zu sprechen scheinen. Betrachten wir zunächst die ersten vier Gründe. (a) Der erste Grund bezieht sich auf die Zeit, die unbegrenzt zu sein scheint, weil nicht einzusehen ist, wie sie einen Anfang oder ein Ende haben könnte. (b) Der zweite Grund ist die von den Mathematikern postulierte unendliche Teilbarkeit der räumlichen Größen. (c) Der dritte Grund sieht im Entstehen und Vergehen, dem kein Anfang und kein Ende zugewiesen werden kann, die Notwendigkeit, eine unbegrenzte stoffliche 'Reserve' anzunehmen, aus welcher das Werden immerfort gespeist werden kann. (d) Der vierte Grund ist, dass jede Grenze eines Gegenstandes zugleich eine Abgrenzung gegen etwas außerhalb seiner Liegendes ist, so dass ein solcher Verlauf des jeweils über eine gegebene Grenze Hinausliegens unendlich weiterzugehen scheint. Der Begriff selbst einer äußersten Grenze sieht demgemäß aus wie sein eigener Widerspruch:

> Es sind im wesentlichen wohl fünf Argumente, auf die sich die Annahme einer Realität des Unendlichen hauptsächlich stützt: a) die Zeit – diese (sei) ja ein Unendliches; b) die Zerlegbarkeit der Ausdehnungsgrößen – darum arbeiteten ja auch die Mathematiker mit dem Begriff des Unendlichen; c) die These, eine Fortdauer von Entstehen und Vergehen sei nur denkbar, wenn der Urbestand, der alles Entstehende aus sich ergeben müsse, unendlich sei; d) aus dem Begriff des Endlichen, das immer nur an einem Weiteren seine Grenze ha-

ben (und zuallererst dadurch endlich sein) könne; wenn aber jegliches nur an einem anderen seine Grenze habe, dann ergebe sich die Unmöglichkeit einer (definitiven) Grenze (...).[15]

(e) Der fünfte Grund ist nach Meinung des Aristoteles jedoch der ausschlaggebende: Weil sich die Einbildungskraft zu jeder beliebigen Zahl oder Größe eine noch größere ausdenken oder auch über das Himmelsgewölbe hinaus sich noch einen weiteren Raum vorstellen kann, lässt sich jede angenommene Grenze zumindest gedanklich überschreiten; deshalb scheinen sowohl die Zahlen als auch die mathematischen Größen und der Raum außerhalb des Himmelsgewölbes unendlich zu sein. Und wenn man sich einen unbegrenzten Raum außerhalb des Himmelsgewölbes denkt, so sei wiederum nicht einzusehen, warum dieser Raum leer sein und nicht weitere raumerfüllende Körper enthalten sollte, von welchen es dann wiederum in einem unbegrenzten Raum eine unendliche Anzahl geben könne:

> (...) e) das häufigste und hauptsächliche Argument, mit dem keiner bisher fertig geworden ist: die Zahlenreihe, die mathematischen Ausdehnungsgrößen und der Raum jenseits des Himmels müssten unendlich sein, da sie dem Denken keinen Abschluss erlaubten. Und wenn der Raum jenseits des Himmels unendlich sei, dann gebe es auch einen unendlich großen Weltkörper und unendlich viele Welten. Denn warum sollte an irgendeiner Stelle mehr Leere existieren als an einer anderen? Gebe es also raumerfüllende Massen an einer Stelle, so gebe es sie überall. Und überdem, sobald man nur annehme, dass es eine unendliche Leere und einen unendlichen Ort gebe, müsse es unweigerlich auch einen unendlichen Weltkörper (darin) geben. Denn im Ewigen gebe es kein Auseinanderfallen zwischen grundsätzlicher Möglichkeit und faktischer Sachlage.[16]

4.2. Höchste Schwierigkeit des Unendlichkeitsproblems

Nachdem Aristoteles auf diese Weise die wichtigsten Gründe angegeben hat, welche für die Existenz eines Unendlichen sprechen, stellt er jedoch fest, dass sowohl die Annahme, dass es ein Unendliches gibt, wie auch die entgegengesetzte Annahme, dass es nicht existiert, zu Aporien führt. „Die Theorie des Unendlichen hat ihre Schwierigkeiten; mag man die Existenz eines Unendlichen annehmen oder nicht, sofort drohen viele unannehmbare Konsequenzen (...).“[17] Wenn man insbesondere bereit ist, die Existenz des Unendlichen anzunehmen, müssen viele Fragen gelöst werden:

> (...) schwierig auch ist die Bestimmung seiner Seinsweise: hat es die Seinsweise einer Substanz oder die einer unmittelbaren Bestimmtheit an einem Wesen oder besitzt es keine dieser beiden Seinsweisen und gibt es gleichwohl doch ein unendlich Großes und unendliche Mannigfaltigkeit?[18]

Auf jeden Fall – bemerkt Aristoteles – gehört das zentrale Problem, das auch in der Abhandlung *Über den Himmel* eine entscheidende Rolle spielt (siehe unten), ob nämlich ein unbegrenzter Körper existieren kann, ohne Zweifel in den Bereich des Naturforschers, d. h. des Physikers: „Für den Physiker ist vor allem die eine Frage wichtig, ob es eine unendliche sinnliche Größe gibt."[19] Darauf folgt in der *Physikvorlesung* eine längere Erörterung verschiedener theoretischer Möglichkeiten, von welchen ich hier versuchen werde, das wirklich Relevante für unsere Frage auf das deutlichste hervorzuheben.

4.3. Mehrdeutigkeit des Begriffes 'Unendlich'

Zunächst untersucht Aristoteles – wie er es mit den wichtigen Begriffen gewöhnlich tut – die Bedeutungsdimensionen des Begriffs ἄπειρον abzustecken; dabei stellt er fest, dass der Terminus drei Hauptbedeutungen besitzt, von denen die dritte weiter gegliedert ist:

> Jedenfalls ist zunächst die Vieldeutigkeit des Terminus 'unendlich' aufzuklären. In einer ersten Bedeutung heißt unendlich dasjenige, das man deswegen nicht durchlaufen kann, weil es prinzipiell nicht durchlaufbar ist, so wie der Sprachlaut prinzipiell unsichtbar ist. In einer zweiten Bedeutung heißt unendlich dasjenige, was zwar prinzipiell sehr wohl durchlaufbar ist, bei dem aber das Durchlaufen zu keinem Abschluss kommt, sei es nun, weil man schwerlich so weit gelangt, sei es, weil es trotz aller angestammten Durchlaufbarkeit keinen Abschluss des Durchlaufens oder keine Grenze besitzt. In einer dritten Bedeutung schließlich (ist der Terminus 'unendlich' auf die Operationen der Addition und Teilung bezogen und dementsprechend) gibt es das Additionsunendliche, das Teilungsunendliche und ein Unendliches mit Bezug auf beide Operationen zugleich.[20]

In welchem Sinne darf man nun sagen, dass ein Unendliches existiert? Offenbar nicht in dem Sinne, in welchem eine Gegebenheit, bei welcher es gar keinen Sinn hat, von einer Grenze zu reden, grenzenlos genannt werden kann. Vielmehr soll dasjenige unendlich bzw. unbegrenzt genannt werden, welches seiner Natur nach so beschaffen ist, dass es prinzipiell durchlaufbar ist, aber tatsächlich *nicht* vollständig durchlaufen werden kann. Dazu gehören vor allem die räumlichen Größen und die Zahlen. Aber Größen und Zahlen kommen in der uns umgebenden physikalischen Welt wiederum nur vor als Eigenschaften von Dingen, nicht als Dinge bzw. Wesenheiten an sich. In diesem Sinne ist die Unendlichkeit also eine mögliche Eigenschaft von Eigenschaften.[21] Daraus folgt, dass das Unendliche als solches keine Substanz (οὐσία) sein kann. Dass es keine selbstständige Substanz ist, erklärt sich auch aus der Tatsache, dass es in diesem Fall ohne Teil und unteilbar sein müsste:

> Ein Unendliches, das, selbständig gegenüber den sinnlichen Gegenständen, für sich ein eigenes Unendliches wäre, ist ausgeschlossen. Denn wenn es weder Ausdehnungsgröße noch Anzahl (einer Substanz bzw. von Substanzen), sondern selbst Substanz und demnach nicht eine bloße Bestimmtheit (an einer Substanz) ist, dann ist es unweigerlich unteilbar – denn teilbar sind nur Ausdehnungsgröße und Anzahl. Ist es aber unteilbar, so ist es nicht unendlich, es sei denn bloß in dem Sinne, wie der Sprachlaut unsichtbar ist. Aber in dieser Bedeutung meint den Terminus keiner, der eine Existenz des Unendlichen vertritt, so meinen auch wir ihn nicht, wenn wir jetzt das Unendlichkeitsproblem untersuchen; es geht (uns wie jenen) um das Unendliche im Sinne des nicht bis zu einem Abschluss Durchlaufbaren. – (...) Zweifellos ausgeschlossen ist aber auch eine Existenz des Unendlichen im Modus der Wirklichkeit und in der Seinsweise einer Substanz und eines Prinzips. Denn sonst ist – falls es überhaupt ein Teilbares ist – jeder beliebige seiner Einzelteile, den man herausgreifen mag, selbst auch wiederum ein Unendliches. Denn wenn das Unendliche Substanz ist und nicht

bloß eine Bestimmtheit an etwas, dann ist keinerlei Unterschied zwischen Unendlichkeit und Unendlichem, so dass immer nur diese Alternative bleibt: völlige Unteilbarkeit oder Teilbarkeit in unendlich große Teile. Aber unmöglich ist, dass eines und dasselbe eine Vielheit von Unendlichen sei; wenn jedoch das Unendliche eine Substanz und ein Prinzip sein soll, muss unweigerlich jeder Teil des Unendlichen wieder genauso unendlich groß sein, wie jeder Teil der Luft wieder Luft ist. Bleibt also die eine Möglichkeit, dass das Unendliche (unter der angenommenen Voraussetzung) unteilbar und unzerlegbar gedacht werden muss. Aber nun kann ein Unendliches im Modus der Wirklichkeit keinesfalls unteilbar sein, denn es muss von bestimmter Quantität sein.[22]

Als mögliche Eigenschaft von Eigenschaften ist das Unendliche von der Substanz im zweiten Grade entfernt. Daher kann es kein Grundelement oder Prinzip (ἀρχή) alles Seienden darstellen, obwohl durch diese Überlegung nicht ausgeschlossen wäre, dass ein Grundelement bzw. Prinzip des Seienden die Eigenschaft haben könnte, unbegrenzt zu sein:

> Jetzt ist die Konsequenz zu ziehen, dass das Unendliche nur als Bestimmtheit an etwas möglich ist. Dann aber darf, wie schon betont, nicht gesagt werden, das Unendliche sei ein Prinzip; Prinzip kann vielmehr nur das sein, dem die Unendlichkeit als Bestimmtheit eigen ist, die Luft etwa oder die gerade Zahl.[23]

Diese Möglichkeit wird später (vgl. Γ 5, 204 b 22-35: siehe unten) auf Grund anderer Überlegungen ausgeschlossen für den Fall, dass die Grundelemente des Seienden räumlich ausgedehnte Körper sind.

Aristoteles gibt zwar zu, dass die Untersuchung über das Unendliche allgemeiner ist, weil man sich diesbezüglich die Frage stellen muss, ob das Unendliche auch in den Zahlen oder in den intelligiblen Dingen existieren kann. Er bemerkt aber, dass das Problem im Rahmen einer Forschung über die Natur in bestimmterer Weise auftritt: ob nämlich *ein unbegrezt ausgedehnter sinnlich wahrnembarer Körper* existert oder existieren kann:

> Nun sollte die gegenwärtige Untersuchung vielleicht ganz generell geführt werden, d. h. unter Einschluss der Frage nach der Möglichkeit einer Unendlichkeit im Mathematischen und im Feld der größelosen Gegenstände des reinen Verstandes. Aber wir begnügen uns hier mit einer Erörterung im Bereich der sinnlichen Welt und unseres gegenwärtigen Gegenstandes (d. h. der Natur): Gibt es in diesem Bereich einen unendlich großen Körper?[24]

4.4. Die Frage nach einem unbegrenzt ausgedehnten Körper

Die Untersuchung findet dann nach den zwei Methoden – (*A*) der „logischen" bzw. „dialektischen" Methode (λογικῶς σκοπεῖσθαι) und (*B*) der „physischen" (φυσικῶς θεωρεῖν) – statt, wie häufig bei Aristoteles.

4.4.1. Die „logische" Untersuchung

(*A*) Auf der logisch-dialektischen Ebene bezieht sich Aristoteles, um auf die Frage nach der Existenz eines unendlich ausgedehnten (sinnlich wahrnehmbaren) Körpers eine Antwort zu geben, auf die allgemeine Definition des Körpers als eines von Flächen Begrenzten oder Eingeschlossenen. Nach einer solchen Definition scheint es nun keinen wahrnehmbaren oder auch nur gedachten unendlichen Körper geben zu können:

> Die rein begriffliche Überlegung sagt aus folgenden Gründen nein [*scil*: sagt, dass es keinen unendlich ausgedehnten Körper gibt]. Sobald der Körper als das durch eine Oberfläche begrenzte Gebilde definiert ist, ist ein unendlich großer Körper wohl ausgeschlossen, und zwar gleichgültig, ob man dabei an einen ideellen oder einen sinnlichen Körper denken mag (...).[25]

Doch kann der Einwand gegen dieses Argument erhoben werden, dass man auf Grund einer gleichen Überlegung auch den Zahlen die Unendlichkeit absprechen müsste. Denn eine Zahl ist etwas, was abgezählt werden kann, das Unendliche dagegen durch Definition das, was nicht durchlaufen, also auch nicht abgezählt werden kann. Und trotzdem scheint gerade der Zahlenreihe in gewisser Weise die Eigenschaft der Nichtdurchlaufbarkeit, also der Unendlichkeit zuzukommen:

> (...) – übrigens ist ja auch, als ideelle verstanden, eine unendliche Zahl unmöglich; denn jede Zahl, sei sie Zählzahl oder Anzahl, ist notwendig abzählbar; wenn es also möglich ist, das Abzählbare abzuzählen, dann müsste auch eine unendliche Zahl gezählt werden können.[26]

Im Charakter dieser Schwierigkeit, wie sie an dieser Stelle formuliert wird, liegt schon der Hinweis auf ihre spätere Lösung durch Aristoteles.

4.4.2. Die „physikalische" Untersuchung

(*B*) Die unmittelbar folgenden Argumente gegen die Möglichkeit der Existenz von unendlich ausgedehnten physischen Körpern werden im Rahmen der physikalischen Untersuchung formuliert. Sie beruhen teils auf der antiken Elementenlehre, teils auf besonderen Vorstellungen des Aristoteles. Zunächst stellt Aristoteles die Alternative: Sofern er existiert, muss ein unendlicher Körper entweder (I) zusammengesetzt oder (II) einfach sein.

I) Ein solcher Körper kann aber nicht zusammengesetzt sein, sofern die Zahl der Elemente, aus denen er besteht, begrenzt ist. Aristoteles hat einerseits bewiesen, dass es mehr als ein Element gibt, und andererseits, dass es nicht unbegrenzt viele Elemente geben kann. Wenn nun die Gesamtheit der Welt unbegrenzt ist, so müsste (wenigstens) eines ihrer Elemente unbegrenzt sein. Dann müsste es aber die anderen aufgezehrt haben, da die Elemente Gegensätze sind, die miteinander im Kampf liegen. Wenn nur ein Element unendlich wäre, dann könnten die Gegensätze kein Gleichgewicht halten, weil dies das gegensätzliche Element zerstören würde:

> Bei einer primär physikalischen Prüfung der Frage (erhellt die Unmöglichkeit eines unendlich großen Körpers) aus den nachstehenden Gründen. Fasst man ihn als einen zusammengesetzten oder fasst man ihn als einen einfachen Körper, in beiden Fällen geht es nicht.
> Den (angenommenen) unendlichen Körper als zusammengesetzt zu denken, scheidet aus, sobald nur die Anzahl der ihn aufbauenden Elemente endlich sein soll. Denn es müsste ja mehr als ein Element geben, die gegensätzlichen Elemente müssten sich fortgesetzt das Gleichgewicht halten, kein Element dürfte in unendlicher Menge vertreten sein – denn selbst wenn auch die Wirkkraft eines Elements beliebig geringer sein sollte als die seines Gegenelements, wenn also etwa die Menge des Feuers begrenzt, die Menge der Luft unbegrenzt wäre, dabei aber eine bestimmte Menge Feuer ein beliebiges, aber doch endliches, Vielfaches an Wirkkraft besäße gegenüber einer gleichgroßen Menge Luft – zweifellos würde dann das in unendlicher Menge vertretene Element obsiegen und das andere, bloß in endlicher Menge vertretene Element vernichten.[27]

Könnte es aber sein, dass *jedes* Element des Alls unbegrenzt wäre? Keineswegs, so lautet die Antwort des Aristoteles, weil die Definition eines Körpers dies verhindert. Dass alle Elemente unbegrenzt sind, ist deshalb unmöglich, weil sie sich schließlich doch gegenseitig begrenzen müssten und auf diese Weise nicht mehr *un*begrenzt sein könnten:

> Dass jedes Element aber Unendlichkeit besäße, ist völlig unmöglich. Ein Körper ist als das nach allen Richtungen Ausgedehnte definiert, das Unendliche ist das unbegrenzt Ausgedehnte, der unendliche Körper wäre also ein nach allen Richtungen ins Unendliche Ausgedehntes (unendlich große Elemente würden sich folglich wechselseitig total verdrängen, können darum nicht gleichzeitig existieren).[28]

II) Die zweite Möglichkeit ist, dass der angeblich unbegrenzte Körper einer und einfach ist. Hier befindet sich noch eine Alternative: entweder (IIa) ist ein solcher Körper etwas Verschiedenes von den traditionellen Elementen, oder (IIb) ist er ein Element. Im ersten Fall – und hier weist Aristoteles insbesondere auf das ἄπειρον von Anaximander hin, als qualitativ unbestimmtes Prinzip – kann man antworten, dass die Elemente ursprünglich sind, und unserer Erfahrung nach nichts ursprünglicher ist als sie. Eine solche Hypothese ist deshalb nicht haltbar:

> Aber ebensowenig ist es möglich, einen einzigen und einfachen unendlichen Körper für gegeben zu halten, und zwar weder in der Form, wie einige einen solchen neben den Elementen als deren Urgrund annehmen möchten, noch überhaupt (in irgendeiner Form). Es gibt ja den Unendlichkeitsgedanken in dieser Ausprägung: das Unendliche als dieser Urgrund, nicht aber (etwa als eines der Elemente selber) als Luft oder als Wasser, damit nicht das unendliche Element aus ihnen die übrigen vernichte. Die Elemente stehen ja zueinander im Gegensatz: die Luft etwa ist kalt, das Wasser feucht, das Feuer warm. Wäre nun eines von ihnen unendlich, die übrigen wären bereits vernichtet. Darum setzen sie ein weiteres Glied an, das der Urgrund der Elemente sein soll. Aber es kann ein solches nicht geben, und zwar nicht etwa nur deswegen nicht, weil

es unendlich sein soll – für diesen Punkt gilt in allen Fällen dasselbe Argument, ob es sich um Luft, Wasser oder sonst etwas handle – sondern weil es neben den sogenannten Elementen einen derartigen Körper in der gesamten Erfahrung nicht gibt. Alles löst sich ja in das auch wieder auf, woraus es entstanden ist. Darum müsste sich (ein solcher Urkörper) neben Luft, Feuer, Erde und Wasser ja wohl auffinden lassen; aber nichts davon ist zu sehen.[29]

Es ist jedoch auch unmöglich (Hypothese IIb), dass ein einziges Element (στοιχεῖον), wie z.B. das Feuer, unbegrenzt ist, und dass es die Gesamtheit des Seienden darstellt, weil die Wirklichkeit aus gegensätzlichen Zuständen besteht, und ein einziges Element die Gegensätze nicht erklären könnte:

> Auch das Feuer, oder sonst eines der Elemente, kann nicht unendlich sein. Denn abgesehen davon, dass dann wieder eines der Elemente unendlich wäre, besteht grundsätzlich die Unmöglichkeit, dass das Seinsganze, auch wenn es endlich ist, nur ein einziges Element wäre oder in ein einziges Element überginge, was Herakleitos freilich für möglich hielt mit seinem Satze, dass zuweilen alles zu Feuer werde (...); denn in Wahrheit haben wir vielmehr einen allgemeinen Prozess vor uns, in dem die gegensätzlichen Zustände, z. B. Warm und Kalt, einander ablösen.[30]

Dann befindet sich in der Erörterung ein Argument, das auf der aristotelischen Lehre beruht, nach der die verschiedenen Elemente im Kosmos einen natürlichen Ort haben, dem sie – wenn sie durch eine von außen auf sie wirkende Ursache daraus entfernt worden sind – von Natur wieder zustreben, um dort von Natur aus zu ruhen: die schweren nach dem Zentrum des Alls zu, die leichten vom Zentrum weg zum äußersten Rand des Universums. Aber ein unendlich Ausgedehntes kann keinen Mittelpunkt haben. Also könnte es darin auch keinen natürlichen Ort für die Elemente geben. Ebenso gäbe es im Unendlichen überhaupt keine festen Richtungen wie rechts und links:

> Mit Bezug aber auf jedes (derartige Weltelement) ergibt sich die Antwort auf die Frage nach seiner möglichen oder nichtmöglichen (Unendlichkeit) aus den nachstehenden Überlegungen. Aus folgenden Gründen ist ganz allgemein ein unendlich großer sinnlicher Körper unmöglich: Jeder sinnliche Gegenstand ist naturnotwendig an einem Orte; jeder hat seinen bestimmten Ort; und zwar haben der Teil und das Ganze (zu dem dieser gehört) denselben Ort; so hat beispielsweise die ganze Erde und ein einzelnes Erdstück (denselben Ort), ebenso das Feuer und der einzelne Funke.[31]

Bemerkenswert ist auch die folgende Stelle:

> Es stellt prinzipiell eine offensichtliche Unmöglichkeit dar, einerseits einen unendlichen Weltkörper und andererseits bestimmte Örter für die Körper vertreten zu wollen, wenn doch (die Tatsache nicht aus der Welt zu schaffen ist, dass) jeder sinnliche Körper entweder schwer oder aber leicht ist und sich im ersteren Fall naturgegeben auf das Weltzentrum zu, im letzteren Fall nach oben bewegt. Denn genauso müsste es auch bei einem unendlichen Weltkörper sein. Aber sowohl dies eine, dass der ganze Weltkörper eine der beiden Translationen erführe, ist ausgeschlossen wie auch das andere, dass die eine Hälfte die eine, die andere Hälfte die andere Translation erführe; denn wie soll im Unendlichen eine solche Teilung denkbar sein? Wie soll es im Unendlichen ein Oben und Unten geben, wie soll es ein Äußerstes und ein Zentrum geben? – Ein weiterer Grund: jedweder sinnliche Körper ist in einem Ort, die Ortsarten und Ortsunterschiede aber heißen: oben und unten, vorne und hinten, links und rechts. Und das sind Unterschiede nicht etwa bloß relativ zu uns und nicht

bloße Lagerelationen, sondern auch im Seinsganzen selbst absolut gegebene Unterschiede. Im Unendlichen aber könnte es sie nicht geben. – Schlicht und einfach: So gewiss ein unendlicher Ort ausgeschlossen ist und jedweder Körper an einem Ort sein muss, ist auch ein unendlicher Körper ausgeschlossen. Aber (nur) was irgendwo ist, ist überhaupt an einem Ort, und was überhaupt an einem Ort sein soll, muss irgendwo sein. Wenn nun das Unendliche keinerlei Quantität besitzen kann – es müsste sonst eine bestimmte Größe haben: zwei Ellen, drei Ellen Länge und dergleichen; denn solches ist die Bedeutung des Terminus Quantität – so bedeutet auch eine Behauptung, (das Unendliche) sei an einem Orte, notwendig, dass es an einem wohlbestimmten Ort sein müsste, d. h. entweder oben oder aber unten oder in einer anderen der sechs Weltgegenden; jede von diesen aber ist gleichzeitig eine Grenze (für das in ihr Liegende).[32]

4.5. Potentielle Existenz des Unendlichen

Besonders wichtig sind dann die Überlegungen, mit denen Aristoteles auf das abstrakte Problem der Möglichkeit von unendlich ausgedehnten physikalischen oder auch bloß gedachten mathematischen Körpern und der Zahlenreihe zurückkommt. Er stellt fest, dass sich „viel Unmögliches" ergibt, wenn man die Existenz eines Unendlichen schlechthin leugnet, denn dann müsste man annehmen, (α) dass die Zeit einen Anfang und ein Ende hat, (β) dass die mathematischen Größen nicht bis ins Unendliche teilbar sind und (γ) dass die Zahlenreihe irgendwo einmal ein Ende hat:

> Sobald man jedoch Unendlichkeit schlechthin ausschließen wollte, wären die Konsequenzen zweifellos voller Widersinnigkeiten: der Zeit müsste dann ein Anfang und ein Ende zugedacht werden, die Ausdehnungsgrößen dürften dann nicht (immer wieder) in Ausdehnungsgrößen zerlegt werden können, die Zahlenreihe dürfte dann nicht unendlich sein.[33]

Wie kann man diese Aporie überwinden? Die einzige Möglichkeit der Auflösung des Problems liegt nach Aristoteles in der Annahme, dass es das Unendliche in gewisser Weise gibt, in gewisser Weise aber nicht; man darf ihm also die Existenz *im absolutem Sinn* weder zu- noch absprechen:

> Erweckt demnach die Sachlage den Eindruck, als lasse sich Unendlichkeit weder bejahen noch verneinen, so bedarf es eines Friedensrichters, und die Wahrheit ist zweifellos die, dass sowohl in einer Bejahung wie auch in einer Verneinung der Unendlichkeit eine halbe Wahrheit steckt.[34]

Eine solche Differenzierung kann Aristoteles machen, indem er auf die von ihm in mancherlei anderen Zusammenhängen getroffene ontologische Unterscheidung zwischen dem „der Wirklichkeit nach" (ἐνεργείᾳ) und dem „der Möglichkeit nach" (δυνάμει) Seienden zurückgreift. Das Unendliche existiert nämlich *potentiell*, nicht aber *aktual*:

> Mit Bezug auf das Sein haben wir nun die beiden Modi der Möglichkeit und der Wirklichkeit, mit Bezug auf das Unendliche die beiden Typen der ins Größere und der ins Kleinere gehenden Unendlichkeit zu unterscheiden. Dass die Ausdehnungsgröße im Wirklichkeitsmodus nicht unendlich ist, wurde schon gesagt; aber

sie ist unendlich teilbar; denn das Theorem von den unteilbaren Linien ist leicht zu widerlegen. Daraus ergibt sich nun zwingend: das Unendliche gibt es (nur) im Modus der Möglichkeit.[35]

Der Möglichkeitsbegriff kann aber seinerseits in verschiedenem Sinn gemeint sein, und Aristoteles bemerkt diesbezüglich, dass die potentielle Existenz des Unendlichen nicht wie z.B. die einer Statue verstanden werden darf, sondern eher wie die eines Tages oder eines Kampfspiels; in anderen Worten: Das Unendliche existiert wie ein Prozess, der in einer Zeitspanne stattfindet, so dass er zugleich im Akt wie auch der Möglichkeit nach existiert:

> Dabei ist der Terminus 'Möglichkeit' bedeutungsverschieden gegenüber einem Gebrauch, wie (wir ihn in einem Satz vor uns haben wie diesem): Dies hat die Möglichkeit, zu einer Statue zu werden – das würde ja dann besagen, dass es (im Laufe eines Prozesses) genauso zu einem wirklichen Unendlichen kommen könnte, wie es (im Lauf der Bildhauertätigkeit) zu einer wirklichen Statue kommt. Der Terminus 'sein' ist vieldeutig. Und so ist das Unendliche vielmehr in dem Sinn, wie gesagt werden kann: Der Tag ist, das Kampfspiel ist, d.h., im Sinne einer Sukzession immer neuer Phasen desselben – auch bei solchem gibt es ja den Unterschied der Möglichkeit und der Wirklichkeit; in dem Satz „Die Olympischen Spiele finden statt" kann ebenso Möglichkeit wie auch Wirklichkeit des Kampfspiels zum Ausdruck kommen.[36]

In Bezug sowohl auf die Zahlenreihe als auch auf die Teilbarkeit kontinuierlicher Größen denkt Aristoteles, das Problem durch diese Unterscheidung lösen zu können. Dieselbe Lösung sollte auch in Bezug auf die Zeit gelten, obwohl Aristoteles an dieser Stelle nicht näher darauf eingeht und erst später, nachdem er die beiden ersten Fälle eingehend behandelt hat, ganz kurz darauf zurückkommt. Die beiden ersten Arten von Unendlichkeit – nämlich die der Zahlenreihe und die der Teilbarkeit der kontinuierlichen Größen – setzt er einander entgegen als „die Unendlichkeit durch Hinzufügung und die Unendlichkeit durch Teilung" (τὸ ἄπειρον ... μὲν προσθέσει ... δὲ καὶ διαιρέσει) (ibid., 206 a 15-16), die gewissermaßen in entgegengesetzte Richtungen streben und sich spiegelbildlich zueinander verhalten. Dagegen lehnt Aristoteles entschieden die Möglichkeit einer unendlichen Ausdehnung der Raumgrößen nach oben (κατὰ πρόσθεσιν) ab.

4.6. Räumliche Begrenztheit des Weltalls

Vorher hat Aristoteles die Beweise für die räumliche Begrenztheit der Welt angeführt. Besonders beachtenswert war in diesem Zusammenhang das 'begriffliche' Argument gegen die Existenz eines unendlich ausgedehnten physischen oder selbst gedachten Körpers, das aus der Definition eines Körpers gezogen wird: Da der Körper nämlich seiner Definition nach ein von Flächen Eingeschlossenes oder Begrenztes ist, kann kein Körper unbegrenzt sein. Offensichtlich beruht das Argument im Grunde darauf, dass ein Körper etwas in seiner Gesamtheit Vorstellbares sein muss, was er nur dann sein kann, wenn er abgeschlossen und daher begrenzt bzw. endlich ist. Hier taucht also in gewisser Weise schon der eigentliche und tiefere Grund für die Ablehnung einer unendlichen Ausdehnung κατὰ πρόσθεσιν auf. Bei dem Unendlichen κατὰ διαίρεσιν ist nämlich der äußere Rahmen, die ausgedehnte Größe, schon gegeben, und zwar als eine *begrenzte*: Ihre Teilung kann ohne Ende weitergehen, und ist insofern unendlich, aber ohne dass man jemals ein Ende wirklich erreichen darf. Nach Aristoteles existieren kleinste, unteilbare Größen, wie die Atome von Leukippos und Demokritos, nicht und sie brauchen auch nicht zu existieren. Auf der anderen Seite sind die Zahlen bloße Denkkonstruktionen, zu denen man sich ohne Ende immer weitere hinzudenken kann: eine größte Zahl kann es nicht geben und braucht es nicht zu geben.

Ganz anders ist die Lage bei den physikalischen Größen. In diesem Fall genügt es nicht, sich immer neue hinzudenken zu können, ohne dabei jemals an ein Ende zu kommen. Wenn es hier möglich sein soll, über jede beliebige Größe hinaus immer noch weitere anzutreffen, dann muss es auch faktisch unendlich viele geben. Hier zieht die Annahme des potentiellen Unendlichen die des aktual Unendlichen unvermeidlich nach sich, so dass umgekehrt in diesem Fall die Ablehnung des aktual Unendlichen auch die Zurückweisung des potentiellen Unendlichen impliziert:

> Bei der additiven Unendlichkeit besteht ein unbegrenzter Fortgang über jede Größe hinaus nicht einmal im Modus bloßer Möglichkeit, es sei denn man glaube an einen Körper, der als zusätzlichen Charakter aktual unendliche Ausdehnung besitze, wie das die Naturphilosophen glaubten, wenn sie erklärten, der Körper außerhalb der Welt, dessen Wesen Luft oder dergleichen sei, besitze Unendlichkeit. Aber wenn in dieser Form kein sinnlicher Körper denkbar ist, der im Modus der Wirklichkeit Unendlichkeit besäße, so gibt es zweifellos nicht einmal im Modus der Möglichkeit ein additiv Unendliches in einem anderen Sinn als in dem (...) einer Entsprechung zur Teilungsunendlichkeit.[37]

Die Folgen dieser These sind bedeutend. Zunächst führt Aristoteles noch weiter aus, inwiefern und auf welche Weise es doch ein Unendliches κατὰ πρόσθεσιν geben kann, sofern es nur nicht jede gegebene Größe übersteigt: nämlich auf Grund der unendlichen Teilung bzw. Halbierung. Wenn man eine Größe stetig immer weiter halbiert und dabei jeweils zu der Hälfte die Hälfte der andern Hälfte hinzufügt, kann man mit diesem Prozess des Teilens und Hinzufügens unendlich fortfahren, ohne dass die Summe der hinzugefügten Teile jemals die ursprünglich gegebene Größe übersteigt:

> In gewisser Weise ist die ins Größere gehende Unendlichkeit mit der ins Kleinere gehenden identisch. Denn innerhalb einer endlichen Ausdehnungsgröße stellt die ins Größere gehende Unendlichkeit einfach die Umkehrung (der ins Kleinere gehenden) dar. Denn nach eben dem Verhältnis, nach welchem (eine endliche Ausdehnungsgröße) ins Unendliche geteilt wird, lässt sie sich durch Hinzufügung (weiterer Stücke) zu dem (als Ausgangsstück gewählten) Bruchteil dann auch (wieder ins Unendliche) aufbauen. Nimmt man nämlich innerhalb einer endlichen Ausdehnungsgröße einen ihrer Bruchteile (als Ausgangsstück) und fügt diesem (weitere Stücke) an, so wird man jene endliche Ausdehnungsgröße (selbst bei unendlichem Addieren) nicht mehr wiedererreichen, (sofern man sich nur an folgende Regel bindet, dass die zu addierenden Stücke zuein-

ander durchwegs) im nämlichen Verhältnis (stehen müssen, dabei aber) nicht etwa irgendein Bruchteil des Ganzen erneut in gleicher Größe hinzuaddiert werden darf. Wenn man dieses Verhältnis so groß nimmt, dass man stets ein gleichgroßes Stück hinzufügt, dann erreicht man die endliche Größe natürlich wieder; denn jedes endliche Ganze lässt sich notwendig durch jedwedes seiner Bruchteile (als ein Vielfaches des gewählten Bruchteils) darstellen.

Dies ist schlechterdings die einzige Weise, in der Unendlichkeit denkbar ist: im Modus der bloßen Möglichkeit und im Rahmen des Ausschöpfungsverfahrens (...). Das Unendliche hat den Modus der Möglichkeit, wie ihn das Material besitzt. Es hat keinen Bestand an ihm selbst, wie ihn das Endliche hat. Und in derselben Weise gibt es im Modus der bloßen Möglichkeit also auch eine Unendlichkeit im Rahmen additiven Aufbaus, jene, von der wir gesagt haben, sie sei in gewissem Sinne mit der Teilungsunendlichkeit identisch. Denn (auch hier) besteht immer erneut die Möglichkeit eines Weitergehens zu Neuem, nur dass sich nicht über jede Größe hinausgehen lässt, wie es andererseits bei der Teilungsunendlichkeit der Fall ist, wo jedwede bestimmte Größe unterschritten werden kann und immer nochmals eine kleinere besteht.[38]

Damit hat Aristoteles gewissermaßen das, was man heute eine *konvergente Reihe* nennt, in seiner Theorie berücksichtigt.[39]

4.7. Die wesentliche Unvollkommenheit des Unendlichen

Es folgt eine Reihe weiterer höchst interessanter Hinzufügungen. Aus Aristoteles' bisherigen Ausführungen ist zu entnehmen, dass das Unendliche nicht das ist, was die meisten, die von dem Unendlichen bzw. Unbegrenzten reden, meinen: das Allumfassende. Vielmehr ist das Unendliche als dasjenige aufzufassen, *außerhalb dessen immer noch etwas Weiteres ist*:

Aus alldem geht hervor, dass Unendlichkeit genau das Gegenteil von dem ist, wofür es zu gelten pflegt. Unendlich ist nicht das, was nichts außer sich hat, sondern gerade das, welches immer noch etwas außer sich hat.[40]

Deshalb könnte man auch einen Ring „unbegrenzt" nennen, weil man über jeden Punkt immer weiter hinausgehen kann, obwohl diese Unbegrenztheit freilich eine uneigentliche ist, weil die eigentliche Unbegrenztheit diejenige ist, bei der das Hinzugefügte immer wieder *ein Neues* ist:

Dafür [*scil.*: dass Unendlich das ist, was immer noch etwas außer sich hat] gibt es einen Beleg: auch die steinlosen Ringe heißen deswegen unendlich, weil nach jedem Punkt immer noch einer kommt, zu dem man übergehen kann. Das ist freilich eine Unendlichkeit im übertragenen, uneigentlichen Sinn. Denn (bei echter Unendlichkeit) muss es dies (wozu weitergegangen werden soll), wirklich geben und es darf nicht wieder einmal zum selben zurückgekehrt werden. Beim Kreis sind diese Forderungen nicht erfüllt; da gibt es einen Übergang zu immer Anderem nur, wenn man bloß auf das Verhältnis zwischen den nebeneinander liegenden Stücken achtat (die periodische Wiederkehr jedes Punktes aber außer acht lässt).[41]

Es ist bemerkenswert, dass Aristoteles durch dieses Beispiel die geniale Vorstellung einer endlichen räumlichen Unbegrenztheit in der Form einer in die dritte Dimension hinein gekrümmten zweidimensionalen Ringfläche illustriert hat. Gewiss hat er nicht den Begriff einer in die vierte Dimension hinein gekrümmten dreidimensionalen Mannigfaltigkeit erfasst, durch die das Problem der Möglichkeit eines unbegrenzten, aber endlichen dreidimensionalen Raumes gelöst werden kann (siehe Kap. 4 unten); seine Intuition von einem Ringraum klingt aber dennoch merkwürdig aktuell.

Aristoteles' Überlegungen gehen in diesem Zusammenhang in eine andere Richtung. Für ihn sind jetzt die Wertkriterien am wichtigsten: Das Unendliche ist nach Aristoteles wesentlich unvollkommen, weil ihm immer etwas fehlt. Wenn das Unendliche nicht das Allumfassende ist, sondern das, außerhalb dessen immer noch etwas ist, so ist es auch immer ein Unvollendetes. Es ist also kein Ganzes, obwohl das Unendliche, wenn es als das Allumfassende aufgefasst wird, fälschlicherweise die Würde des umfassendsten Ganzen zu verdienen scheint. Ein Ganzes aber muss immer ein Bestimmtes und deshalb ein Begrenztes und Endliches sein. Nur als solches kann es nämlich Gegenstand der Erkenntnis werden, wahrend das Unendliche, insofern es unbestimmt ist, auch immer ein Unerkennbares bleibt:

> Unendlich also ist das, das hinsichtlich seiner Quantität nie so erfasst werden kann, dass es nicht noch Weiteres außer sich hätte. Dasjenige hingegen, das nichts außer sich hat, heißt das Vollständige und das Ganze. Dies ist ja die Definition des Ganzen: dasjenige, an dem nichts fehlt; z. B. ein ganzer Mensch, ein ganzer Schrank. Und zwar wie mit Bezug auf den Einzelgegenstand so auch im umfassenden Sinn: so ist das Seinsganze das, das nichts außer sich hat. Was hingegen etwas außer sich hat, das ihm fehlt, ist kein Ganzes, mag das Fehlende sein, was es will. Totalität und Vollständigkeit sind entweder völlig identisch oder doch miteinander wesensverwandt. Was vollständig ist, hat stets einen Abschluss. Abschluss aber heißt Grenze.[42]

Aus diesem Grunde vergleicht Aristoteles in gewisser Weise den Begriff des Unendlichen als das, was strukturell unbestimmt ist, mit dem der Materie. Und wie die Materie ist das Unendliche als solche unerkennbar:

> Denn das Unendliche steht der Vollständigkeit der Ausdehnungsgröße lediglich als deren Material gegenüber; es ist das Ganze bloß im Modus der Möglichkeit, keineswegs in dem der Wirklichkeit, teilbar im Sinn des Ausschöpfungsverfahrens und seines Gegenstücks, des Additionsverfahrens; derartiges wie Ganzheit und Größenbestimmtheit besitzt es niemals an ihm selbst, sondern nur im Hinblick auf ein Anderes; ein Unendliches hat keineswegs die Stellung eines Umfassenden; vielmehr ist es, soweit es auf seine Unendlichkeit ankommt, gerade ein in Anderem Enthaltenes. Darum ist ein Gegenstand seinem Unendlichkeitsmoment nach auch unerkennbar; das (bloße) Material ist ja ohne Gestalt. Daraus ergibt sich zweifelsfrei, dass das Unendliche nicht so sehr unter den Begriff des Ganzen als unter den des Teils fällt; denn das Material ist ein Stück im Ganzen wie das Erz ein Stück in der Erzstatue; würde es im Bereich der sinnlichen Gegenstände den Rang eines Umfassenden besitzen, so müsste ja auch im Bereich der übersinnlichen Gegenstände dem (platonischen) Gegensatzpaar des Großen und Kleinen die Kraft zukommen, diese übersinnlichen Gegenstände in sich zu befassen. Aber es ist völlig undenkbar, dass das Unerkennbare und Unbestimmte eine umschließende und bestimmende Funktion übernehmen könnte.[43]

Es handelt sich um eine deutliche Widerlegung der Lehre Anaximanders, nach der das Unendliche das Prinzip und das Allesumfassende ist.

4.8. Unendlichkeit von Zahlen, von Größen und von Zeit

Zusammenfassend erklärt Aristoteles, in welcher Art und Weise die Zahlen, die Größen und die Zeit unendlich (der Möglichkeit nach) sind: (α) die Zahlen durch Hinzufügung; (β) die Größen durch Teilung und (γ) die Zeit sowohl durch Hinzufügung als auch durch Teilung:

> Es hat seinen guten Grund, wenn das ins Größere gehende Unendliche nicht in dem Sinne als unendlich gilt, dass es über jedwede Ausdehnungsgröße hinausgehen könnte, und wenn das Teilungsunendliche (in diesem Sinne dafür gilt, dass es unter jedwede Ausdehnungsgröße heruntergehen) kann (...). Seinen guten Grund hat auch dies, dass es bei der Zahl eine untere, aber keine obere Grenze gibt, dass es hingegen bei der Ausdehnungsgröße gerade umgekehrt keine untere Grenze gibt, während nach oben zu keine unendliche Quantität auftreten kann. Und zwar liegt der Grund für diese Verhältnisse in folgenden Tatsachen:
> Die Einzahl ist unteilbar, mag das in Einzahl Auftretende sein, was es will – ein Mensch z.B. ist ein Mensch und nicht viele; die Zahl aber ist (stets Anzahl und als solche nichts anderes als) mehrere 'Eine' und irgendeine Menge von 'Einen'; bei der unteilbaren Eins ist also (nach unten zu) stehenzubleiben – denn die Drei und die Zwei sind ja nur abgeleitete Termini, nicht anders natürlich auch alle übrigen Zahlen; nach oben zu aber kann man in Gedanken unbegrenzt weiterzählen; denn die Ausdehnungsgröße lässt sich unendlich oft halbieren. Die Zahlenreihe ist also im Modus der Möglichkeit unendlich groß, im Modus der Wirklichkeit ist sie es nicht. Aber sie geht über jede bestimmte Anzahl immer nochmals hinaus. Die Zahlenreihe, wie hier von ihr die Rede ist, ist kein selbstständiges Gebilde (...); ihre Unendlichkeit hat keinen bleibenden Bestand, sondern besteht nur im Prozess, wie auch die Zeit nur im Prozess besteht und mit der Zeit wiederum auch die Werte der Zeitzählung.
> Gerade umgekehrt liegt es bei den Ausdehnungsgrößen: das Kontinuum lässt sich ins Unendliche teilen, kann aber nicht unendlich groß werden. Denn auch im Modus der Möglichkeit kann es nicht größer sein, als es im Modus der Wirklichkeit zu sein vermag. Weil es nun keine unendliche sinnliche Ausdehnungsgröße gibt, ist in diesem Bereich auch kein Hinausgehen über jedwede bestimmte (endliche) Quantität möglich. Sonst würde es ja etwas geben, das größer als das Weltall wäre.[44]

Aristoteles bemerkt auch, dass die Ablehnung des wirklichen bzw. aktualen Unendlichen der mathematischen Wissenschaft keine Schwierigkeit verursachen sollte, und vertritt in diesem Zusammenhang eine These, die mehr als zwei Jahrtausende lang die Mathematiker überzeugen wird und die noch im späten 19. Jahrhundert gegen die Vorstellungen von Georg Cantor verfochten werden wird (siehe Kap. 3 unten). Er erklärt nämlich, dass die Mathematiker nur bestimmte, d. h. begrenzte, Quantitäten brauchen und überhaupt keine unendlichen Größen bzw. Zahlen:

> Keineswegs entzieht dieses unser Ergebnis den Mathematikern den Boden für ihre Arbeit, wenn es ein im Modus der Wirklichkeit stehendes, undurchlaufbares Unendlichgroßes ablehnt. Denn solche Unendlichkeit ist keinesfalls nötig für den Mathematiker – tatsächlich benutzt er sie auch gar nicht; was der Mathematiker braucht, ist nur die Berechtigung, die endliche (Gerade) so groß anzusetzen, wie er sie jeweils haben will. Nun lässt sich aber nach denselben Verhältnisgesetzen wie die größte Ausdehnungsgröße genausogut jedwede andere Ausdehnungsgröße teilen. Für die mathematischen Beweise macht es daher keinerlei Unterschied aus, ob sich unter den real vorhandenen Ausdehnungsgrößen eine unendliche befindet oder nicht.[45]

Im Allgemeinen muss also das Unendliche für die Stoffursache gehalten werden, weil seine Wesenheit nur Privation ist:

Es sind (wie wir wissen) vier Arten von Gründen zu unterscheiden. Zweifellos ist das Unendliche (nur) im Sinne des Materials als ein Grund zu betrachten; zweifellos auch ist das Unendliche (kein selbstständiger Gegenstand, sondern bloß Bestimmtheit als einem Gegenstand, und zwar) Negativbestimmtheit; der selbstständige Gegenstand (dessen Bestimmtheit die Unendlichkeit ist) ist das sinnliche Kontinuum. Übrigens haben alle Denker ganz offensichtlich das Unendliche stets als bloßes Material behandelt; und gerade deswegen war es so widersinnig, es gleichzeitig als das Umfassende statt als das Umfasste denken zu wollen.[46]

Aus den bisher angestellten Überlegungen ergibt sich, dass das Unendliche immer nur in der Form eines unendlichen Prozesses vorkommen kann. Man könnte jedoch mit Ioannes Philoponos bemerken, dass die aristotelische These gewissermaßen einen Widerspruch enthalten könnte: Wenn nämlich – wie es bei Aristoteles der Fall ist – der Kosmos keinen Anfang hatte und immer existierte, dann müsste die Zahl der Individuen der verschiedenen Spezies, die bis heute gelebt haben, eine aktual unendliche Zahl darstellen.[47]

4.9. Es gibt überhaupt kein aktuales Unendliches

Am Ende des Buchs Γ der *Physikvorlesung* widerlegt Aristoteles zusammenfassend die Gründe, die man vorbringen könnte, um die Lehre des aktualen Unendlichen zu vertreten. (*1*) Zunächst sei es nicht notwendig, um die Ewigkeit des Entstehungsprozesses zu wahren, eine Stoffreserve zu postulieren, die unendlich wäre, weil die (begrenzten) Elemente des Kosmos ständig ineinander übergehen und demzufolge für einen solchen Prozess genügen:

Ein Fortbestehen der Werdeprozesse (in der Welt) verlangt keineswegs, dass es einen aktual unendlich großen sinnlichen Weltkörper gebe. Denn es ist ebenso gut möglich, dass das Vergehen des einen Gebildes in der Welt identisch ist mit dem Entstehen des anderen – bei Endlichkeit des Seinsganzen.[48]

(*2*) Außerdem kann die Welt, als Totalität der Seienden betrachtet, endlich (πεπερασμένον) sein, ohne dass etwas außer ihr existieren muss, das an sie angrenzend wäre:

Aneinandergrenzen und Endlichkeit sind zu unterscheiden. Aneinandergrenzen freilich besagt eine Bezogenheit des Einen auf ein Anderes – was angrenzt, grenzt an ein Anderes an; und tatsächlich grenzt manches Endliche zusätzlicherweise (gleichzeitig auch) an ein Anderes an; aber Endlichkeit selbst ist keineswegs eine Bezogenheit auf ein Anderes; und es ist ja auch Angrenzen nicht zwischen allen beliebigen Dingen möglich.[49]

(*3*) Drittens muss man zwischen dem reinen Denken bzw. einer bloßen Vorstellung einerseits und der Wirklichkeit andererseits unterscheiden, wie z.B. was die Vergrößerung eines Dinges angeht:

Dem bloßen Denken (mit seiner Möglichkeit, unbegrenzt weiterzugehen) Beweiskraft einzuräumen, wäre widersinnig. Denn die Möglichkeit unbegrenzten Fortgangs nach oben und nach unten liegt keineswegs auf der Seite der Sache, sondern ausschließlich auf der Seite der gedanklichen Operationen. Denn es könnte sich ja auch jemand einen jeden von uns unendlichmal größer denken, als er selbst ist. Aber deswegen, weil sich einer dies denkt, ist keiner von uns größer, als wir faktisch sind, vielmehr (wenn einer größer ist, dann deshalb,) weil es ist. Das Denken ist bloß ein zusätzliches Moment an der Tatsache.[50]

Aristoteles betont noch einmal, auch am Ende des Buches, die Unmöglickeit einer aktual unbegrenzten Ausdehnungsgröße:

Die Zeit freilich, der Prozess und das Denken sind unendlich – aber bei keinem von ihnen kann die Einzelphase beharren. Die Ausdehnungsgröße hingegen ist allen Verfahren der Ausschöpfung und des gedanklichen Größer-und-größerwerdenlassens zum Trotz gleichwohl endlich.[51]

In anderen Worten: das Weltall muss begrenzt sein. Das Unendliche ist nämlich immer ein Werden, niemals ein Sein, womit von neuem die Unendlichkeit eines existierenden unendlich ausgedehnten Kosmos ausgeschlossen wird, wie es auch im Traktat *Über den Himmel* bewiesen wird (siehe unten).

4.10. Kein Raum außerhalb unseres endlichen Kosmos

Die zuletzt genannte Auffassung begegnet nun aber der Schwierigkeit, dass es außerhalb eines endlichen Kosmos scheinbar einen Raum geben muss, in welchem sich dieser Kosmos befindet, und dass eine Grenze dieses Raumes scheinbar nicht gedacht werden kann, da eine Grenze immer zugleich ein über die Grenze Hinausliegendes voraussetzt.[52] Aristoteles hat, wie wir gesehen haben, in gewisser Weise zwischen 'endlich' und 'begrenzt' unterschieden: Das Weltall ist zwar endlich, aber *nicht* durch etwas anderes abgegrenzt. Weil eine solche Lösung jedoch nicht überzeugend genug klingen könnte,[53] versucht er einen stärkeren Beweis anzuführen. An die Stelle des Begriffs des Raumes, der seit Platon meist mit χώρα bezeichnet zu werden pflegt, setzt er den Begriff des Ortes (τόπος) und definiert diesen als die *innere* Grenze des umgebenden Körpers.

Man kann dazu die sorgfältige Erörterung in der *Physikvorlesung*, Δ 4 betrachten,[54] und insbesondere die folgende Stelle:

(...) der Ort [kann] notgedrungen nur das sein (...): die Grenzfläche des den Gegenstand in sich enthaltenden Körpers (...). Unter dem enthaltenen Gegenstand verstehe ich aber den einer Translation fähigen Gegenstand. Die Wesensbestimmung des Ortes erscheint deswegen als ein so großes und schwieriges Problem, weil Material und Gestalt störend mitspielen und weil der Ortswechsel des bewegten Gegenstandes sich innerhalb eines Umschließenden vollzieht, das seinerseits in Ruhe verharrt. Denn aus diesem Grund möchte man es für möglich halten, dass noch ein Innenraum im Spiele sei, der den in Bewegung begriffen Größengebilden gegenüber etwas Eigenes darstelle. Und auch die Tatsache wirkt (störend) mit, dass man die Luft für etwas Unkörperliches halten möchte. Denn es drängt sich damit die Vorstellung auf, der Ort sei nicht einfach nur die (innere) Grenzfläche des Gefäßes, zu ihm gehöre auch noch der Innenraum (des Gefäßes), den man sich (vergesslicherweise) als leer denkt. – Aber, wie das Gefäß ein transportabler Ort ist, so ist der Ort ein Gefäß ohne Bewegung. Wenn daher das Enthaltene sich in einem selbst in Bewegung Befindlichen bewegt und seinen

Ort verändert, etwa ein Schiff im Fluss, dann hat der es umgebende Körper nicht so sehr die Funktion eines Ortes als die eines Gefäßes. Der Ort aber soll aller Bewegung entzogen sein. Darum ist eigentlich nur der Fluss als Gesamtgebilde ein Ort, denn als Gesamtgebilde ist er ohne Bewegung. Somit (ergibt sich jetzt als Volldefinition des Ortes): Der Ort ist die unmittelbare (d. h. nächstgelegene) nicht in Bewegung begriffene Angrenzungsfläche des (den Gegenstand) umschließenden Körpers.[55]

Nimmt man die Definition an, nach der „der Ort die unmittelbare nicht in Bewegung begriffene Angrenzungsfläche des umschließenden Körpers ist" (τὸ τοῦ περιέχοντος πέρας ἀκίνητον πρῶτον, τοῦτ' ἔστιν ὁ τόπος), so gibt es für die Gesamtheit der Körper, wenn man diese als endlich betrachtet, *keinen* Ort mehr, da es außerhalb der Gesamtheit der Körper definitionsgemäß keine umgebenden Körper geben kann.

4.11. Aristoteles' Ablehnung des Vakuums

Nach voraristotelischen Vorstellungen würde jedoch die Ortlosigkeit des Kosmos nicht der Annahme entgegenstehen, dass ein solcher endlicher Kosmos von einem unendlichen leeren Raum umgeben ist, an den er, wenn man auch in einem solchen Raum keinen Ort mehr angeben kann, angrenzt. Dieser Folgerung begegnet Aristoteles dadurch, dass er die Möglichkeit eines leeren Raumes in der Erörterung zu diesem Problem in der *Physikvorlesung* Δ 6-9 überhaupt leugnet. Diesbezüglich soll man insbesondere den folgenden Passus betrachten:

Soll die Alternative [zwischen der Annahme und der Ablehnung eines leeren Raums] entscheidbar werden, so ist zunächst die Bedeutung des Terminus selbst zu klären. Da gilt nun das Leere als ein Ort, an dem nichts ist. Und dies deshalb, weil man das Seiende mit dem Körperlichen gleichsetzt, weil jeder Körper aber an einem Orte und weil schließlich eine Stelle sei gilt, an der kein Körper sich befindet, woraus freilich folgt, dass dort, wo kein Körper ist, nichts ist. Und nun ist man hinwiederum auch der (weiteren) Meinung, jeder Körper müsse mit Händen zu greifen sein, d. h., er müsse entweder schwer oder aber leicht sein. So dass sich aus obigem Schluss nunmehr (folgende weitere Form der Definition) ergibt: leer sei dasjenige, worin sich weder etwas Schweres noch etwas Leichtes befinde. Gewiss, wie soeben schon gesagt, das folgt aus jenem Schluss. Aber all das erweist sich als Widersinn, wenn damit der Punkt zu einem Leeren wird; denn dieser müsste nunmehr ein Ort sein, (und zwar ein Ort,) an dem die greifbare Körperwelt einen Leerraum aufweist. – Aber nun hat der Terminus 'das Leere' anscheinend (zwei verschiedene Bedeutungen). Einmal also kann als Leeres das gelten, was keinen handgreiflich wahrnehmbaren Körper in sich enthalte, wobei handgreiflich wahrnehmbar das heißen soll, was schwer oder aber leicht ist – wobei die Antwort auf die Frage schwierig wird, ob man eine Raumstelle, die (zwar keinen Körper, aber immerhin) eine Farbe oder einen Ton in sich enthält, leer oder erfüllt nennen müsse; oder aber (man macht die Sachlage) dadurch klar, dass (man nunmehr so definiert): die Raumstelle ist leer, wenn sie einen greifbaren Körper aufnehmen kann, sie ist es nicht, wenn sie das nicht (oder nicht mehr) kann –. Sodann aber (kann als Leeres auch das bezeichnet werden), worin sich kein bestimmter Gegenstand, keine körperliche Wesenheit befindet. Diesem zweiten Begriff gemäß wird von einigen Denkern eine Gleichsetzung des Leeren mit dem Material des Körpers vollzogen – und zwar von denjenigen, die auch den Ort (mit dem Material) gleichsetzen; aber das hat wenig Berechtigung. Denn das Material ist ein unselbständiges Moment am Gegenstand; unter dem Leeren aber, dessen Wesensbestimmung sie suchen, verstehen sie etwas (gegenüber den Gegenständen) Selbständiges.

Da der Begriff des Ortes inzwischen geklärt ist und da das Leere, wenn es überhaupt existiert, ein Ort sein muss, an dem sich kein Körper befindet, und da wir wissen, in welcher Form es einen Ort gibt und in welcher nicht, kann kein Zweifel mehr bestehen, dass es in dem Sinne jedenfalls, wie es da vertreten wird, ein Leeres nicht gibt, weder als ein für sich Existierendes noch auch als ein unselbständiges Aufbaumoment der Körperwelt.

Denn seinem Begriffe nach ist das Leere ja nicht ein Körper, sondern eine Lücke in der Körperwelt. Und dies ist auch der Grund dafür, warum man dem Leeren Realität zudenken will, weil man sie ja auch dem Ort zudenkt, und zwar mit den nämlichen Argumenten (hier wie dort): die Ortsbewegung eben ist in gleicher Weise das Motiv für die Annahme eines gegenüber den enthaltenen Gegenständen selbstständigen Ortes wie auch für die eines Leeren. Man sieht im Leeren einen Grund (der Möglichkeit) der Bewegung, nämlich das notwendige Medium, in dem sie allein sich vollziehen könne; genau also das, was andere wiederum im Ort erblicken wollen. Aber das Leere ist in Wahrheit keineswegs eine unerläßliche Bedingung für die Möglichkeit einer Bewegung. Und zwar schon gar nicht einer Bewegung ganz allgemein, d. h. eines Prozesses (...). Denn eine qualitative Veränderung ist ja unstreitig am erfüllten Raumstück möglich. Aber auch Ortsveränderung hat keineswegs die Existenz eines Leeren zur unerläßlichen Voraussetzung. Denn die in Bewegung befindlichen Körper können einander gleichzeitig verdrängen, ohne dass es also irgendeinen von den bewegten Körpern unabhängigen Hohlraum gibt. Und diese Sachlage ist vor unser aller Augen sowohl bei der Rotation körperlicher Kontinuen wie auch bei der (Rotation) von Flüssigkeiten. – Auch Verdichtung von Körpern ist nicht durch die behauptete Auffüllung von in ihnen liegenden Leerstellen möglich, sondern durch Abgabe in ihnen enthaltenen Stoffes – so gibt z. B. Wasser, wenn es komprimiert wird, in ihm enthaltene Luft ab. Ebenso auch gibt es Volumenzuwachs nicht bloß durch den Eintritt von neuem Stoff (in den Körper), sondern auch durch Eigenschaftsveränderung (des Körpers), so z. B. bei der Umwandlung von Wasser in Luft. Überhaupt bricht das ganze Argument aus der Tatsache des Wachstums und aus (dem Experiment mit) dem in die Asche gegossenen Wasser in sich selbst zusammen. Denn (auf eine dieser vier Unmöglichkeiten kommt es hinaus): entweder muss es sagen, es nehme nicht jedes Glied gleicherweise am Wachstum teil, oder aber leugnen, dass das ein Körper sei, durch dessen Hinzutritt das Wachstum geschehe; oder aber akzeptieren, es könnten zwei Körper an einem und demselben Platz sein – in diesem Fall haben die Gegner die Schwierigkeit, deren Lösung sie von uns fordern, mit uns gemeinsam; aber sie beweisen dadurch keineswegs die Realität eines Leeren – oder aber, schließlich: der Gesamtorganismus muss leer sein, wenn er an allen Stellen soll wachsen können und wenn dieses Wachstum dem (in den Körpern enthaltenen) Leeren verdankt sein soll. Und die nämliche Sachlage haben wir auch hinsichtlich des Aschenexperiments.
Kein Zweifel also, dass sich die Argumente zugunsten der Existenz eines Leeren leicht widerlegen lassen.[56]

Wenn also kein leerer Raum existiert, dann ist es überhaupt sinnlos, von einem Raum außerhalb des Kosmos zu reden, und der Gedanke eines unbegrenzten Raumes erweist sich dann als eine unberechtigte, illegitime Ausdehnung einer aus dem Gebiet der endlichen realen Welt gewonnenen Vorstellung auf ein Gebiet, wo sie keinen Sinn mehr besitzt. Wie Aristoteles sagt, handelt es sich um Denkoperationen, die von der Wirklichkeit abgewichen sind und die auf diese Weise jede echte Bedeutung verloren haben. Das Universum des Aristoteles ist nicht nur endlich, sondern auch – parallel dazu – von Materie erfüllt.

5. Das Problem des Unendichen in der Abhandlung „Über den Himmel"

Aristoteles behandelt das Problem des Unbegrenzten nicht nur in der *Physikvorlesung*, wo er, wie wir gesehen haben, diesen Begriff in der Vielfalt und Komplexität seiner Aspekte untersucht, sondern auch in der Abhandlung *Über den Himmel*. Hier weist die Untersuchung des Unbegrenzten, der die Kapitel 5-7 des ersten Buchs gewidmet sind, eine andere Ausrichtung auf. Sie ist auch deutlich knapper gehalten als die der *Physikvorlesung*, weil Aristoteles in seiner kosmologischen Abhandlung lediglich ermitteln möchte, ob ein Körper, der über eine unbegrenzte Ausdehnung verfügt, tatsächlich existieren kann. In anderen Worten ist seine

Frage die folgende: besitzt das Universum eine begrenzte oder eine unbegrenzte Ausdehnung?

Diese Untersuchung verdient näher betrachtet zu werden, auch weil – wie wir im Kap. 4 des vorliegenden Buchs festellen werden – der endliche Kosmos des Aristoteles einige bedeutende Ähnlichkeiten mit der der Allgemeinen Relativitätstheorie Einsteins aufweist.

Ganz am Amfang macht Aristoteles eine besonders wichtige Bemerkung, die die entscheidende Rolle einer richtigen Lösung des Problems der Unendlichkeit betont. Er behauptet, dass dem Problem der endlichen oder unendlichen Ausdehnung des Alls trotz seines spezifischen Charakters eine wesentliche Bedeutung zukommt; auf dessen Beantwortung würden nämlich beinahe alle Meinungsgegensätze zwischen den Naturforschern zurückgehen. Wenn man es in unangemessener Weise löst – so Aristoteles –, startet man gleichsam auf dem falschen Fuß, und diese Abweichung führt, obgleich sie anfänglich minimal und beinahe irrelevant erscheinen mag, in der Folge zu äußerst fatalen Konsequenzen, weil das Unbegrenzte ein Prinzip ist:

> [Es gilt] nun (...) zu untersuchen, (...) ob es einen unbegrenzten Körper gibt, wie es die Mehrzahl der alten Philosophen meinte, oder ob dies in den Bereich des Unmöglichen fällt. Denn ob es sich auf diese oder jene Weise verhält, macht für die Erforschung der Wahrheit keinen geringen, sondern einen ganz und gar entscheidenden Unterschied. Hier nahmen so fast alle Gegensätze zwischen denen, die Meinungen über die gesamte Natur geäußert haben, ihren Ursprung und nehmen ihn wohl noch immer, wenn sich denn schon eine geringe Abweichung von der Wahrheit für diejenigen, welche sich von dieser entfernen, mit der Zeit potenziert. (...) Der Grund hierfür liegt in der Tatsache, dass das Prinzip durch seine Potentialität bedeutender ist als durch seinen tatsächlichen Umfang, weshalb das, was zu Anfang gering ist, am Schluss eine gewaltige Tragweite besitzt. Nun hat das Unbegrenzte die größte Potentialität, sowohl als Prinzip wie als Quantität, und demzufolge ist es weder abwegig noch unlogisch, dass es einen außerordentlichen Unterschied macht, wenn man annimmt, es gebe einen unbegrenzten Körper.[57]

Aristoteles führt zunächst keinerlei Beispiel für diese Behauptung an: Im Verlauf des Traktats werden jedoch einige der irrigen Schlussfolgerungen deutlich, zu denen die Vertreter der unbegrenzten Ausdehnung des Universums gelangt sind oder seiner Meinung nach gelingen müssen, wenn sie konsequent sind. Es handelt sich hier um Thesen, die in fast jedem Punkt denen des Aristoteles entgegen sind, und insbesondere um die folgenden: *(1)* Die Vertreter der unendlichen Ausdehnung des Alls werden durch diese Lehre und durch die damit verbundene Lehre der Unbegrenztheit der Materie dazu verleitet, die Existenz unzähliger Welten anzunehmen. *(2)* Außerdem sind sie nicht in der Lage, dem Universum (absolute) räumliche Bestimmungen zuzuordnen – wie das Oben und das Unten, das Rechts und das Links, usw. – und vermögen auch in ihm den Mittelpunkt und den äußersten Rand nicht zu bestimmen (vgl. unten). *(3)* Ferner können sie dem Universum keinerlei Gestalt zuweisen (vgl. unten). *(4)* Schließlich vertreten sie hinsichtlich des Entstehens und des Vergehens unannehmbare Theorien; im Übrigen ist ihre Theorie des Unbegrenzten in nicht wenigen Fällen lediglich ein Notbehelf, um dieses Problem zu umgehen.[58]

5.1. Es ist unmöglich, dass das Universum unbegrenzt ist

Um die Begrenztheit des Universums nachzuweisen, entwickelt Aristoteles dann eine zweifache Untersuchung.

(A) Die erste hat die einfachen Körper zum Gegenstand: Sie zeigt auf, dass keiner von ihnen – und demzufolge auch nicht das Universum – unbegrenzt sein kann. Diese Abhandlung liegt in den Kapiteln 5 und 6 vor und wird als Untersuchung διὰ τῶν κατὰ μέρος bezeichnet, da sie auf der Betrachtung der verschiedenen Teile des Universums basiert. Sie ist der „physikalischen" Untersuchung ähnlich, die wir in der *Physikvorlesung* schon gefunden haben (siehe oben).

(B) Die zweite Untersuchung wird hingegen als universell, καθόλου, charakterisiert und von den Ausführungen ausdrücklich unterschieden, welche in der *Physikvorlesung* enthalten sind. Ohne sich auf irgendeinen bestimmten Körper zu beziehen, stellt Aristoteles hier erstens fest, dass kein Körper unbegrenzt sein kann; zweitens weist er nach, dass das Unbegrenzte keinerlei Bewegung ausführen oder erleiden kann und daher nicht zu den sinnlich wahrnehmbaren Dingen zählt.

5.2. Die Untersuchung „nach den Teilen"

Die Beweise διὰ τῶν κατὰ μέρος kreisen um das folgende Dilemma: Ist es ein Körper, dann wird das Unbegrenzte entweder zusammengesetzt oder einfach sein müssen. Es kann aber kein zusammengesetzter Körper unbegrenzt sein, wenn die einfachen Körper, aus denen er besteht, ihrer Zahl und Ausdehnung nach begrenzt sind. Und eben dies trifft auf das Universum zu, da weder (α) der himmlische Körper, noch (β) die vier traditionellen Elemente unbegrenzt sein können.

5.2.1. Der sich kreisförmig bewegende Körper kann nicht unbegrenzt sein

Dass der sich kreisförmig bewegende Körper begrenzt ist, zeigt Aristoteles mittels verschiedener Argumente auf; da hierbei die Begriffe 'Raum' und 'Zeit' mehrfach zur Anwendung kommen, verdient die Argumentation besonderes Interesse. Der erste Körper (d. h. der

Äther)[59] kann nicht unbegrenzt sein, da seine naturgemäße Ortsbewegung die kreisförmige ist und kein Körper, der sich kreisförmig bewegt, unbegrenzt sein kann. Aristoteles beweist dies mittels mehrerer Argumente:

I) Wenn sich ein unbegrenzter Körper kreisförmig bewegt, dann müssen die Radien, die vom Mittelpunkt seiner Umlaufbahn ausgehen, unbegrenzt sein. Sind sie aber unbegrenzt, dann muss auch der „Zwischenraum" (διάστημα), d. h. der Raum, der sich zwischen zwei beliebigen Radien befindet, unbegrenzt sein. Folglich wird der Körper, um den Raum zwischen zwei beliebigen Radien zu durchqueren, eine unbegrenzte Strecke zurücklegen müssen, was aber unmöglich ist:

> Dass der Körper, der sich kreisförmig bewegt, in seinem Gesamtumfang begrenzt sein muss, wird aus folgenden Überlegungen klar. Wenn nämlich der Körper, der sich im Kreise bewegt, unbegrenzt ist, dann werden auch die (Linien) unbegrenzt sein, die vom Mittelpunkt (seiner Kreisbahn) ausgehen. Doch zwischen unbegrenzten (Linien) besteht ein unbegrenzter Zwischenraum (unter dem „Zwischenraum" zweier Linien verstehe ich den Raum, außerhalb dessen sich keine Größe annehmen lässt, welche die [betreffenden] Linien tangiert). Dieser (Zwischenraum) muss also unbegrenzt sein, da er bei begrenzten (Linien) stets selbst begrenzt ist. Außerdem ist es immer möglich, sich (einen Zwischenraum) vorzustellen, der größer ist als der jeweils gegebene. Wie wir also von der Unendlichkeit der Zahl sprechen, weil es keine größte gibt, so gilt diese Überlegung auch für den Zwischenraum. Wenn man also einerseits das Unbegrenzte nicht durchqueren kann, und andererseits aus der Unbegrenztheit (eines Körpers) auch notwendig ein unbegrenzter Zwischenraum folgt, dann kann (ein unbegrenzter Körper) sich nicht im Kreise bewegen.[60]

II) Behauptet man, dass ein Körper sich kreisförmig bewegt, so muss man annehmen, dass er imstande ist, seinen Umlauf in einer begrenzten Zeit zu vollenden – die Erfahrung lehrt ja dass der Himmel dies auch tatsächlich tut. Darüber hinaus muss jeder Abschnitt eines begrenzten Zeitraums begrenzt sein. Man nehme nun eine Linie an, die nach der einen Seite unbegrenzt und nach der anderen begrenzt ist und die sich um einen ihrer Punkte dreht. Man nehme dann eine zweite (auf derselben Ebene liegende) Linie an, die nach beiden Seiten hin unbegrenzt ist. Man muss nun zwingend annehmen, dass die erste Linie die zweite für eine begrenzte Zeit schneidet, da sie sie während eines Teils ihrer Gesamtumdrehung wird schneiden müssen. In Wirklichkeit ist es jedoch unmöglich, dass die erste Gerade lediglich für eine begrenzte Zeit die zweite Gerade schneidet: Folglich kann kein unbegrenzter Körper – von dem die erste Linie als Radius gedacht wird, der vom Zentrum seiner Umlaufbahn ausgeht – eine Umdrehung vervollständigen. So schreibt Aristoteles:

> Wenn man ferner von einem begrenzten Zeitraum einen begrenzten abzieht, so muss notwendig auch der verbleibende (Zeitraum) begrenzt sein und einen Anfang haben. Wenn aber der Zeitraum des Schreitens einen Anfang hat, so hat auch die Bewegung einen Anfang, so dass das nämliche auch von der Strecke gelten muss, die man durchschritten hat. (...) Nehmen wir eine Gerade ΑΓΕ, die nach einer Richtung, nämlich nach E hin, unbegrenzt sei, und (eine Gerade) ΒΒ, die nach beiden Richtungen unbegrenzt sei. Wenn nun ΑΓΕ einen Kreis beschreibt, dessen Zentrum Γ bildet, so wird sie bei ihrer Kreisbewegung irgendwann einmal die (Gerade) ΒΒ schneiden, und zwar für einen begrenzten Zeitraum. Denn der gesamte Zeitraum, in dem der

Himmel seine Kreisbewegung ausführt, ist begrenzt; und (gleiches gilt für) den davon abgezogenen (Zeitraum), in dem (die erste Gerade) bei ihrer Bewegung (die andere) schneidet. Folglich wird es einen Anfang geben, als nämlich die (Gerade) ΑΓΕ die (Gerade) ΒΒ zum ersten Male geschnitten hat. Doch dies ist unmöglich. Das Unbegrenzte kann sich also nicht kreisförmig bewegen, und demzufolge könnte dies auch die Welt nicht, wenn sie denn unbegrenzt wäre.[61]

III) Ein sich bewegendes Segment von beliebiger Länge würde eine unbegrenzte Zeit benötigen, um an einer unbegrenzten Linie vorbeizukommen, an der es entlangbewegt würde. Umgekehrt gilt auch, dass eine unbegrenzte Linie eine unbegrenzte Zeit brauchen würde, um an einem noch so kurzen Segment vorbeizukommen. Folglich kann sich eine unbegrenzte Linie unmöglich bewegen, und daraus ergibt sich, dass sich der Himmel, wenn er unbegrenzt wäre, nicht kreisförmig bewegen könnte:

> Dass das Unbegrenzte sich nicht bewegen kann, wird außerdem aus folgenden Überlegungen klar. Nehmen wir eine (Gerade) A, die an einer (Geraden) B entlangläuft, wobei beide begrenzt seien. Notwendigerweise wird sich im gleichen Moment A von B trennen und B von A, da die eine die andere soweit überlappt, wie es auch umgekehrt der Fall ist. Wenn sich nun beide in entgegengesetzter Richtung bewegen, so trennen sie sich wohl schneller, wenn aber die eine an der anderen entlangläuft, während diese sich nicht bewegt, (dann trennen sie sich) langsamer, sofern denn die (Linie), die an der anderen entlangläuft, dies mit gleichbleibender Geschwindigkeit tut. Allerdings ist es offensichtlich unmöglich, eine unbegrenzte (Gerade) in begrenzter Zeit zurückzulegen, es bedarf hierzu also einer unbegrenzten (Zeit) (...) Demnach ist es unmöglich, dass das Unbegrenzte sich insgesamt bewegt. Wenn es nämlich auch nur die geringste Bewegung ausführen sollte, dann müsste es dafür notwendig einen unbegrenzten Zeitraum benötigen. Doch der Himmel dreht sich in seiner Gesamtheit in kreisförmiger Bewegung, und er tut dies in einer begrenzten Zeit, und somit umkreist er jede (Linie) in seinem Inneren, wie z. B. die begrenzte (Linie) AB. Daher kann (der Körper), welcher (sich) kreisförmig (bewegt), nicht unbegrenzt sein.[62]

IV) Das Konzept eines unbegrenzten Kreises oder einer unbegrenzten Kugel ist widersprüchlich. Dennoch müsste ein unbegrenzter Körper, der eine kreisförmige Ortsbewegung ausführte, bei seiner Bewegung einen unbegrenzten Kreis beschreiben:

> Wie es unmöglich ist, dass eine Linie, sofern sie eine Grenze bildet, unbegrenzt ist, sondern dies allenfalls der Länge nach sein kann, ebenso kann auch eine Fläche, soweit sie eine Grenze bildet, nicht (unbegrenzt sein); ist sie aber völlig eingegrenzt, so kann sie es in gar keiner Hinsicht sein. So können etwa ein Viereck, ein Kreis oder eine Kugel keinesfalls unbegrenzt sein, ebensowenig wie eine Gerade, die einen Fuss lang ist. Wenn also weder eine Kugel [noch ein Viereck] noch ein Kreis unbegrenzt ist, und es einen Kreis auch keine kreisförmige Bewegung geben kann, und ohne einen unbegrenzten (Kreis) auch keine unbegrenzte (Kreisbewegung), wenn schließlich der Kreis nicht unbegrenzt ist, dann kann sich ein unbegrenzter Körper wohl nicht kreisförmig bewegen.[63]

V) Nehmen wir an, dass ein unbegrenzter rotierender Radius in einem Punkt eine unbegrenzte Gerade schneide. In der Folge wird er, so lange er auch rotiert, von der zweiten Linie niemals in einem solchem Maße divergieren, dass er parallel zu dieser werden könnte. Daher ist es unmöglich, dass der unbegrenzte Radius jemals seine Kreisbahn vollende:

Wenn ferner Γ der Mittelpunkt ist, AB eine unbegrenzte (Gerade) und E eine unbegrenzte (Linie), die rechtwinklig dazu verläuft, und ΓΔ eine (Gerade), die sich bewegt, so wird letztgenannte niemals von E loskommen, sondern wird sich stets so verhalten wie ΓE, da sie E im (Punkt) Z schneidet. Die unbegrenzte (Linie) wird also nie einen kreisförmigen Umlauf beschreiben.[64]

VI) Ein unbegrenzter Körper kann, wenn er imstande ist, eine vollständige Umdrehung auszuführen, einen unbegrenzten Raum (nämlich die Kreisbahn seiner Umdrehung) in einer begrenzten Zeit durchlaufen, was aber unmöglich ist:

> Außerdem: Wenn der Himmel unbegrenzt ist und sich kreisförmig bewegt, so wird er das Unendliche in einem begrenzten Zeitraum durchquert haben. Denn nehmen wir an, dass der eine Himmel, der ruht, unbegrenzt sei und (ein zweiter Himmel), der sich innerhalb des ersten bewegt, die gleiche Ausdehnung besitze. Wenn also letzterer, der ja unbegrenzt ist, einen kreisförmigen Umlauf ausgeführt hat, dann hat er in einer begrenzten Zeit einen unbegrenzten (Raum) durchquert, der seiner eigenen Ausdehnung gleich ist. Doch dies ist, wie wir gesehen haben, unmöglich. Man kann dies auch umgekehrt formulieren: Wenn der Zeitraum, in dem der Umlauf ausgeführt wurde, begrenzt ist, so muss notwendigerweise auch die Größe des durchquerten Raumes begrenzt sein. (Der Himmel hat aber (einen Raum) durchquert, der ihm selbst gleich ist: Also ist auch er selbst begrenzt.[65]

5.2.2. Ableitung der Begrenztheit aus der Lehre vom Leichten und vom Schweren

Auch die Körper, die sich geradlinig bewegen – also die vier traditionellen Elemente. Erde, Wasser, Luft und Feuer –, können nicht unbegrenzt sein. Zu diesem Schluss gelangt Aristoteles, indem er sowohl *(I)* von der Theorie der natürlichen Orte als auch *(II)* von der Lehre ausgeht, wonach ein unbegrenztes Gewicht unmöglich ist.

Besonders interessant ist an dieser Stelle das Argument *(I)*. Da die aufsteigende Bewegung der absteigenden entgegengesetzt ist, sind auch die Orte, auf welche die Körper, die diese Bewegungen vollziehen, zustreben, einander entgegengesetzt. Und da der Mittelpunkt, d. h. das absolute Unten, abgegrenzt ist, wird dies auch das absolute Oben sein, welches sein Gegensatz ist; ferner wird auch der Raum zwischen den beiden Gegensätzen abgegrenzt sein. Folglich werden die Körper, die diese Orte einnehmen, notwendigerweise begrenzt sein:

> Und doch wird auch weder das, was sich auf den Mittelpunkt zu, noch das, was sich von diesem fortbewegt, unbegrenzt sein. Denn die Ortsbewegung nach oben und die nach unten sind einander entgegengesetzt, und entgegengesetzte (Ortsbewegungen) führen zu entgegengesetzten Orten. Wenn aber von den Gegensätzen der eine bestimmt ist, dann wird dies auch der andere sein. Der Mittelpunkt ist nun bestimmt: Denn der (Körper), der die tiefste Stelle einnimmt, kann, von woher er sich auch nach unten bewegt, nicht den Mittelpunkt überschreiten. Wenn aber der Mittelpunkt bestimmt ist, dann muss dies auch der Ort von oben sein. Und wenn die Orte bestimmt und begrenzt sind, dann werden dies auch die Körper sein. Wenn ferner das Oben und das Unten bestimmt sind, so muss dies auch für das Daszwischenliegende gelten: Ist dieses nämlich nicht bestimmt, dann müsste die Bewegung unbegrenzt sein, was allerdings, wie wir zuvor nachgewiesen haben, unmöglich ist. Der Mittelpunkt ist also bestimmt, und infolgedessen gilt gleiches für den Körper, der sich dort befindet oder dorthin gelangen kann. Freilich kann der Körper, der sich nach oben, und jener, der sich nach unten bewegt, dorthin gelangen, denn von Natur aus bewegt sich der eine vom Mittelpunkt weg und der andere auf diesen zu. Aufgrund dieser Überlegungen kann es offensichtlich keinen unbegrenzten Körper geben.[66]

Aus diesen Worten wird es klar, dass der Kosmos des Aristoteles nicht nur strukturiert und begrenzt, sonder symmetrisch sein muss.

Was den Punkt *(II)* betrifft, können wir jetzt die Argumentation des Aristoteles folgendermaßen zusammenfassen: Wenn einer dieser Körper unbegrenzt ist, dann wird er entweder ein begrenztes oder ein unbegrenztes Gewicht besitzen. (a) Es ist auszuschließen, dass er ein begrenztes Gewicht habe. Um dies nachzuweisen, bedient sich Aristoteles des folgenden Arguments. Man ziehe vom Unbegrenzten einen kleinen Teil ab: Das Gewicht dieses Teils wird in einem bestimmten Verhältnis zu dem, als begrenzt angenommenen, Gewicht des Ganzen stehen. Wenn man also den Teil hinreichend oft vervielfacht – denn aus einer unbegrenzten Menge kann man jede beliebige begrenzte Menge abziehen –, so wird man einen Teil des Körpers, von dem man ausgegangen war, erhalten, dessen Gewicht dem des Ganzen gleichkommen wird.[67] (b) Das Unbegrenzte wird also ein unbegrenztes Gewicht haben müssen. Dies ist aber unmöglich. Da sich die Körper nämlich mit einer Geschwindigkeit bewegen, die sich zu ihrem Gewicht direkt proportional verhält, müsste ein Körper von unbegrenztem Gewicht sich zugleich (I) mit einer Geschwindigkeit bewegen, die diejenige jedes beliebigen Körpers von begrenztem Gewicht übersteigt, und sich (II) gar nicht bewegen, weil der Zeitraum seiner Bewegung unbegrenzt klein sein müsste, ein solcher minimaler Zeitraum aber nicht existiert. Folglich kann es keinen unbegrenzten Körper geben.[68]

5.3. Der „universelle" bzw. „allgemeine" Nachweis

Im Kapitel 7 erbringt Aristoteles hingegen den *universellen* Nachweis, welcher den Körper als solchen betrifft. Dieser ist wie folgt aufgebaut.

α) Erster Teil: Nachdem Aristoteles mittels eines dichotomischen Verfahrens festgestellt hat, dass jeder Körper entweder *(I)* aus gleichen oder *(II)* aus ungleichen Teilen besteht und, in letztgenanntem Falle, entweder *(IIa)* eine unbegrenzte Zahl oder *(IIb)* eine begrenzte Zahl von Bestandteilen besitzt, weist er nach, dass die These der Unbegrenztheit des Körpers in jeder dieser Hypothesen auf unüberwindliche Schwierigkeiten stößt.

Unhaltbar ist nämlich die Hypothese *(IIa)*, wonach ein Unbegrenztes existiert, welches aus ungleichen Teilen besteht, deren Arten unbegrenzt viele sind. Nach Ansicht des Aristoteles muss nämlich, da die Anzahl der einfachen Bewegungen begrenzt ist, auch die der einfachen Körper begrenzt sein, was die fragliche Hypothese ausschließt.[69]

Andererseits kann auch *(IIb)* nicht zugelassen werden, also die Hypothese eines Unbegrenzten, welches aus ungleichen Teilen besteht, deren Arten zahlenmäßig begrenzt sind. Da nämlich eine Summe begrenzter Körper, deren Anzahl begrenzt ist, unmöglich ein Unbegrenztes ergeben kann, wird jeder der einfachen Körper unbegrenzt sein müssen. Damit wird man jedoch auf dieselben Schwierigkeiten treffen, welche schon zuvor aufgetaucht waren: die Existenz eines unbegrenzten Gewichts; die Notwendigkeit unbegrenzter natürliche Orte und die Koexistenz mehrerer unbegrenzter Körper.[70]

Man wird jedoch auch *(I)* nicht akzeptieren können, d. h. die Hypothese eines Unbegrenzten, welches aus gleichen Teilen besteht. Dann wird nämlich dieses einzige Substrat eine der einfachen Bewegungen besitzen, und dies wird entweder ein unbegrenztes Gewicht (bzw. eine unbegrenzte Leichtigkeit) mit sich bringen oder eine Rotation des Unbegrenzten oder, allgemeiner ausgedrückt, eine Bewegung des Unbegrenzten: Doch alle diese Möglichkeiten sind gleichermaßen auszuschließen.[71]

β) Nachdem Aristoteles bewiesen hat, dass kein Körper unbegrenzt sein kann, stellt er fest, dass das Unbegrenzte keine Handlung ausführen oder erleiden kann.

I) Zunächst bedient sich Aristoteles der *Methode der Aufteilung* (oder der Unterteilung), die sich wie folgt zusammenfassen lässt. Man räume ein, dass ein Begrenztes in einem bestimmten Verhältnis zum Unbegrenzten steht – sei das Begrenzte nun das Bewegte, das Bewegende, oder die Zeit der Bewegung. In diesem Falle ist es stets möglich, das Begrenzte zu unterteilen und aufzuzeigen, dass die Quantität, die man so erhält, im Verhältnis zu einer Quantität steht, welche geringer als das Unbegrenzte, also begrenzt ist. Wenn man dann die Glieder dieser Relation mit einer angemessenen Zahl multipliziert, so erhält man eine neue Relation, worin das Begrenzte, von dem man ausgegangen war, nicht mehr im Verhältnis zum Unbegrenzten steht, sondern zu einem Begrenzten:

> Dass übrigens das Unbegrenzte keinesfalls von dem Begrenzten eine Einwirkung erfahren oder selbst auf das Begrenzte einwirken kann, ist aufgrund folgender Überlegungen klar: Man nehme ein unbegrenztes A, ein begrenztes B und eine Zeit Γ an, in welcher sich etwas bewegt oder bewegt wird. Wenn nun A von B in der Zeit Γ erwärmt oder angestoßen wird oder irgend eine andere Einwirkung erleidet oder eine beliebige Bewegung erfährt, so soll Δ geringer sein als B und dieser geringere (Körper) in der gleichen Zeit eine geringere Bewegung bewirken. Setzen wir also, dass E unter Einwirkung von Δ verändert wird. Wie sich Δ zu B verhält, so wird sich demnach E zu irgend einem Begrenzten verhalten. Man gehe also davon aus, dass ein Gleiches in gleicher Zeit eine gleiche Veränderung bewirke, ein Geringeres in gleicher Zeit eine kleinere, ein Größeres eine größere, und zwar in demselben Verhältnis, in welchem das Größere zum Kleineren steht. Somit wird das Unbegrenzte von keinem Begrenzten in irgend einer Zeit bewegt werden: Denn etwas anderes, geringeres wird in der gleichen Zeit von einem Geringeren bewegt werden, und was sich zu dem letzteren proportional verhält, wird begrenzt sein.[72]

In der Tat besteht nach Aristoteles „keinerlei proportionales Verhältnis zwischen dem Unbegrenzten und dem Begrenzten"[73] und genau das ist der tiefste Grund seiner Ablehnung des Unbegrenzten: wo kein proportionales Verhältnis existiert, gibt es keine Ordnung und keine

Rationalität: der Kosmos ist jedoch geordnet. Wir werden sehen, dass Cantor versuchen wird, zu beweisen, dass es auch im Unbegrenzten eine Ordnung gibt (siehe Kap. 3 unten).

Das Unbegrenzte kann also weder auf ein Begrenztes wirken noch auf ein anderes Unbegrenztes und kann auch von diesen keine Einwirkung erfahren. Da jedoch jeder sinnlich wahrnehmbare Körper zu wirken, Einwirkungen zu erdulden, oder beides vermag,[74] muss man zu dem Schluss gelangen, dass kein unbegrenzter sinnlich wahrnehmbarer Körper existiert:

> Wenn folglich jeder wahrnehmbare Körper die Fähigkeit besitzt zu wirken oder zu erleiden oder aber beides, so kann unmöglich ein unbegrenzter Körper wahrnehmbar sein. Freilich sind alle Körper, die sich an einem Ort befinden, wahrnehmbar, und demnach gibt es außerhalb des Himmels keinen unbegrenzten Körper, aber auch keinen, der nur eine bestimmte Ausdehnung besäße: Somit gibt es außerhalb des Himmels überhaupt keinen Körper. Wenn er nämlich intelligibel ist, so wird er sich an einem Ort befinden, da die Begriffe „außerhalb" und „innerhalb" einen Ort bezeichnen; er wird folglich wahrnehmbar sein. Wahrnehmbar ist aber nichts, was sich nicht an einem Ort befindet.[75]

5.4. Dialektischer Beweis der Unbeweglichkeit des Unbegrenzten

Um nachzuweisen, dass das Unbegrenzte keinerlei Bewegung zulässt, verwendet Aristoteles in der Folge[76] eine „dialektischere" bzw. „logischere" Argumentation.[77] Diese besteht aus einer zweifachen Beweiskette, wobei nacheinander die Hypothesen *(I)* eines aus gleichen Teilen bestehenden Unbegrenzten und *(II)* eines diskontinuierlichen Unbegrenzten erörtert werden. Hier tauchen zahlreiche zuvor formulierte Argumente auf, aber auch originelle Überlegungen zum Bewegenden des Unbegrenzten und zur Form, in welcher die Bewegung im Universum der Atomisten erfolgen müsste. Hier ist die wesentliche Struktur der Argumentation:

I.) Ein *aus gleichen Teilen bestehendes* Unbegrenztes kann sich nicht bewegen, und zwar

    a) weder im Kreis, da das Unbegrenzte keinen Mittelpunkt besitzt;

    b) noch geradlinig, da

        i) dazu drei unbegrenzte Orte erforderlich wären: der gegenwärtige, derjenige, welcher den Endpunkt der naturgemäßen Bewegung darstellen würde, und schließlich der naturwidrige Ort;

        ii) für die Bewegung eines unbegrenzten Bewegten eine unbegrenzte Kraft notwendig ist, d. h. ein unbegrenztes Bewegendes. Damit würden zwei Unbegrenzte koexistieren, nämlich das Bewegte und das Bewegende.

        iii) das Unbegrenzte

            1) sich entweder von alleine bewegt, in diesem Fall jedoch ein unbegrenztes Lebewesen wäre, was unmöglich ist,

2) oder von einem anderen Unbegrenzten bewegt wird; dann stößt man aber erneut auf die Schwierigkeiten, die mit *ii)* verbunden sind.[78]

II.) Ein *diskontinuierliches* Unbegrenztes wie das der Atomisten, welches aus einer einzigen „Natur" besteht, wird eine einzige Bewegung besitzen:

  i) Alles wird entweder schwer oder leicht sein;

  ii) alles wird den Mittelpunkt oder den äußersten Rand einnehmen; andererseits können derlei Ortsbestimmungen im Unbegrenzten nicht existieren;

  iii) die Bewegung wird unmöglich eine einzige sein können: In der Tat muss jeder Ort, der für einen Körper naturwidrig ist, für einen anderen naturgemäß sein. Es ist folglich unmöglich, dass alle Körper schwer oder leicht seien: Schwere und Leichtigkeit müssen gleichzeitig existieren.[79]

Im Rahmen dieses letzten Arguments wiederholt Aristoteles u.a., dass ein Ort – und ein Ort ist für jede Bewegung notwendig – eine genaue 'Struktur' haben muss, d. h. er muss ein Oben und ein Unten usw. besitzen:

> Allgemein gesagt, wird das, was keinen Mittelpunkt und keinen äußersten Rand und weder Oben noch Unten besitzt, den Körpern keinen Ort für ihre räumliche Verlagerung bieten. In Ermangelung eines solchen (Ortes) wird es auch keine Bewegung geben, da diese ja notwendig gemäß oder wider die Natur erfolgt, und diese (Arten der Bewegung) durch die eigenen und die fremden Orte bestimmt sind.[80]

Im Unbegrenzten können weder Oben noch Unten, weder Zentrum noch äußerster Rand existieren. Demzufolge kann es dort keine Bewegung geben, weder die geradlinige (die den schweren und leichten Körpern eigen ist), noch die kreisförmige. Weil wir aber sehen können, dass der Himmel sich bewegt, besteht für Aristoteles die notwendige Schlussfolgerung darin, dass der Himmel und damit der Kosmos in seiner Allgemeinheit endlich bzw. begrenzt ist. So erklärt er am Ende nicht ohne Stolz: „Dass also der Körper des Alls nicht unbegrenzt ist, ist aus diesen Überlegungen klar geworden".[81]

Auf diese Art und Weise hat Aristoteles sowohl in der *Physikvorlesung* als auch in der Abhandlung *Über den Himmel* eine einheitliche und höchst folgerichtige Vorstellung des Kosmos herausgearbeitet, die zwar während vieler Jahrhunderte als die bloße 'Wahrheit' galt, die jedoch schon am Ende des Mittelalters und insbesondere in der Renaissance von Philosophen und Wissenschaftern in Frage gestellt wurde. Zu Beginn des modernen Denkens hat man tatsächlich den Übergang „from the closed world to the infinite universe" gemacht – um den Titel des klassischen Werkes von Alexandre Koyré zu erwähnen. In diesem Rahmen werden wir nun unsere Aufmerksamkeit auf das Denken Giordano Brunos richten.

Anmerkungen

[1] Vgl. R. Mondolfo, *L'infinito nel pensiero dell'antichità classica*, Florenz [2]1967.

[2] H. Weyl, *Die Stufen des Unendlichen (Vortrag, gehalten am 27. Oktober 1930 bei der Eröffnung der Gästetagung der Mathematischen Gesellschaft an der Universität Jena im Abbeanum)*, Jena 1931, S. 1.

[3] Arist., *Metaph.*, A 5, 986 a 15-21; Neubearb. der dt. Übers. v. H. Bonitz, in: Aristoteles, *Metaphysik*, hrsg. v. H. Seidl, Hamburg [3]1989.

[4] Vgl. u.a. B.L. van der Waerden, *Die Pythagoreer. Religiöse Bruderschaft und Schule der Wissenschaft*, Zürich-München 1979, S. 76.

[5] Arist., *Metaph.*, A 5, 986 a 22-26.

[6] Plat., *Phil.* 16 c-e; dt. Übers. v. Fr. Schleiermacher, in: Platon, *Sämtliche Werke*, neu hrsg. v. U. Wolf auf der Grundlage der Bearbeitungv. W.F. Otto, E. Grassi u. G. Plamböck, Reinbeck bei Hamburg [34]2004, Bd. 3.

[7] *Ibid.*, 27 b-c: „SOKRATES: Als Erstes also nenne ich das Unbegrenzte, als Zweites die Grenze, dann als Drittes aus diesen das gemischte und gewordene Sein; und wenn ich nun der Mischung und des Werdens Ursache als Viertes nenne, würde ich dann wohl fehlen? PROTARCHOS: Wie solltest du?".

[8] *Ibid.*, 23 c-26 d. Zu dieser Stelle vgl. insbesondere G. Reale, *Zu einer neuen Interpretation Platons. Eine Auslegung der Metaphysik der großen Dialoge im Lichte der „ungeschriebenen Lehren"* [Or.-Tit.: *Per una nuova interpretazione di Platone* (1989)], dt. Übers. v. L. Hölscher, hrsg. v. J. Seifert, Paderborn-München-Wien-Zürich [2]2000, S. 414-444 [Kap. 16: „Die vier höchsten Gattungen des Wirklichen: das Unbegrenzte, die Grenze, die Mischung und die demiurgische Vernunft als Ursache der Mischung (*Philebos*, 28 c-31 a)"].

[9] Fr. 12 B 1 D.-K. (dt. Übers. v. H. Diels).

[10] Es sei mir hier erlaubt, auf A. Jori, „Tempo, eternità e soggettività nel pensiero greco", *Studium*, C (2004), S. 556-557, zu verweisen.

[11] Vgl. K. von Fritz, *Grundprobleme der Geschichte der antiken Wissenschaft*, Berlin-New York 1971, S. 18: „Das Apeiron ist immer und ewig: man kann nicht fragen, was noch weiter davor gewesen ist."

[12] Zur aristotelischen Theorie vom Unbegrenzten oder Unendlichen siehe insbesondere A. Edel, *Aristotle's Theory of the Infinite*, New York 1935; W.D. Ross, *Aristotle's Physics*, Oxford 1936 (Nachdr. 1998), S. 48 ff.; L. Robin, *Aristote*, Paris 1944 (Nachdr.: New York 1979), S. 144 ff.; R. Mondolfo, *L'infinito*, zit., S. 455 ff.; F. Solmsen, *Aristotle's System of the Physical World. A Comparison with His Predecessors* ("Cornell Studies in Classical Philology, vol. XXXIII), Ithaca (NY) 1960, S. 160 ff.; W. Wieland, *Die aristotelische Physik. Untersuchungen über die Grundlegung der Naturwissenschaft und die sprachlichen Bedingungen der Prinzipienforschung bei Aristoteles*, Göttingen [2]1970, S. 291 ff.; C. Wolf, *Das potentiell Unendliche: die aristotelische Konzeption und ihre modernen Derivate*, Frankfurt a.M.-Bern 1983, S. 3-53; A. Prevosti Monclús, *Teoría del infinito en Aristóteles*, Barcelona 1985; F. van Steenberghen, *Aristote et l'infini*, in: *Aristotelica. Mélanges offerts à Marcel De Corte*, hrsg. v. A. Motte und C. Rutten, Bruxelles-Liège 1985, S. 337-350; P. Zellini, *Breve storia dell'infinito*, Milano [3]1989, S. 11 ff.

[13] Arist., *Phys.*, Γ 4, 202 b 30-36; dt. Übers. v. H. Wagner, in: Aristoteles, *Physikvorlesung (Aristoteles Werke in deutscher Übersetzung* - Bd. 11), Berlin 1967. (Alle Zitate auf Deutsch aus der *Physikvorlesung* ohne weitere Angaben sind dieser Übersetzung entnommen.)

[14] *Ibid.*, 202 b 36-203 b 15.

[15] *Ibid.*, 203 b 15-22.

[16] *Ibid.*, 203 b 22-30.

[17] *Ibid.*, 203 b 30-32.

[18] *Ibid.*, 203 b 32-204 a 1.

[19] *Ibid.*, 204 a 1-2.

[20] *Ibid.*, 204 a 2-7.

[21] Vgl. Wagner in: Aristoteles, *Physikvorlesung*, zit., S. 498: „Für Aristoteles ist Unendlichkeit ein mögliches accidens accidentis, keinesfalls also ein Unendliches im Sinne eines selbständigen Gegenstands. Unendlichkeit ist nur als eine mögliche Bestimmtheit an einer *Quantität* denkbar, welche wiederum nur als Bestimmtheit an einem Weiteren, nämlich an einer *Substanz*, denkbar ist. Alle Unendlichkeit ist also Unendlichkeit der Quantität (der Anzahl oder der Ausdehnungsgröße) eines Gegenstands (bzw. einer Gegenstandsmenge)."

[22] *Ibid.*, 204 a 8-29.

[23] *Ibid.*, 204 a 29-32.

[24] *Ibid.*, 204 a 34-b 4.

[25] *Ibid.*, 204 b 4-7.

[26] *Ibid.*, 204 b 7-10.

[27] *Ibid.*, 204 b 10-19.

[28] *Ibid.*, 204 b 19-22.

[29] *Ibid.*, 204 b 22-35.

[30] *Ibid.*, 204 b 35-205 a 7.

[31] *Ibid.*, 205 a 7-12.

[32] *Ibid.*, 205 b 24-206 a 7.

[33] *Ibid.*, 206 a 9-12.

[34] *Ibid.*, 206 a 12-14.

[35] *Ibid.*, 206 a 14-18.

[36] *Ibid.*, 206 a 18-25. Vgl. Wagner, *ad loc.*: „Jenes, was die Möglichkeit hatte, *Statue* zu werden, hatte die Möglichkeit, in einer bestimmten Zeit auch *wirklich* diese Statue zu sein; das ἄπειρον δυνάμει hat hingegen diese Möglichkeit *nicht*, zu irgendeiner Zeit in seiner Unendlichkeit *wirklich* und beisammen da zu sein. Nur *Stücke* haben diese Möglichkeit – nacheinander; wie die Stücke eines Spielprogramms.“

[37] *Ibid.*, 206 b 20-27.

[38] *Ibid.*, 206 b 3-20.

[39] Vgl. W.D. Ross, *Aristotle*, London [5]1956, S. 84.

[40] *Phys.*, Γ 6, 206 b 33-207 a 2. Diesbezüglich bemerkt Wagner (*ad loc.*): „[Nach Aristoteles] soll das Unendliche das niemals Abgeschlossene, niemals Vollendete, und eben deswegen das Gegenteil eines Abgeschlossenen, Vollendeten und Ganzen sein. (...) Das Geheimnis des aristotelischen Unendlichkeitsbegriffs ist also einfach dies, dass Aristoteles keinen Begriff eines unendlichen Totums zulassen mag: ein Totum müsse endlich sein. Ein unendliches Totum ist für unsere Operationen nicht durchlaufbar (also in der Weise eines Durchlaufens nicht zu bewältigen), nicht abschließbar.“

[41] *Ibid.*, 207 a 2-7.

[42] *Ibid.*, 207 a 7-15. Interessant ist auch das, was Aristoteles diesbezüglich über das Denken von Parmenides und das von Melissos behauptet: „Darum hat Parmenides immer noch eher Recht als Melissos: dieser nämlich nennt das Unendliche ein Ganzes, während Parmenides das Seinsganze als endlich bezeichnet «mit allseitig gleicher Stärke vom Zentrum aus». Es sind doch zweierlei Schuh, ob ich Ganzheit und Totalität oder ob ich Unendlichkeit sage; denn die ganze Erhabenheit des Unendlichkeitsbegriffs – das Unendliche sei das Allbefassende und es schließe das Seinsganze in sich – stammt ja nur vom Totalitätsbegriff; jener ist ja ein Abglanz dieses letzteren.“ (*ibid.*, 207 a 15-21).

[43] *Ibid.*, 207 a 21-32.

[44] *Ibid.*, 207 a 33-b 21.

[45] *Ibid.*, 207 b 27-34.

[46] *Ibid.*, 207 b 34-208 a 4.

[47] Vgl. Ioan. Philop., *De aetern. mundi*, 9, 14-11, 17 Rabe. Dazu R. Sorabji, *Time, Creation and the Continuum*, London 1983, S. 214-224.

[48] *Phys.*, Γ 8, 208 a 8-11.

[49] *Ibid.*, 208 a 11-14. Vgl. Wagner in: Aristoteles, *Physikvorlesung*, zit., S. 526: „Aristoteles kennt durchaus eine Endlichkeit auch in der Form, dass das Endliche seine Endlichkeit nicht der Begrenzung durch ein Anderes, sondern seiner eigenen Wesensschranke verdankt (und die Endlichkeit des physischen Universums, wie sie Aristoteles vertritt, ist gerade von der letzteren Art).“

[50] *Ibid.*, 208 a 14-19.

[51] *Ibid.*, 208 a 20-22.

[52] Auf der Basis und im Rahmen der Allgemeinen Relativitätstheorie Einsteins wissen wir heute, dass eine Lösung dieses Problems gefunden werden kann, indem man einen endlichen, aber unbegrenzten, in eine vierte Dimension (die Zeit) hinein gekrümmten dreidimensionalen Raum annimmt. Vgl. dazu Kap. 4 unten.

[53] Vgl. z. B. zu den Kritiken, die Giordano Bruno an diese Raumvorstellung geübt hat, Kap. 2 unten.

[54] *Phys.*, Δ 4, 211 b 5-212 a 30.

[55] *Ibid.*, 212 a 5-21.

[56] *Ibid.*, Δ 7, 213 b 30-214 b 11.

[57] *De caelo*, A 5, 271 b 2-16; dt. Übers. v. A. Jori, in: Aristoteles, *Über den Himmel* (*Aristoteles – Werke in deutscher Übersetzung*, Bd. 12/Teil III), Berlin 2009. (Alle Zitate auf Deutsch aus der Abhandlung *Über den Himmel* ohne weitere Angaben sind dieser Übersetzung entnommen.)

[58] Vgl. Aristoteles, *Über den Himmel*, zit., S. 136, Anm. 44.

[59] Zur aristotelischen Theorie des Äthers siehe *ibid.*, S. 217-239 (in Bezug auf die Abhandlung *Über den Himmel* vgl. insbesondere S. 217-228).

[60] *De caelo*, A 5, 271 b 26-272 a 5.

[61] *Ibid.*, 272 a 7-20.

[62] *Ibid.*, 272 a 21-b 17.

[63] *Ibid.*, 272 b 17-24.

[64] *Ibid.*, 272 b 25-28.

[65] *Ibid.*, 272 b 28-273 a 4.

[66] *De caelo*, Λ 6, 273 a 7-22.

[67] *Ibid.*, 273 a 27-b 29.

[68] *Ibid.*, 273 b 29-274 a 18.

[69] *Ibid.*, 274 a 33-b 4.

[70] *Ibid.*, 274 b 5-22.

[71] Vgl. *De caelo*, Λ 7, 274 b 22-32.

[72] *Ibid.*, 274 b 33-275 a 13.

[73] *Ibid.*, 275 a 13-14: τὸ γὰρ ἄπειρον πρὸς τὸ πεπερασμένον ἐν οὐθενὶ λόγῳ ἐστίν.

[74] Hier liegt vielleicht ein Verweis auf Platon vor: Im *Sophistes* behauptet dieser, dass die „Giganten", fest entschlossen, lediglich die Existenz dessen anzuerkennen, was sinnlich wahrnehmbar ist, (wenigstens vorläufig) die Definition des Seienden (τὸ ὄν) anerkennen sollten als dessen, „was nur irgendein Vermögen besitzt, es sei nun, ein anderes zu irgend etwas zu machen, oder, wenn auch nur das mindeste von dem allergeringsten zu leiden, und wäre es auch nur einmal (...)" (*Soph.* 247 d-e; dt. Übers. v. F. Schleiermacher, in: Platon, *Sämtliche Werke*, zit., Bd. 4).

[75] *De caelo*, Λ 7, 275 b 4-11.

[76] *Ibid.*, 275 b 12 ff.

[77] *Ibid.*, 275 b 12: Λογικώτερον.

[78] *Ibid.*, 275 b 12-29.

[79] *Ibid.*, 275 b 29-276 a 16.

[80] *Ibid.*, 276 a 8-12.

[81] *Ibid.*, 276 a 16-17.

Kapitel 2

Giordano Brunos Begeisterung für das Unendliche

Wie wir gesehen haben, dreht sich für Aristoteles das Problem des Unendlichen (ἄπειρον) um die Frage der Fassbarkeit bzw. Erkennbarkeit von etwas, das keine Grenze haben kann. Da aber Fassbarkeit und Erkennbarkeit im Rahmen der antiken griechischen Denkweise eine Ordnung voraussetzen, und Ordnung wiederum eine gewisse Begrenzung verlangt, schreibt Aristoteles dem Unendlichen einen minderen ontologischen Status zu, indem er es nur als ein potentiell, niemals aktual Seiendes anerkennt: Die Abwesenheit von Ordnung wird hier als charakteristische privative Eigenschaft des Unendlichen erkannt, die letztlich zu dessen ontologischer Herabstufung führt.

1. Brunos Aufstand gegen die aristotelische Tradition

Mit dem Christentum setzte sich zwar die Vorstellung von dem einzigen, unendlichen Gott durch, aber eine solche Vorstellung wurde während des ganzen Mittelalters mit der aristotelischen Auffassung des endlichen Kosmos verbunden. Die neuere Philosophie und die Kultur der Renaissance entwickelten hingegen – zunächst in Italien – eine tiefe und sogar mystische Begeisterung für das Unendliche, deren stärkster Ausdruck in der Schrift Giordano Brunos (1548-1600) *De l'infinito universo et mondi* (*Über das Unendliche, das Universum und die Welten*; 1584)[1] zum Ausdruck kommt. Diesbezüglich hat Arthur Lovejoy bemerkt:

> Obwohl die Grundzüge der neuen Kosmosauffassung (...) schon verschiedentlich früheren Ausdruck gefunden hatten, ist es doch Giordano Bruno, der als der Hauptvertreter der Lehre vom mittelpunktlosen und unendlich belebten Universum gelten muss; denn er verkündete sie nicht nur mit missionarischem Eifer in ganz Westeuropa, sondern formulierte als erster die Grundlagen, die ihr allgemeine Geltung verschaffen sollten.[2]

Tatsächlich verbindet sich der Name Giordano Brunos schlechthin mit dem fundamentalen geistesgeschichtlichen und naturphilosophischen Umbruch, der die Zeit der Renaissance bestimmt und in seinem weiteren Verlauf die naturwissenschaftliche Denkweise der Moderne vorbereitet.

Der traditionellen aristotelischen (wie auch ptolemäischen), von einem grundsätzlichen 'Finitismus' geprägten Kosmologie stellt der italienische Philosoph mit aller Entschiedenheit eine revolutionäre Perspektive gegenüber. Er folgt enthusiastisch den Lehren des Nikolaus Kopernikus und lehnt die geozentrische Auffassung zu Gunsten eines heliozentrischen Weltbildes ab. So schreibt er: „(...) chi potrà a pieno lodar la magnanimità di questo germano [*scil.*: Kopernikus], il quale avendo poco riguardo a la stolta moltitudine, è stato sì saldo contra il torrente de la contraria fede?"[3] Aber Bruno, weit davon entfernt, sich mit der bloßen Annahme und Verbreitung der kopernikanischen Theorien zu begnügen, nimmt sich vor, die kopernikanische Perspektive in ihren metaphysischen und epistemologischen Konsequenzen weiter zu entwickeln und zu vollenden.[4] Indem er sich auf das Denken der Vorsokratiker wie auch auf die Unendlichkeitsspekulation von Nikolaus von Kues bezieht, erweitert er die heliozentrische Weltsicht zu einer Theorie des unendlichen Universums, das in sich unzählige Welten enthält.[5] Mit seiner Schrift *De l'infinito*, in der er sowohl die im Dialog *La cena delle Ceneri* (*Das Aschermittwochsmahl*) von 1584 als auch die im zweiten seiner 'kosmologischen' Dialoge *De la causa, principio et Uno* (*Über die Ursache, das Prinzip und das Eine*) desselben Jahres bereits formulierten Ideen vertieft, stellt sich Bruno die wesentliche Aufgabe, die gegnerischen Kreise der Aristoteliker zu einer veränderten Einstellung gegenüber ihrer eigenen Lehre zu bewegen.

> In diesem Sinn (...) leistet *Über das Unendliche* nicht nur einen originären Beitrag zu einer neuen Grundlagentheorie der Astronomie und Physik, die sich im unmittelbaren Austausch mit den aristotelischen Ansichten artikuliert. In ihrer strengen Rückbindung an die Schultradition bereitet die Schrift vielmehr auch in intensivster Weise den Paradigmenwechsel vor, ohne den sich die Ablösung vom Aristotelismus im Verlauf der Philosophie- und Wissenschaftsgeschichte der frühen Neuzeit nicht verstehen lässt.[6]

Eben aus solchen Gründen verdient diese Schrift Giordano Brunos an dieser Stelle besondere Aufmerksamkeit.

2. Die Unendlichkeit des Universums

Vor dem Hintergund seines Verständnisses des kopernikanischen Modells behauptet Bruno, dass Gott, als unendliche Ursache, auch eine unendliche Wirkung haben muss,[7] deren „vero e vivo vestigio",[8] man in seiner Gesamtheit – als Weltall – schätzen und bewundern sollte. Kopernikus hat erklärt,

> ch'al fine si debba conchiudere necessariamente che più tosto questo globo si muova a l'aspetto de l'universo, che si possibile che la generalità di tanti corpi innumerabili, (...) abbia (...) conoscere questo per mezzo e base de suoi giri et influssi;[9]

daraus geht Bruno zu einer „eterea reggione inmensa"[10] über, in der unzählige, gleichartig aufgebaute Welten nach den Prinzipien der Selbstbewegung[11] und nach der Dynamik des Austausches von Wärme und Kälte in geregelten Abständen[12] harmonisch zusammenstehen. Er behauptet feierlich im Dialog *De la causa* :

> È dumque l'universo uno, infinito, inmobile. Una, dico, è la possibilità assoluta, uno l'atto. Una la forma o anima; una la materia o corpo. Una la cosa. Uno lo ente. Uno il massimo et ottimo: il quale non deve posser esser compreso, e però infinibile et interminabile, e per tanto infinito et interminato; e per conseguenza inmobile.[13]

Mit dieser Beschreibung fasst Bruno die Eigenschaften des unendlichen Universums zusammen.

Die Verbindung von Einheit und Unendlichkeit bildet das „massimo" („Größte") und „ottimo" („Beste"), das sich jedem endlichen menschlichen Begreifen entzieht. In diesem Sinn gibt es nichts, was das Universum nicht ist, weil es schon alles Seiende ist.[14]

3. Brunos Dialog „De l'infinito"

In seinem Werk *De l'infinito universo et mondi* benutzt Bruno als Grundlage und Beziehungstext für die Diskussion zwischen den Gesprächspartnern die aristotelische Abhandlung *Über den Himmel*, wobei auch weitere Stellen aus der *Physikvorlesung* und der *Meteorologie* herangezogen werden.

Die Schrift gliedert sich in fünf Dialoge. Die ersten beiden Dialoge weisen die aristotelische Weltauffassung zurück und versuchen, die Unendlichkeit des Weltalls nachzuweisen. Der erste Dialog hebt dabei vor allem auf die Zusammengehörigkeit von Seinsfülle, Vollkommenheit und Unendlichkeit ab; der zweite ergänzt den Ansatz um die Darstellung der Raumtheorie sowie um die Verteidigung der antiken Vorstellung des Vakuums und die Darstellung der physikalischen Bedingungen, die in einem unendlichen Körper herrschen müssen.

Der dritte und der vierte Dialog beschäftigen sich mit der Frage der Möglichkeit unendlich vieler Welten, wobei der dritte Dialog insbesondere die traditionelle Elementenlehre kritisiert und der vierte das Problem der Möglichkeit des Zusammenbestehens unendlich vieler Welten aufgreift und das Zusammenspiel gegensätzlicher Bewegungsabläufe erklärt.

Der fünfte und letzte Dialog fasst die Ergebnisse nochmals zusammen, wobei wiederum aristotelische Ansichten aus der Schrift *Über den Himmel* zurückgewiesen werden.

3.1. Widersprüchlichkeit des aristotelischen Ortsbegriffes

In dem Werk stellt sich Bruno zunächst die Hauptfrage nach der Struktur des Weltalls. Er nimmt sich vor, Aristoteles' geozentrischen Aufbau des Kosmos zu widerlegen, der als ein System ineinander geschachtelter Hohlkugeln konstruiert ist, an denen jeweils die Gestirne angeheftet sind. Solche Hohlkugeln sind nach Aristoteles konzentrisch um den Erdmittelpunkt gelagert und schließen mit der der äußersten Sphäre ab.

Bruno ist überzeugt, dass sich der Hauptfehler einer solchen Weltauffassung in der aristotelischen Definition des Ortes befindet, der das 'Wo' eines Dinges angibt. Wenn es nämlich stimmen sollte, dass „il loco non è altro che superficie et estremità di corpo continente", wie Bruno die aristotelische Bestimmung wiedergibt,[15] dann würde der Begriff des Ortes an dem der Oberfläche hängen; und wenn es keine Oberfläche gäbe, dann könnte auch von keinem Ort des Inhalts die Rede sein. Nach Bruno kann jedoch eine solche Definition des Ortes als Oberfläche eben nicht auf das Modell der ineinander geschachtelten Sphären angewendet werden. Der Widerspruch macht sich seiner Meinung nach deutlich, sobald die äußerste himmlische Hohlkugel, die selbst nicht wiederum in einer weiteren Kugelschale enthalten ist, als Ort der inneren Sphären begriffen werden soll. Nach Bruno bringt nämlich der Begriff einer kugelförmigen Oberfläche nicht nur die Ansicht einer konkaven, nach innen gewölbten Seite, sondern auch die einer konvexen, nach außen gewölbten Seite mit sich. Von Konvexität kann aber nur die Rede sein, wenn es jenseits der äußersten Sphäre (der Fixstersphäre) einen Bezugspunkt gibt, von dem aus und in bezug auf den die Außenwölbung der ersten Sphäre überhaupt festgestellt werden kann.[16] Dies könnte zwar der leere Raum sein, doch ist eine solche Annahme in der aristotelischen Physik nicht erlaubt, da nach Aristoteles das Vakuum überhaupt nicht existiert.[17] Wenn es jedoch kein 'Außen' jenseits der äußersten Sphäre gibt, kann auch der Begriff der Oberfläche nicht angewendet werden, da man ihr die notwendige Dimension der Konvexität nicht zusprechen darf. Damit wird aber die Definition des Ortes ungültig, mit der absurden und unannehmbaren Folge, dass die äußerste Sphäre des Weltalls *keinen* Ort hat, so dass „il mondo sarà qualcosa che non si trova".[18]

Die aristotelische Definition des Ortes als einer umschließenden Oberfläche müsse, da sie sich als widersprüchlich erweist, folglich zusammen mit der Leugnung des leeren Raumes aufgegeben werden. Nach Bruno ist notwendigerweise eine kosmologische Anschauung anzusetzen, die jenseits der umschließenden Himmelssphäre ein 'Draußen', d. h. weitere Räume zulässt und die Vorstellung einer äußersten Oberfläche zugunsten des grenzenlosen Charakters des Universums überhaupt fallen lässt.[19]

3.2. Unendliche Welten in einem unendlichen leeren Raum

Bruno greift entschieden auf den antiken Atomismus mit seinen Vorstellungen vom Leeren und Vollen zurück und stärkt damit eine Doktrin, die von Aristoteles abgelehnt worden war. So lautet die These von Filoteo, der im Dialog der Vertreter der Lehren Brunos darstellt:

> Cossì dico io che come il vacuo et inane (che si pone necessariamente con questo peripatetico dire) non ha aptitudine alcuna a ricevere, assai meno la deve avere a ributtare il mondo. Ma di queste due attitudini noi ne veggiamo una in atto, e l'altra non la possiamo vedere a fatto, se non con l'occhio della raggione. Come dumque in questo spacio equale alla grandezza del mondo (...) è questo mondo, così un altro può essere in quel spacio, et in innumerabili spacii oltre questo, equali a questo.[20]

In diesem Zusammenhang stellt sich aber die Frage, mit welcher Berechtigung eigentlich auf das Unendliche und seine Eigenschaften geschlossen werden kann. Tatsächlich stellt das Unendliche nach Bruno einen Bereich dar, der sinnlich *nicht* erfahrbar ist:

> Non è senso che vegga l'infinito (...): per che l'infinito non può essere oggetto del senso; e però chi dimanda di conoscere questo per via di senso, è simile a colui che volesse veder con gli occhi la sustanza e l'essenza: e chi negasse per questo la cosa, per che non è sensibile o visibile, verebe a negar la propria sustanza et essere. Però deve esser modo circa il dimandar testimonio del senso: a cui non doniamo luogo in altro che in cose sensibili, anco non senza suspizione, se non entra in giudizio gionto alla raggione. A l'intelletto conviene giudicare e render raggione de le cose absenti e divise per distanza di tempo et intervallo di luoghi.[21]

Nun ist die Annahme eines Vakuums, das in sich nichts enthält, nach Bruno völlig legitim, zumal der (angebliche) Widerspruch in der aristotelischen Theorie des Ortes notwendig auf die Annahme des leeren Raumes als seiner eigenen Gegenthese hinführen sollte. Aber wie kann man feststellen, dass dieses Vakuum die Eignung („aptitudine") besitzt, durch einen Inhalt erfüllt zu werden? Auf seine Frage: „se questo spacio che contiene il mondo, ha maggiore aptitudine di contenere un mondo, che altro spacio che sia oltre",[22] erhält Filoteo von Fracastorio, einem seiner Gesprächspartner, die folgende Antwort: „Certo mi par che non: per che dove è 'nulla', non è differenza alcuna; dove non è differenza, non è altra et altra aptitudine (...)."[23] Elpino, der andere Gesprächspartner, bekräftigt seinerseits sogar diese Schlussfolgerung: „Né tampoco inepzia alcuna: e de le due più tosto quella, che questa."[24] Sollte also dem leeren Raum von den Eigenschaften der Eignung oder der fehlenden Eignung eine Eigenschaft eher zukommen als die andere, wäre diese nach Elpino die der Eignung.

Entscheidend ist hier der Übergang von dem Gedanken des leeren Unendlichen zum Begriff der Existenz unendlicher Welten. Die Bestimmungslosigkeit des Vakuums in Bezug auf jeden potentiellen Inhalt kennzeichnet die „indifferenza" („Ununterschiedenheit")[25] des leeren Raumes als dessen Grundstruktur. Die Vernunft begreift nur die durchgehende, überall gleichermaßen vorherrschende Ununterschiedenheit und Gleichwertigkeit des Vakuums, denn „dove è nulla, nulla oltraggia".[26] Die Frage, was angesichts dieser Indifferenz des Vakuums zu der behaupteten Entscheidung für einen erfüllten Raum berechtigt, führt in die Dimension der Erfahrbarkeit: Es zeigt sich nämlich zumindest am Vorhandensein unserer Welt, dass der Raum mit ihr einen Rauminhalt hat, d. h. erfüllt ist. Ist aber ein in solcher Weise erfüllter Raum 'hier' nicht nur gegeben, sondern auch axiologisch als „bene",[27] also als wesentlich positiv, zu betrachten, dann kann man diese Bedingungen auf das Unendliche übertragen. Das Unendliche wird deshalb gerade aus der Perspektive der Indifferenz des leeren Raumes mit den Strukturen des hier Bekannten ausgestattet. So erklärt Fracastorio:

> Certo più sicuramente possiamo giudicar in similitudine di quel che veggiamo e conoscemo, che in modo contrario di quel che veggiamo e conoscemo. Onde per che per il nostro vedere et esperimentare, l'universo non si finisce né termina a vacuo et inane, e di quello non è nuova alcuna, raggionevolmente doviamo conchiuder cossi; perché quando tutte l'altre raggioni fussero equali, noi veggiamo che l'esperimento è contrario al vacuo, e non al pieno. Con dir questo saremo sempre iscusati: ma con dir altrimente non facilmente fugiremo mille accusazioni et inconvenienti.[28]

Folglich existiert ein Universum mit „innumerabili mondi simili a questo";[29] ein Begriff, der wiederholt und noch verstärkt wird: „Son dumque infiniti gl'innumerabili e principali membri de l'universo, di medesimo volto, faccia, prorogativa, virtù et effetto."[30]

3.3. Einheit und Unendlichkeit des Weltalls

Der Gedanke der Einheit wird in *De l'infinito* deutlich zum Grundbau der neuen Naturphilosophie, indem Bruno ihn durch den Begriff des unendlichen homogenen Raumes ergänzt. Folglich kann Bruno das Universum in seinen bestimmenden Grundzügen wie folgt beschreiben:

> Uno dumque è il cielo, il spacio immenso, il seno, il continente universale, l'eterea regione per la quale il tutto discorre e si muove. Ivi innumerabili stelle, astri, globi, soli e terre sensibilmente si veggono, et infiniti raggionevolmente si argumentano. L'universo immenso et infinito è il composto che resulta da tal spacio e tanti compresi corpi.[31]

Die Synthese zwischen dem antiken Atomismus – mit seiner Lehre des Leeren und des Vollen – und der modernen, von Nikolaus von Kues geprägten Unendlichkeitsspekulation wird von Bruno weiterentwickelt: Das Ergebnis dieser Verarbeitung ist der unendliche leere Raum, der dennoch mit unendlich vielen und bewohnten Welten erfüllt ist. Für Bruno ist es aber nun notwendig, die auf das endliche und begrenzte Universum zugeschnittene Kosmologie und

Physik des Aristoteles durch eine *neue* Kosmologie und Physik zu ersetzen, die sich dem völlig neuen Rahmen eines unbegrenzten Raumes anpassen können.

3.4. Kein absolutes topologisches Koordinatensystem mehr

Filoteo präzisiert, indem er die vielleicht wichtigste Neuerung Brunos gegenüber der aristotelischen Kosmologie markiert, dass es nicht möglich ist, von einem kosmischen *absoluten* Bezugsrahmen zu sprechen, auf den hin die Erde und alle weiteren beobachtbaren Bewegungen der Gestirne festgelegt werden könnten:

> Cossì non è più centro la terra, che qualsivoglia altro corpo mondano; e non son più certi determinati poli alla terra, che la terra sia un certo e determinato polo a qualch'altro punto dell'etere e spacio mondano (...). La terra dumque non è absolutamente in mezzo de l'universo, ma al riguardo di questa nostra reggione.[32]

Im Hintergrund dieser Äußerung steht Aristoteles' Weltbild mit seinem Versuch, die Vorstellung eines unbegrenzten Universums zu widerlegen. Das Universum kann nach Aristoteles nicht unbegrenzt sein, da kein kugeliger unbegrenzter Körper existieren kann, der sich kreisförmig bewegt (siehe Kap. 1 oben). Unendliche Entfernungen könnten nach Aristoteles nicht in einer bestimmten, d. h. endlichen Zeit durchlaufen werden;[33] aus diesem Grund sei keine unendliche kreisförmige Bewegung möglich.[34] Für Aristoteles ist die Unmöglichkeit einer unendlichen geradlinigen Bewegung ebenso klar: Kein Körper könne sich nämlich zu einem Mittelpunkt hin oder von einem Mittelpunkt weg in unbegrenzter Weise bewegen.[35] Wenn es eine solche Bewegung geben würde, fügt Aristoteles hinzu, dann gäbe es kein bestimmtes Oben und Unten.[36]

Für Bruno sind alle diese Schlussfolgerungen jedoch völlig bedeutungslos.[37] Da der Begriff des Unendlichen, der physikalisch als das Leere und Inhaltslose gilt,[38] keinerlei Bestimmung besitzt, die sein Verhalten in irgendeiner Weise determinieren könnte, muss das Unendliche als gestaltlos und bewegungslos betrachtet werden: der Hauptfehler des Aristoteles besteht also nach Bruno darin, dem Unendlichen kugelförmige Gestalt und Bewegung zugesprochen zu haben.[39] Der von Bruno schon in seinem Dialog *De la causa* proklamierte Gedanke, dass das unendliche Universum in seiner allerfüllenden Einheit immer auch unbeweglich („inmobile") sein muss,[40] wird in *De l'infinito* vertieft. Bruno erklärt, dass die von Aristoteles geltend gemachten Widersprüche des nicht beschreibbaren Bewegungsverhaltens des Unendlichen wegfallen, wenn das Unendliche tatsächlich für das Gestaltlose gehalten wird, das keine Grenzen und damit auch kein 'Diesseits' und 'Jenseits' besitzen kann, in dem es sich als kugelförmiges Gebäude irgendwie bewegte. So bemerkt Filoteo polemisch:

Or vedete se de quante raggioni produce questo mendico [*scil.* Aristoteles], se ne ritrove pur una che argumente contra l'intenzione di quei che dicono uno infinito, inmobile, infigurato, spaciosissimo continente de innumerabili mobili che son gli mondi, che son chiamati astri da altri, e da altri sfere (...).[41]

Auch die aristotelische Argumentation in Bezug auf die geradlinige Bewegung erweist sich als bedeutungslos. Gerade weil das Unendliche als das Leere oder auch – wie Bruno häufig sagt – als der "etere infinito" ("unendliche Äther"),[42] grundsätzlich keine Eigenschaften besitzt, gibt es in ihm keinerlei Besonderheit, hinsichtlich derer ein Standort wie Mitte, Oben oder Unten überhaupt bestimmbar wäre. Die Ausdrücke 'Mitte', 'Oben', 'Unten', 'Äußerstes' haben also keine absolute Bedeutung, „perché tutti quelli che poneno corpo e grandezza infinita, non poneno mezzo né estremo in quella."[43] In diesem Sinn führt das von Aristoteles abgelehnte und von Bruno vertretene bewegungslose Unendliche zur Aufgabe jeder Bestimmung, die in einem absoluten, d. h. auf das Universum als Ganzes bezogenen Sinn gültig sein sollte.

Das Universum besitzt keine äußerste Grenze, die in der Sphäre der Fixsterne anzusetzen wäre; wenn es aber keine Grenze gibt, dann gibt es auch kein absolutes Bezugsystem mehr, das zur Standortsbestimmung der Körper innerhalb des Universums selbst und zur Feststellung ihrer Bewegungsrichtungen dienen könnte. Aus der Perspektive des Unendlichen sind alle möglichen Ortsbestimmungen vielmehr gleichwertig, so dass letztlich jeder Ort gleichermaßen als Mittelpunkt gelten kann. Folglich verliert nicht nur die Erde ihre zentrale Rolle als Mittelpunkt des Weltalls, vielmehr lässt sich auch kein anderer Himmelskörper an einer absolut fixierbaren Stelle des unendlichen Raumes verorten.

3.5. Relativität sowohl der Bewegungen als auch des Schweren und des Leichten

Es gibt also keine absolute Bewegung und keinen absoluten Ort. Mit der Annahme des Unendlichen als der grenzenlosen, unbeweglichen Wirklichkeit des Universums begeht Bruno mit erstaunlicher Kühnheit einen Tabubruch gegenüber einer tausendjährigen Tradition, indem er eine Größe einführt, die jede endgültige Verhältnisbestimmung der Gegebenheiten und der Vorgänge im Weltall aufhebt. Insofern als nämlich das Unendliche innerhalb des brunianischen Systems als wirkliche Bezugsgröße auf die Verhältnisse der endlichen Vorgänge einwirkt, wird alles sofort 'relativiert':

Vederno dumque gli antichi, e veggiamo ancor noi, che qualche cosa viene alla terra ove siamo, e qualche cosa par che si parta della terra, o pur dal luogo dove siamo. Dove se diciamo e vogliam dire che il moto di tai cose è ad alto e al basso, se intende in certa regione, in certi rispetti; di sorte che se qualche cosa allontanandosi da noi procede verso la luna, come noi diciamo che quella ascende, color che sono nella luna nostri anticefi diranno che descende.[44]

Auf diese Weise werden alle wichtigen Inhalte der aristotelischen Physik – die Theorie der natürlichen Orte, die Lehre der natürlichen Bewegungen sowie der Begriff vom absoluten Schweren und Leichten – gleichzeitig zerstört. Nach Aristoteles suchen die Körper entsprechend ihrer materiellen Beschaffenheit jene Orte auf, zu denen sie naturgemäß streben:[45] Leichte Körper wie das Feuer steigen daher nach oben, schwere Körper, etwa die Erde, sinken hingegen nach unten ab.[46] Körper, die sich wie die Gestirne kreisförmig bewegen, ändern ihren Ort jedoch nicht.[47] Für Bruno nun besitzen die aristotelischen Unterscheidungen aufgrund des veränderten kosmischen Bezugsrahmens als absolute Bestimmungen keine Gültigkeit mehr: Alle Bewegungen sind nur relativ bestimmbar. Bewegungen von Körpern nach oben, die etwa von der Erde aus in Richtung Mond ausgemacht werden könnten, finden lediglich, wie das Zitat erklärt, *in gewissen Hinsichten* („in certi rispetti") statt. Damit werden alle bisher in einer absoluten Weise interpretierten Größen in relative Größen umgedeutet, insofern als sie immer nur vom jeweiligen betreffenden Standpunkt eines Beobachters aus, der sich selbst als im Mittelpunkt stehend annimmt, beschreibbar sind.[48] In demselben Sinn ist auch keinem Körper Schwere oder Leichte *an sich* zuzusprechen.[49]

3.6. Aufgabe einer hierarchischen Abstufung des Universums

In Brunos *De l'infinito* konzentriert sich dann das Gespräch auf die Frage der Anordnung und der Harmonie der Welt. Burchio vertritt als Aristoteliker eine hierarchische Gliederung der vier Elemente – Erde, Wasser, Luft und Feuer – die durch ihre jeweiligen Eigenschaften den ihren natürlichen Ort aufsuchen und die dazu nötigen Bewegungen ausführen:

BURCHIO Ove è dumque quel bell'ordine, quella bella scala della natura, per cui si ascende dal corpo più denso e crasso, quale è la terra, al men crasso quale è l'acqua, al suttile quale è il vapore, al più suttile quale è l'aria pura, al suttilissimo quale è il fuoco, al divino quale è il corpo celeste? dall'oscuro al men oscuro, al chiaro, al più chiaro, al chiarissimo? dal tenebroso al lucidissimo, dall'alterabile e corrottibile al libero d'ogni alterazione e corrozione? dal gravissimo al grave, da questo al lieve, dal lieve al levissimo, indi a quel che non è grave né lieve? dal mobile al mezzo, al mobile dal mezzo, indi al mobile circa il mezzo?
FRACASTORIO Volete saper ove sia questo ordine? ove son gli sogni, le fantasie, le chimere, le pazzie. Per che quanto al moto, tutto quello che naturalmente si muove, ha delazion circulare o circa il proprio o circa l'altrui mezzo: dico circulare non semplice e geometricamente considerando il circolo e circulazione, ma secondo quella regola che veggiamo fisicamente mutarsi di loco li corpi naturali.[50]

In der aristotelischen Physik stellt die Anordnung der Elemente eine 'Stufenfolge' dar, mit der sich eine vertikale Aufstiegs- oder Abstiegsbewegung verbindet. Diese Bewegung nach oben oder nach unten regelt alle naturgemäßen Prozesse der irdischen Elemente.[51] Die Lehre der vier irdischen Elemente erschöpft aber die aristotelische Theorie der Materie nicht; nach der Erwähnung des Feuers als des „suttilissimo" („feinsten Körpers") deutet Burchio nämlich die „divin[a]" („göttliche") Natur des Himmelskörpers, d. h. des Äthers an. Damit ist aber die wesentliche Trennung zwischen der irdischen und der himmlischen bzw. zwischen der sublunaren und der translunaren Materie ausgesprochen, die aufgrund ihrer unterschiedlichen Beschaffenheiten auch unterschiedliches physikalisches Verhalten nach sich zieht.[52] Schon vorher hatte Burchio auf der Verschiedenheit zwischen der göttlichen Materie der Himmelskörper und dem Stoff der irdischen Körper bestanden.[53] Jetzt wird jedoch deutlich, dass die Unterscheidung zwischen einem irdischen und einem himmlischen Bereich letztlich auch *zwei* Formen von Physik mit sich bringt. Während die irdische Physik sich auf ein vertikal ausgerichtetes Bewegungsverhalten von Auf- oder Abstiegsbewegungen sich ständig verändernder Elemente stützt, setzt die Physik der Himmelskörper hingegen die Unveränderlichkeit und Unzerstörbarkeit des „ersten Körpers" voraus, für den nur eine ewige Kreisbewegung möglich ist.[54]

Für Bruno gehören hingegen alle hierarchischen Unterschiede des Stoffes in das Reich der Märchen. Alle Materie, so widerspricht Fracastorio seinem aristotelischen Gesprächspartner in dem oben zitierten Passus, bewegt sich kreisförmig. Die geradlinige Bewegung, so fährt er fort, trifft niemals auf einen Körper zu, sofern er als „Primärkörper" („corpo ... principale") anzusehen ist.[55] Damit ist eine grundsätzliche Vereinheitlichung der Kosmosauffassung erreicht. Anders als Aristoteles rekurriert Bruno nicht auf nicht weiter reduzierbare Qualitäten von Elementen, die deren Bewegungsverhalten in Bezug auf einen ihnen zukommenden natürlichen Ort festlegen; er bezieht sich vielmehr auf die Gedanken der antiken Atomisten. Die Bewegungen der Körper werden in dieser Hinsicht durch die Verdünnung oder Verdichtung der atomaren Teilchen verursacht, die unter dem Einfluss von Wärme und Kälte ihren Zustand ändern.[56] Ein solcher Prozess der Verdünnung und Verdichtung, der in allen materiellen Gegebenheiten innerhalb des unendlichen Universums stattfindet,[57] macht die aristotelische Theorie der Stufenfolge der Elemente überflüssig.[58] Die Gestirne bestehen dann nicht mehr aus Äther, sondern sind allein durch die jeweilige Zusammenstellung der materiellen Verbindungen, die in ihnen vorherrscht, feurig und leuchtend wie die Sonne oder wässrig und das Licht reflektierend wie die Erde oder der Mond.[59]

Auch das Schwere und das Leichte sind lediglich *relative* Eigenschaften, die man nur noch danach bestimmen kann, was durch eine jeweilige Definition darunter verstanden werden soll. Wenn also das Aufsuchen des Mittelpunktes tatsächlich das Schwere definieren sollte, dann mag zwar ein Teil der Erde schwer sein, wenn er „descende sino al mezzo",[60] aber der Luft gelingt es schneller, die Mitte aufzusuchen,[61] genau wie es ihr auch schneller gelingt, sich wieder von dieser zu entfernen, so dass letzten Endes „non è corpo più lieve de l'aria, non è corpo più greve che l'aria."[62] Dasselbe gilt auch für das Trockene, das, obwohl es so „leicht" ist, dass es auf dem Wasser schwimmt, durch die Zusammensetzung mit Wasser „schwer" wird und sinkt.[63]

3.7. Die Erkenntnis der Unendlichkeit des Kosmos als wahre Gottesverehrung

In dem Einleitungsschreiben zum Dialog *De l'infinito* erklärt Bruno unter anderen, dass das Weltall

> è un grandissimo ritratto, mirabile imagine, figura eccelsa, vestigio altissimo, infinito ripresentante di ripresentato infinito, e spettacolo conveniente all'eccellenza et eminenza di chi non può esser capito, compreso, appreso. Cossì si magnifica l'eccellenza de Dio, si manifesta la grandezza de l'imperio suo: non si glorifica in uno, ma in soli innumerabili; non in una terra, un mondo, ma in diecento mila, dico in infiniti.[64]

Bruno versucht damit seine kühne Auffassung von einem unendlichen Universum als den Ausdruck einer adäquaten Gottesverehrung zu rechtfertigen. Man dürfte die Herrlichkeit des allmächtigen Gottes, den, wie die Psalmen sagen, „die Himmel rühmen",[65] nicht lästerlich vermindern, indem man diesem Gott lediglich einen begrenzten Wirkungsbereich zuspricht. Allein die Bejahung eines unendlichen Universums bringe die Macht des unendlichen Gottes zum Ausdruck und zollt der Freigebigkeit des göttlichen Prinzips die notwendige Hochachtung. In diesem Sinne besitzt Brunos Begeisterung für das Unendliche einen mächtigen religiösen Charakter, den wir auch fast drei Jahrhunderte später in den wissenschaftlichen und philosophischen Spekulationen von Georg Cantor wiederfinden werden (vgl. Kap. 3 unten). Diesbezüglich hat Volker Bialas bemerkt:

> Mit dem Brunoschen Postulat, ein endlicher Kosmos sei der unendlichen göttlichen Schöpferkraft und Güte unwürdig und daher müsse das Universum unendlich groß sein, kommt bereits das neue Seinsverständnis zum Ausdruck: eben die neue philosophisch-weltanschauliche Qualität der *copernicanischen Wende*. (...) In dieser Weise haben wir es um 1600 mit einer Übergangszeit, mit einer Zeitenwende oder auch einer *Epochenschwelle* zu tun.[66]

4. Der Unendlichkeitsbegriff in der Folgezeit nach Bruno

Zur Wirkungsgeschichte von Brunos Dialog *De l'infinito* und im Allgemeinen von seinem Konzept der Unendlichkeit des Alls werden wir an dieser Stelle nur die wichtigsten Etappen erwähnen.

4.1. William Gilbert

Erste wissenschaftliche Reaktionen auf Brunos Denken kann man in England, insbesondere innerhalb des „Northumberland Circle" um Henry Percy, Earl of Northumberland, herausfinden.[67] Im Umfeld des erwähnten Zirkels versucht William Gilbert (1544-1603), der Autor der Schrift *De magnete*, höchstwahrscheinlich unter dem Einfluss der italienischen Dialoge Brunos, die Nutzlosigkeit der himmlischen Sphären zu beweisen, weil, wie er schreibt: „(...) the philosopher never can admit such enormous and monstrous celestial constructions",[68] und postuliert die Selbstbewegung der Erde.[69]

4.2. Die neue Astronomie

Obwohl die Idee der Erdbewegung von den Physikern und Astronomen des frühen siebzehnten Jahrhundert auch durchaus aufgegriffen wird, so bleibt Brunos Behauptung des unendlichen Kosmos für die frühen Vertreter der neuzeitlichen Naturwissenschaft dennoch weiterhin problematisch. Diesbezüglich wurde bemerkt:

> Es muss freilich hervorgehoben werden, dass sich in Keplers Ansichten ein Rückstand der Naturwissenschaft gegenüber der Philosophie ausdrückt; denn diese hatte in ihren fortschrittlichsten Teilen längst die These aufgestellt, dass die Fixsterne ferne Sonnen seien, die in den unterschiedlichsten Tiefen des Raumes anzutreffen sind. Es sei in diesem Zusammenhang an Giordano Bruno (...) erinnert, der eine enge Beziehung zwischen kosmologischen Vorstellungen und dem Aufbau des Weltalls sieht. In dem von ihm postulierten unendlichen Weltall ohne Mitte und Peripherie gibt es unendlich viele Sonnen, die wiederum Mittelpunkte von Planetensystemen sind. Von einer Fixsternsphäre ist bei Bruno keine Rede mehr.[70]

4.2.1. Galileo Galilei

Galileo Galilei (1564-1642) stimmt zwar mit Bruno überein, indem er versucht, die Gültigkeit des kopernikanischen Systems gegen den Augenschein der Sinne nachzuweisen. In diesem Zusammenhang schreibt er z. B.:

> nè posso a bastanza ammirare l'eminenza dell'ingegno di quelli che (...) hanno con la vivacità dell'intelletto loro fatto forza tale a i proprii sensi, che abbiano possuto antepor quello che il discorso gli dettava, a quello che le sensate esperienze gli mostravano apertissimamente in contrario.[71]

In Bezug auf die entscheidende Frage nach der Endlichkeit oder Unendlichkeit des Universums ist jedoch Galileis Position (vielleicht auch wegen Brunos grausamen Schicksals) alles andere als klar, so dass eine eindeutige Interpretation seiner Auffassung nicht möglich scheint.[72] Der Frage also, ob ein Stern eine Lage „per infinito intervallo superiore alle stelle fisse" ("unendlich weit über den Fixsternen") besitzen kann,[73] gibt Galilei einerseits – wie auch Kepler – eine negative Antwort;[74] andererseits wird aber die Behauptung der Endlichkeit des Kosmos in der unmittelbaren Gegenüberstellung mit der Möglichkeit des Unendlichen als bloße 'Arbeitshypothese' abgeschwächt. So bemerkt Galilei:

> Ancorchè molto ragionevolmente io potessi mettervi in controversia, se in natura sia un tal centro, essendo che nè voi nè altri ha mai provato se il mondo sia finito e figurato, o pure infinito e interminato; tuttavia, concedendovi per ora che ei sia finito e di figura sferica terminato, e che perciò abbia il suo centro (...).[75]

Weitere Äußerungen von Galilei[76] lassen vermuten, dass Galilei wahrscheinlich an die Unendlichkeit des Weltalls glaubte.[77]

4.2.2. Johannes Kepler

Johannes Kepler (1571-1630) wiederholt seinerseits die Einwände, die gegen die Lehre der Unendlichkeit des Universums erhoben wurden. Für ihn ist Bruno zwar ein „infelix",[78] der einigermaßen für seinen Mut und seine Standhaftigkeit Respekt und sogar Bewunderung verdient. So schreibt Kepler in einem Brief: „Brunum Romae crematum (...) constanter supplicium tulisse. Religionum omnium uanitatem asseruit, Deum in Mundum in circulos in puncta conuertit."[79] Obgleich jedoch Kepler, veranlasst durch Galileis Entdeckungen mit dem neu erfundenen Fernrohr und insbesondere durch die Entdeckung der Jupitermonde,[80] seine Auffassung hinsichtlich der Beschaffenheit der Fixsterne korrigiert und die Fixsterne als Sonnen interpretiert, die (wie es Bruno behauptet hatte) aus ihrem Inneren Licht aussenden,[81] bestreitet er immer noch entschieden die Möglichkeit eines unendlichen Universums. Anders als Bruno, der von den Bedingungen des beobachtbaren Teils des Universums mittels der Vernunft auf gleiche Bedingungen der weit entfernten, nicht wahrnehmbaren Teilen der kosmischen Weiten schließt, muss das Universum für Kepler letztlich ein beobachtbares Universum bleiben:

> Sed Brunus ita infinitum facit mundum, ut quot sunt stellae fixae, tot mundos, et hanc nostram regionem mobilium, unum ex innumerabilibus mundis faciat, nulla ferè notâ à ceteris circumpositis distinctam (...). Quae sola cogitatio, nescio quid horroris occulti prae se fert; dum errare sese quis deprehendit in hoc immenso; cujus termini, cujus medium, ideoque et certa loca, negantur.[82]

An dieser Stelle taucht sogar ein deutlicher *horror infiniti* auf („nescio quid horroris occulti"), der zweifellos auch religiöse Wurzeln besitzt.[83] Außerdem beruht nach Kepler die Möglichkeit eines unendlichen Universums auf den schon erwähnten Widersprüchen und Paradoxien, die auch für ihn aus der grundsätzlichen Unverhältnismäßigkeit zwischen dem Unendlichen und dem Endlichen herkommen. So führt die Annahme des Unendlichen zu unannehmbaren Folgerungen, insofern der Durchmesser der Fixsterne, den Kepler mit wenigen Bogenminuten angibt, bei einer unendlichen Entfernung der Fixsternsphäre unendlich groß werden müßte, so dass die Fixsterne eine unbegrenzte Masse besitzen müßten. Dies aber widerspräche der Erfahrung, die ihre Grundlage in der Messbarkeit endlicher Größen hat. Diesbezüglich bemerkt Kepler:

> Si est infinita Sphaerae fixarum altitudo, id est, si fixae aliquae sunt infinitè altae, erunt ipsae in seipsis infinitâ etiam mole corporum. Finge namque stellam aliquam, quae videtur certo sub angulo, puta minutorum quatuor; huiusmodi corporis amplitudo semper est millesima distantiae, quod certissimum est, ex Geometria. Ergo si distantia est infinita, diameter igitur stellae, est infiniti pars millesima. At omnes infiniti partes aliquotae, infinitae et ipsae sunt necessariò. Stella igitur hujusmodi erit infinita.[84]

4.3. René Descartes

Im Verlauf des siebzehnten Jahhunderts sind auch die Überlegungen René Descartes' (1596-1650) erwähnungswert. Descartes gibt zu, dass die Zahl der Gestirne nicht begrenzt sein kann: Die Vorstellung einer festen endlichen Anzahl von Gestirnen würde dem Vermögen Gottes, eine noch größere Anzahl schaffen zu können, widersprechen: „Et quia non potest fingi tantus stellarum numerus, quin plures adhuc a Deo creare potuisse credamus, illarum etiam numerum indefinitum supponemus; atque ita de reliquis."[85] Um den Pantheismusverdacht zu vermeiden, der vom brunianischen System her durch die Gleichsetzung zwischen der Unendlichkeit Gottes als Wirkursache und der des Universums als Wirkung droht, versucht Descartes jedoch den Unterschied zwischen Gott und der Schöpfung festzuhalten, indem er die Begriffe 'infinitum' und 'indefinitum' differenziert. Während nämlich der Begriff 'infinitum' ausschließlich für Gott gilt, darf 'indefinitum' auf das Universum bezogen werden, insofern er nach Descartes lediglich suggeriert, dass es keinen Grund gibt, Grenzen für etwas anzunehmen. So präzisiert der französische Philosoph:

> Haecque indefinita dicemus potiùs quàm infinita: tum ut nomen infiniti soli Deo reservemus, quia in eo solo omni ex parte, non modò nullos limites agnoscimus, sed etiam positivè nullos esse intelligimus; tum etiam, quia non eodem modo positive intelligimus alias res aliquâ ex parte limitibus carere, sed negative tantum earum limites, si quos habeant, inveniri à nobis non posse constitemur.[86]

4.4. Gottfried Wilhelm Leibniz

Allerdings räumt der von Descartes vorgenommene Begriffsunterschied zwischen 'infinitum' und 'indefinitum' die Verdächtigungen einer pantheistischen Abdrift nicht aus. Z. B. stellt

Gottfried Wilhelm Leibniz (1646-1716) bedeutende Ähnlichkeiten zwischen Brunos Lehre des unendlichen Universums und Descartes' Wirbeltheorie in einem unbegrenzten Universum fest. Diesbezüglich kann man Leibniz' *Brief* hinzuziehen, der wahrscheinlich an den Herausgeber des *Journal des Savants* gerichtet war und der im Rahmen der Abhandlung „Reponse aux reflexions qui se trouvent dans le 23 Journal des Sçavans de cette année touchant les consequences de quelques endroits de la philosophie de des Cartes" abgefasst wurde.[87] Hier bemerkt Leibniz: „Les tourbillons [*scil.*: von Descartes] sont bien pensés, cependant joignant les pensées de Leucippus, de Jordanus Brunus, de Copernic, de Gilbert et de Kepler, il ne pouvait manquer d'y venir (...).“[88]

4.5. More und Newton

Auch in England, bei den Cambridger Platonisten, wird der kartesische Differenzierungsversuch kritisiert, wobei man einen Einfluss des brunianischen Denkens vermuten kann. In diesem Zusammenhag ist Henry More (1614-1687), der bedeutendste Vertreter der Cambridger Schule, besonders erwähnungswert. More entwickelt im Rahmen seiner Auseinandersetzung mit Descartes' Philosophie eine Raumtheorie, in deren Vordergrund wieder der Begriff der Unendlichkeit des Raumes steht.[89] Er stellt den unbegrenzten Raum, der als unabhängig von der nur indefiniten Materie verstanden wird, in engste Verbindung zur Unendlichkeit Gottes. So argumentiert More:

> Atque certè, ut nihil dissimulem, solidissimum videtur hoc Argumentum quo Mundanam Materiam non posse absolute infinitam, sed duntaxat indefinitam, prout videtur alicubi pronunciare *Cartesius*, nomenque infiniti soli Deo reservare. Quod serio ac constanter asserendum est tam de *Duratione Dei* quam de ejus *Amplitudine*. Utraeque enim absolute infinitae sunt: Mundi vero indefinitae solummodo esse possunt. (...) Etenim hoc modo Deus supra totum Universum debitis gradis evehitur, hoc est, infinitis, dum non solum *infinito aevo* Mundo *antiquior*, sed & *immensis spatiis* intelligitur eo esse *amplior & augustior*.[90]

Diesbezüglich muss man zwar bemerken, dass es zwischen den Raumbegriffen von More und von Bruno einen Unterschied gibt: während nämlich Mores Raum mit Gott selbst erfüllt ist, ist er bei Bruno voll mit Äther.[91]

Mores Theorie des unendlichen, homogenen und isotropen Raumes hat außerdem die Vorstellung Isaac Newtons (1642-1727) von einem absoluten Raum beeinflusst, so dass sie zur Grundlage der klassischen Physik geworden ist.[92]

4.6. Spinoza und die deutsche Aufklärung

Das Denken Brunos hat mit seiner Einheits- und Unendlichkeitsspekulation auch die Philosophie von Baruch de Spinoza (1632-1677) geprägt, der, indem er sich auf die Renaissancephi-
losophie bezieht, Gott und Natur („deus sive natura") in einer pantheistischen Perspektive
miteinander gleichsetzt.[93] Was das folgende Jahrhundert betrifft, so tritt die Bedeutung von
Brunos Werk *De l'infinito* in metaphysischer Hinsicht gewiss hinter den Einfluss der Schrift
De la causa zurück, die vor allem bei den bedeutendsten Vertretern der deutschen Aufklärung
eine wichtige kulturphilosophische Diskussion auslöst.[94] In diesem Zusammenhang fasziniert
Brunos Spekulation – in enger Verbindung mit der spinozistischen Philosophie – auf der
Grundlage der Formel „Hen kai Pan" („Eins und Alles") Dichter und Denker wie Gotthold
Ephraim Lessing (1729-1781), Johann Gottfried Herder (1744-1803) und Johann Wolfgang
von Goethe (1749-1832).

4.7. Schelling und sein Dialog „Bruno"

Friedrich Wilhelm Joseph Schelling (1755-1854) nimmt die Themen der brunianischen Metaphysik und insbesondere den Unendlichkeitsbegriff wieder auf, indem er sie aus dem Blickpunkt des Idealismus interpretiert, so dass Brunos Grundideen 'offiziell' Eingang in die deutsche Philosophie finden. Schelling widmet Bruno sogar einen eigenen Dialog mit dem Titel
Bruno oder das göttliche und natürliche Princip der Dinge. Ein Gespräch.[95]
In diesem Werk greift Schelling nicht nur im Titel sondern auch durch die dialogische Form
der Darstellung auf Bruno zurück, obwohl kein konkreter inhaltlicher Hinweis auf ein bestimmtes Werk Brunos in der Schrift vorhanden ist. Schellings Quelle, was die brunianische
Philosophie betrifft, war wahrscheinlich die Schrift *Über die Lehre des Spinoza, in Briefen an
den Herrn Moses Mendelssohn* (Breslau 1785, [2]1789) von Friedrich Heinrich Jacobi (1743-
1819), die zu dem sogenannten „Pantheismusstreit" Anlass gab und in deren erster Beilage
einige übersetzte Abschnitte von Brunos Dialog *De la causa, principio et uno* enthalten sind.
Jeder der vier Teilnehmer von Schellings Dialog *Bruno* (Anselmo, Alexander, Lucian und
Bruno) stellt eine der vier möglichen philosophischen Strömungen (Materialismus, Intellektu-
alismus, Idealismus, Realismus) dar, und darunter ist Bruno, als Verteidiger des Realismus,
selbst Schellings Wortführer. Besonders wichtig aus unserer Perspektive sind die Reden von
Lucian und Bruno, die im Mittelpunkt des zweiten der drei Teile stehen, in die das Werk gegliedert ist: es lohnt sich, etwas mehr darüber zu sagen, um die eigenartigen Charaktere des

kreativen Zusammenspiels der Unendlichkeitspekulation Brunos mit dem Idealismus Schellings zu verdeutlichen.

In den fraglichen Reden werden Beschaffenheit und Struktur des Schellingschen Identitäts-
systems – mit seinen drei Momenten des Absoluten, der Natur und des Geistes – dargelegt:
Das Absolute ist weder ideal noch real, weder Denken noch Sein, es ist „ewiger und unsicht-
barer Vater der Dinge", der das Endliche und das Unendliche in ein und demselben Akt der
göttlichen Erkenntnis als gleichermaßen ewig umfasst. Das Endliche ist zwar in dieser höchsten Einheit wesentlich gleich mit dem Unendlichen, bleibt aber dennoch ideell unterscheidbar.
Das sichtbare Universum gliedert sich nach Schelling in die Himmelskörper, das körperliche
Element und dessen Abstufung anorganisch, organisch, rational. Das Bewusstsein, das Ich,
entstammt dem Ewigen selbst; es stellt das Zu-Sich-Selbst-Kommen des Unendlichen dar,
und bildet daher die Einheit des Idealen und des Realen, des Endlichen und des Unendlichen.
Das, was im Ewigen Möglichkeit und Wirklichkeit in absoluter Einheit ist, teilt sich auf als
Wirklichkeit (im objektiven Teil des Ich) und als Möglichkeit (in dessen subjektivem Teil),
während es im Ich selbst, das die Einheit des Objektiven und Subjektiven darstellt, als Notwendigkeit widergespiegelt wird. Während das Wissen in der Einheit der objektiven Erkenntnis mit deren unendlichem Begriff besteht, ist hingegen die Welt der Phänomene das Spiegel-
bild jenes Endlichen, das in der Idee existiert und insofern mit dem Unendlichen verbunden
ist. Die nicht differenzierbare Einheit von Denken und Sein ist die Vernunft, welche als einzige unmittelbar das kennt, was göttlich ist: Das Ewige zu kennen bedeutet tatsächlich, Sein
und Denken in den Dingen vereint zu sehen und dies ist eben lediglich mittels der Vernunft
möglich, in der allein sich die Einheit der Einheit und des Gegensatzes realisiert. Während das
Wesen des Absoluten, das sich im Sein widerspiegelt, der unbegrenzte Körper ist, stellt das
Wesen des Absoluten, das sich im Denken als unendliches Wissen widerspiegelt, die unendliche Seele der Welt dar. Im Absoluten kann weder das Denken als Denken, noch das Sein als
Sein bestehen, sondern das eine existiert zusammen mit dem anderen und umgekehrt. Die
Aufteilung in die beiden Welten – jene, die das ganze Wesen des Absoluten im Endlichen,
und diese, die es im Unendlichen stellt – ist nach Schelling zugleich die Aufteilung zwischen
dem göttlichen und dem natürlichen Prinzip der Dinge. In diesem Zusammenhang versucht
Schelling in seinem Dialog *Bruno* auch wieder die alten Theorien über die Struktur der Materie und die Bildung des Kosmos zu etablieren, um auf diese Weise die Schwierigkeiten der
modernen, mechanistischen Auffassung der Natur zu überwinden.[96] Die Tatsache ist bemerkenswert, dass sich in Schellings Denken nicht nur die Vorwegnahme einiger Cantorschen
Prinzipien finden lassen,[97] sondern auch dass Cantor selbst in seiner Theorie des aktualen Un-

endlichen ein Hilfsmittel sehen wird, um die mechanistische Perspektive der modernen Wissenschaft mit einem mehr auf die organische Welt gerichteten Blickpunkt zu ergänzen.[98]

Gerade in Bezug auf die Wirkungsgeschichte von Brunos Unendlichkeitsspekulation muss man schließlich Georg Cantor erwähnen, dessen Bemerkungen deutlich zeigen, welchen Einfluss die philosophische Vorstellung des Unendlichen auf die Entstehung und die Entwicklung der Mengenlehre ausübte.

Anmerkungen

[1] Vgl. G. Bruno, *De l'infinito, universo et mondi – Über das Unendliche, das Universum und die Welten* (it.-dt.), übers. u. hrsg. v. A. Bönker-Vallon, Hamburg 2007, dessen italienischer Text sich auf die kritische Ausgabe der *Œuvres complètes* von Giordano Bruno (fr.-it.), hrsg. v. G. Aquilecchia, Bd. IV (*De l'infinie, de l'univers et des mondes – De l'infinito, universo e mondi*), Paris 1995, stützt. Eine gute deutsche Übersetzung des Dialogs ist auch: G. Bruno, *Über das Unendliche, das Universum und die Welten*, hrsg. u. übers. v. Ch. Schultz, Stuttgart 1994.

[2] A.O. Lovejoy, Die große Kette der Wesen. Geschichte eines Gedankens [Or.-Tit.: The Great Chain of Being. A Study of the History of an Idea], dt. Übers. v. D. Turck, Frankfurt a. M. 1993, S. 143.

[3] G. Bruno, *La cena de le Ceneri*, in: *Œuvres complètes*, zit., Bd. II, Paris 1994, S. 39, 41. Dt. Übers.: G. Bruno, *Das Aschermittwochsmahl*, übers. v. F. Fellmann, mit einer Einleitung v. H. Blumenberg, Frankfurt a. M. 1981 (^{1}1969), S. 87: „Doch wer vermöchte (...) die Großmut dieses Deutschen in vollem Maße zu würdigen, welcher ohne Rücksicht auf die törichte Menge sich so fest gegen den Strom der gegenteiligen Überzeugung gestellt hat?"

[4] Vgl. W. Beierwaltes, „Einleitung" zu: G. Bruno, *Von der Ursache, dem Prinzip und dem Einen*, übers. v. A. Lasson, hrsg. v. P. R. Blum, Hamburg 1983, S. IX-XL, insb. S. IX-X.

[5] Als Quelle für Brunos Unendlichkeitsgedanken hat man manchmal auf Thomas Digges verwiesen, nach dem das Universum nach außen offen und unendlich ist, aber zugleich eine hierarchische Gliederung aufweist. Vgl. dazu St. Drake, *Copernicanism in Bruno, Kepler, and Galileo*, in: Id., *Essays on Galileo and the History and Philosophy of Science*, Bd. I, hrsg. v. N. M. Swerdlow u. T. H. Levere, Toronto-Buffalo-London 1991, S. 325-339. Für die Hinweise auf Brunos Verhältnis zu Digges vgl. insbesondere *ibid.*, S. 328-330. Vgl. auch W. Neuser, *Infinitas infinitatis et finitas finitatis. Zur Logik der Argumentation im Werk Giordano Brunos*, in: G. Wolfschmidt (Hrsg.), *Nicolaus Copernicus (1473-1543). Revolutionär wider Willen*, Stuttgart 1994, S. 181-189, insbesondere S. 182. Die von Digges vertretene hierarchische Abstufung des Kosmos widerspricht jedoch Brunos Auffassung von der wesentlichen Gleichmäßigkeit des Weltalls, so dass als Brunos Quelle eher die Vorstellungen von G. J. Rheticus in Frage kommen. Vgl. *ibid.*, S. 183; M.A. Granada, *Giordano Brunos Deutung des Kopernikus als eines Gotterleuchteten und die „Narratio prima" von Rheticus*, in: K. Heipcke, W. Neuser u. E. Wicke (Hrsg.), *Die Frankfurter Schriften Giordano Brunos und ihre Voraussetzungen*, Weinheim 1991, S. 261-285, insbesondere S. 264 ff. wie auch A. Bönker-Vallon in ihrer „Einleitung" zu: G. Bruno, *De l'infinito, universo et mondi*, zit., S. CXIII, Anm. 283.

[6] A. Bönker-Vallon, „Einleitung" zu: G. Bruno, *De l'infinito*, zit., S. XXIII.

[7] „Cossì siamo promossi a scuoprire l'infinito effetto dell'infinita causa (...)" (G. Bruno, *La cena delle Ceneri*, zit. Ausg., S. 51).

[8] *Ibid.* Dt. Übers. zit., S. 93: „wahre und lebendige Spur".

[9] Zit. Ausg., S. 41. Dt. Übers. zit., S. 88: „(...) dass man schließlich notwendig zu dem Schluss gelangen müsse, es bewege sich eher unser Erdball gegenüber dem Universum, als dass die Gesamtheit der unzähligen Körper (...) diese als Mittelpunkt und Grundlage ihrer Umdrehungen anzuerkennen habe."

[10] Zit. Ausg., S. 51. Dt. Übers. zit., S. 93: „unermesslichen Ätherregion".

[11] *Ibid.*, S. 241.

[12] *Ibid.*, S. 199.

[13] G. Bruno, *De la causa, principio et uno – Über die Ursache, das Prinzip und das Eine* (it.-dt.), übers. u. hrsg. v. Th. Leinkauf, Hamburg 2006, S. 226: „Das Universum ist also Eines, unendlich, unbeweglich. Ich sage ferner: Eine ist auch die absolute Möglichkeit, Einer der absolute Akt. Eine die Form oder die Seele; Eine die

Materie oder der Körper. Eine die Sache. Eines das Seiende. Eines das Größte und Beste, und es ist dieses [letztere] also, das nicht begriffen werden können soll und das daher unabschließbar und unbegrenzbar, und daher ebenso unabgeschlossen und unbegrenzt, und folglich unbewegt ist."

[14] *Ibid.*: „(...) atteso che sia il tutto".

[15] G. Bruno, *De l'infinito*, übers. u. hrsg. v. A. Bönker-Vallon, zit., „Dialogo primo", S. 54. Dt. Übers. v. A. Bönker-Vallon: „(...) der Ort ist nichts anderes als die Oberfläche oder das äußerste Ende des enthaltenden Körpers." (Alle folgende Zitate in deutscher Übersetzung aus *De l'infinito* entstammen ebenfalls dieser zweisprachigen Ausgabe. Seitenangaben können daher entfallen.)

[16] *Ibid.*, S. 56.

[17] Vgl. *Phys.*, Δ 6-9, 213 a 12 ff. (vgl. Kap. 1 oben).

[18] „Dialogo primo", S. 54; „(...) die Welt wird etwas sein, das nicht auffindbar ist".

[19] *Ibid.*, S. 56 ff.

[20] *Ibid.*, S. 58, 60; „So sage ich also folgendes: So wie das Leere und das Inhaltslose (das mit der peripatetischen Sprechweise notwendig gesetzt wird) keinerlei Eignung hat, die Welt aufzunehmen, so kann es noch weniger eine Eignung haben, die Welt zurückzustoßen. Aber von diesen beiden Arten der Eignung sehen wir, dass die eine Wirklichkeit ist, die andere hingegen können wir auf keine Weise sehen, es sei denn mit dem Auge des Verstandes. So wie also in diesem Raum, welcher die gleiche Größe wie die Welt hat (...), diese Welt ist, so kann eine andere in einem anderen Raum sein und in unzähligen Räumen jenseits dieses Raumes und ihm gleich."

[21] *Ibid.*, S. 50, 52; „Es gibt keinen Sinn, der das Unendliche sieht (...): Denn das Unendliche kann nicht Gegenstand der Sinneswahrnehmung sein. Aus diesem Grund ist derjenige, der es auf dem Weg der Sinneswahrnehmung zu erkennen verlangt, wie einer, der die Substanz und das Wesen mit bloßem Auge sehen wollte; und wer die Sache aus dem Grund leugnete, weil sie nicht wahrnehmbar oder sichtbar ist, würde die eigene Substanz und das eigene Sein leugnen. Daher muss man behutsam sein, wenn man die Sinne als Zeugen befragt: Wir räumen ihnen lediglich Zuständigkeit für die wahrnehmbaren Dinge ein, und auch dies nicht ohne Verdacht, wenn sie nicht im Einklang mit dem Verstand zu ihrem Urteil kommen. Der Vernunft kommt es zu, zu urteilen und Rechenschaft über abwesende Dinge abzulegen, die durch zeitlichen Abstand und räumliche Entfernung von uns getrennt sind."

[22] *Ibid.*, S. 58; „(...) ob der Raum, der diese Welt enthält, eine größere Eignung hat, eine Welt aufzunehmen als ein anderer Raum jenseits von ihr. "

[23] *Ibid.*; „Mit Sicherheit nicht, scheint mir. Denn da, wo 'nichts' ist, gibt es auch keinerlei Unterschiedenheit. Wo es aber keine Unterschiedenheit gibt, gibt es auch nicht eine und noch eine Art von Eignung."

[24] *Ibid.*; „Und ebensowenig irgendeine fehlende Eignung; und von den beiden Möglichkeiten eher erstere als letztere."

[25] *Ibid.*, S. 62.

[26] „Dialogo primo", S. 60; „(...) dort, wo nichts ist, auch nichts in gegensätzlicher Weise wirksam wird."

[27] *Ibid.*: „Dumque è bene che questo spacio che è equale alla dimension del mondo (...) sia talmente ripieno."; „Dann ist es also auch gut, dass dieser Raum, der den Raumabmessungen der Welt gleich ist (...) auf diese Weise erfüllt ist."

[28] *Ibid.*: „Gewiss können wir in Ähnlichkeit zu dem, was wir sehen und kennen, sicherer urteilen, als im Gegensatz zu dem, was wir sehen und kennen. Da nun das Universum für unseren Blick und für unsere Erfahrung weder ein Ende hat noch mit dem Leeren und dem Inhaltslosen einen Abschluss findet und es hiervon auch keinerlei Kunde gibt, müssen wir vernünftigerweise so schließen. Denn, wenn auch alle anderen Verstandesgründe gleichwertig wären, sehen wir doch, dass die Erfahrung im Gegensatz zum Leeren steht, nicht aber zum Vollen. Wenn wir so sprechen, werden wir immer gerechtfertigt sein; sprechen wir aber anders, so werden wir tausenderlei Anschuldigungen und Unstimmigkeiten nicht leicht entgehen können."

[29] *Ibid.*, S. 66; „(...) unzählige Welten (...), die dieser ähnlich sind."

[30] „Dialogo terzo", S. 198; „Es gibt somit unzählige erstrangige Glieder des Universums von gleichem Aussehen, Antlitz, Vorrecht, Kraft und Wirkung."

[31] *Ibid.*, S. 152; „Einer ist also der Himmel, einer der unermessliche Raum, einer der Schoß, das universelle Enthaltende, die Ätherregion, durch die alles umläuft und sich bewegt. Dort zeigen sich uns in der Weise der Wahrnehmung unzählige Sterne, Gestirne, Weltkugeln, Sonnen, Erden, und auf unendlich viele läßt sich in der Weise des Verstandes schließen. Das unermeßliche und unendliche Universum ist das Zusammengesetzte, das aus diesem Raum und allen enthaltenen Körpern entsteht."

[32] „Dialogo secondo", S. 110, 112; „So ist die Erde nicht mehr Mittelpunkt als jeder beliebige andere Weltkörper; und es gibt für die Erde nicht mehr gewisse und bestimmte Pole, als die Erde selbst ein gewisser und bestimmter Pol für irgendeinen anderen Punkt des Äthers und des Weltraums ist. (...) Die Erde ist somit nicht in absoluter Weise in der Mitte des Universums, sondern nur in Hinblick auf unseren Bereich."

[33] Vgl. *De caelo*, Λ 5, 272 b 28-30: „Wenn der Himmel unbegrenzt ist und sich kreisförmig bewegt, so wird er das Unendliche in einem begrenzten Zeitraum durchquert haben." – dt. Übers. v. A. Jori, in: Aristoteles, *Über den Himmel (Aristoteles – Werke in deutscher Übersetzung*, Bd. 12/Teil III), Berlin 2009. (Alle Zitate

auf Deutsch aus der Abhandlung *Über den Himmel* ohne weitere Angaben sind dieser Übersetzung entnommen.)

[34] *Ibid.*, 271 b 26-272 a 5: „Dass der Körper, der sich kreisförmig bewegt, in seinem Gesamtumfang begrenzt sein muss, wird aus folgenden Überlegungen klar. Wenn nämlich der Körper, der sich im Kreise bewegt, unbegrenzt ist, dann werden auch die Linien unbegrenzt sein, die vom Mittelpunkt (seiner Kreisbahn) ausgehen. Doch zwischen unbegrenzten Linien besteht ein unbegrenzter Zwischenraum (unter dem 'Zwischenraum' zweier Linien verstehe ich den Raum, außerhalb dessen sich keine Größe annehmen lässt, welche die betreffenden Linien tangiert). Dieser Zwischenraum muss also unbegrenzt sein, da er bei begrenzten Linien stets selbst begrenzt ist. Außerdem ist es immer möglich, sich einen Zwischenraum vorzustellen, der größer ist als der jeweils gegebene. Wie wir also von der Unendlichkeit der Zahl sprechen, weil es keine größte gibt, so gilt diese Überlegung auch für den Zwischenraum. Wenn man also einerseits das Unbegrenzte nicht durchqueren kann, und andererseits aus der Unbegrenztheit eines Körpers auch notwendig ein unbegrenzter Zwischenraum folgt, dann kann ein unbegrenzter Körper sich nicht im Kreise bewegen."

[35] *Ibid.*, A 6, 273 a 7-8.

[36] *Ibid.*, 273 a 15-17.

[37] Vgl. „Dialogo secondo", S. 110.

[38] *Ibid.*

[39] *Ibid.*, S. 104 u. 112.

[40] Vgl. G. Bruno, *De la causa, principio et uno*, hrsg. v. Th. Leinkauf, zit., S. 226.

[41] „Dialogo secondo", S. 104; „Seht nun, ob sich von den vielen Gründen, die dieser Bettler [*scil.*: Aristoteles] hervorbringt, auch nur einer gegen die Aussageabsicht derjenigen findet, die ein Unendliches, Unbewegliches, Gestaltloses von weitestem Raum behaupten, das unzählige, bewegliche Körper enthält, welche die Welten sind – von den einen Gestirne genannt und von anderen Kugeln."

[42] *Ibid.*, S. 98.

[43] *Ibid.*, S. 110; „Denn alle diejenigen, die einen Körper und eine unendliche Größe setzen, setzen in dieser weder eine Mitte noch ein Äußerstes."

[44] *Ibid.*, S. 112; „So sahen also die Alten – und auch wir sehen es noch – dass sich etwas zur Erde, wo wir sind, hinbewegt und sich etwas von der Erde zu entfernen scheint oder jedenfalls von dem Ort, an dem wir sind. Wenn wir daher sagen wollen, dass die Bewegung dieser Dinge sich nach oben oder unten richte, dann meint man damit in einem gewissen Bereich und in gewissen Hinsichten, also in der Weise, dass wir, wenn sich etwas von uns entfernt und gegen den Mond hin fortbewegt, sagen, es steige empor, diejenigen aber, welche auf dem Mond unsere 'Antizephen' sind, sagen werden, es steige herab."

[45] Vgl. *Phys.*, Δ 1, 208 b 11-22: „Denn jeder Grundkörper bewegt sich, sofern er nicht daran gehindert wird, an seinen angestammten Ort hin, der eine nach oben, der andere nach unten. Das aber sind die Teile und Arten des Ortes: das Oben und das Unten und die restlichen der sechs Erstreckungsrichtungen. Oben und Unten, Rechts und Links, solche Bestimmungen erschöpfen sich nicht in bloßer Relativität auf uns; denn gerade im Verhältnis zu uns haben sie keine beharrende Identität, sondern hier erweisen sie sich als abhängig von unserer Position, wie wir sie gerade einnehmen – weshalb dann auch oftmals eines und dasselbe sowohl rechts wie links, sowohl oben wie unten, sowohl vorne wie hinten sein kann; in der Natur selbst aber hat jede (dieser Bestimmtheiten) ihren selbständigen Unterschied: 'Oben' ist ja nicht eine beliebige Bestimmung, es ist der Ort, zu dem sich das Feuer und das Leichte hinbewegt. Ebensowenig auch ist 'Unten' eine beliebige Bestimmung, sondern der Ort, wohin sich das Schwere und das Erdige bewegt. Es handelt sich eben nicht um bloße Lagegegensätze, sondern um Unterschiede in ihrer Funktion." – dt. Übers. v. H. Wagner, in: Aristoteles, *Physikvorlesung* (*Aristoteles Werke in deutscher Übersetzung* - Bd. 11), Berlin 1967. (Alle Zitate auf Deutsch aus der *Physikvorlesung* ohne weitere Angaben sind dieser Übersetzung entnommen.)

[46] Vgl. Arist., *De caelo*, Δ 1, 307 b 28 ff.: „Was das Schwere und das Leichte betrifft, so ist zu untersuchen, was jedes von beiden ist, welches ihre Natur ist, und aus welchem Grunde sie diese Fähigkeiten besitzen. Die Erforschung dieser Fragen gehört zu den Untersuchungen über die Bewegung, da wir Dinge als 'schwer' und 'leicht' bezeichnen, weil sie zu einer bestimmten Art der natürlichen Bewegung fähig sind. (Für ihre Tätigkeiten gibt es keinen bestimmten Begriff, es sei denn, man wollte hier den Ausdruck 'Impuls' verwenden.) Da die Untersuchung der Natur die Bewegung zum Gegenstand hat, diese Dinge aber selbst gleichsam die Funken der Bewegung in sich tragen, verwenden alle ihre Fähigkeiten, ohne sie freilich, mit Ausnahme einiger weniger Forscher, bestimmt zu haben. Nachdem wir uns einen Überblick über die Aussagen der anderen verschafft und die Schwierigkeiten dargelegt haben, welche im Rahmen dieser Untersuchung ausgeräumt werden müssen, wollen wir auch unsere Ansichten über diese Fragen ausbreiten. Man spricht von 'schwer' und 'leicht' einerseits im absoluten Sinne und andererseits in Relation zu etwas anderem. Von den Dingen, die ein Gewicht haben, sagen wir, dass das eine leichter und das andere schwerer sei, so etwa, dass Erz schwerer als Holz sei. Über diese Eigenschaften im absoluten Sinne haben sich unsere Vorgänger nicht geäußert, sondern haben von ihnen allein in relativem Sinne gesprochen; denn sie sagen nicht, was das Schwere und das Leichte sei, sondern bloß, welches unter Körpern, die ein Gewicht besitzen, das Schwerere und das Leichtere ist. Doch wovon wir sprechen, wird aus dem folgenden deutlicher werden. Denn die einen Körper bewegen sich von Natur aus stets von der Mitte weg, die anderen zur Mitte hin. Dabei sage ich von dem

Körper, der sich von der Mitte weg bewegt, er bewege sich nach oben, von demjenigen aber, der zur Mitte hinstrebt, er bewege sich nach unten. Es ist nämlich unsinnig, nicht anzunehmen, dass es im Himmel ein Oben und ein Unten gibt, wie es einige tun; denn nach ihrer Meinung gibt es das Oben und das Unten nicht, wenn denn der Himmel überall gleichmäßig ist, und jeder, von einem beliebigen Ort ausgehend, zu seinem Antipoden gelangen kann. Wir hingegen nennen den äußersten Rand des Alls das 'Oben', welcher seiner Lage nach oben und seiner Natur nach das Erste ist. Da das All einen Rand und eine Mitte besitzt, wird es eindeutig auch ein Oben und ein Unten haben, und dies behaupten ja auch die meisten Denker, wenn sie es auch nicht zureichend erklären. Die Ursache dafür liegt darin, dass sie glauben, der Himmel sei nicht überall gleichmäßig, sondern es gebe eine einzige Hemisphäre, nämlich diejenige, die sich über uns befindet. Würden sie aber zudem anerkennen, dass der Himmel rundum so beschaffen ist und der Mittelpunkt zu jedem Punkt des Randes im gleichen Verhältnis steht, dann würden sie einräumen, dass der Rand oben und der Mittelpunkt unten ist. Wir bezeichnen also das, was sich nach oben und damit zum äußersten Rand hin bewegt, als 'absolut leicht' und das, was nach unten und zum Mittelpunkt hin tendiert, als 'absolut schwer'. Von 'leicht im Verhältnis zu etwas anderem' und 'leichter' ist dann die Rede, wenn sich von zwei Körpern, die ein Gewicht und die gleiche Masse besitzen, der eine naturgemäß schneller nach unten zubewegt."

47 *Ibid.*, A 9, 278 b 28-29: „(...) der sich kreisförmig bewegende Körper [kann] seinen Ort nicht verändern (...)."

48 Vgl. „Dialogo secondo", S. 112.

49 *Ibid.*, S. 114.

50 „Dialogo terzo", S. 176, 178; „ BURCHIO Wo ist jedoch dann jene schöne Ordnung, jene schöne Stufenfolge der Natur, auf der man vom dichtesten und gröbsten Körper, nämlich der Erde, zum weniger groben, dem Wasser, aufsteigt, von da zum feinen, dem Dampf, weiter zum feineren, der reinen Luft, zum feinsten, dem Feuer, und schließlich zum göttlichen, nämlich dem Himmelskörper? Vom Dunklen zum weniger Dunklen, zum Hellen, Helleren und zum Hellsten? Vom Finsteren zum Leuchtendsten, vom Wandelbaren und Verderblichen zum dem, das von jedem Wandel und jeder Verderbnis frei ist? Vom Schwersten zum Schweren, von dort zum Leichten, vom Leichten zum Leichtesten und weiter zu dem, was weder schwer noch leicht ist? Vom Beweglichen zur Mitte, von der Mitte zum Beweglichen und von dort zu dem, das um die Mitte beweglich ist?
FRACASTORIO Ihr wollt wissen, wo diese Ordnung ist? Dort, wo die Träume, die Phantasien, die Chimären, die Verrücktheiten sind. Denn was die Bewegung betrifft, beschreibt alles, was sich auf natürliche Weise bewegt, eine kreisförmige Bewegung entweder um die eigene Mitte oder um die eines anderen Körpers. Ich sage kreisförmig nicht, indem ich den Kreis und die Kreisbewegung einfach und geometrisch betrachte, sondern entsprechend jener Regelhaftigkeit, nach der wir die natürlichen Körper ihren Ort wechseln sehen."

51 Vgl. W.D. Ross, *Aristotle*, London ^{5}1956, S. 99 ff.

52 Zur Geschichte des Äthers darf ich auf Aristoteles, *Über den Himmel*, hrsg. v. A. Jori, zit., S. 193-259, hinweisen.

53 Vgl. „Dialogo terzo", S. 172.

54 *Ibid.*, S. 176.

55 *Ibid.*, S. 178.

56 *Ibid.*

57 Die Schwere der Erde ist folglich nicht ohne das Wasser vorzustellen, das die Teile der Erde verdichtet (*ibid.*, S. 180). Ebenso findet sich Luft in allen Teilen der Erde, so dass jede Art der Materie an jedem Ort vorhanden ist (*ibid.*).

58 *Ibid.*, S. 178.

59 *Ibid.*

60 *Ibid.*, S. 186; „(...) bis zur Mitte herabsteigt".

61 *Ibid.*: „(...) cosi le parti de l'aria più subito correranno al mezzo, che parte d'altro qualsivoglia corpo (...)"; „(...) so strömen die Teile der Luft noch schneller zur Mitte als jeder Teil irgendeines beliebigen anderen Körpers."

62 *Ibid.*, S. 188; „(...) es keinen leichteren Körper als die Luft und keinen schwereren Körper als die Luft [gibt]."

63 *Ibid.*

64 „Proemiale Epistola" ['Einleitungsschreiben'], S. 38; „Es ist vielmehr ein allergrößtes Ebenbild, ein bewundernswertes Abbild, eine erhabene Gestalt, eine allerhöchste Spur, eine unendliche Darstellung eines dargestellten Unendlichen, ein Schauspiel, der Vortrefflichkeit und der Vorzüglichkeit dessen würdig, der nicht verstanden, begriffen, erfasst werden kann. Auf diese Weise wird die Vortrefflichkeit Gottes verherrlicht, offenbart sich die Größe seines Reiches. Diese wird nicht in einer Sonne verherrlicht, sondern in unzähligen, nicht in einer Erde, einer Welt, sondern in zehnmal hunderttausend – was sage ich – in unzähligen Welten."

65 Vgl. *Ps.* 18, 2: „Caeli enarrant gloriam Dei et opera manuum eius enuntiat firmamentum (...)."

66 V. Bialas, *Johannes Kepler*, München 2004, S. 15-16.

67 Vgl. S. Ricci, *La fortuna del pensiero di Giordano Bruno (1600-1750)*, Firenze 1990, S. 49 ff.

68 W. Gilbert, *De magnete*, engl. Übers. v. P. Fleury Mottelay, New York 1958, S. 353.

69 Zu den Berührungspunkten zwischen Bruno und Gilbert vgl. H. Gatti, *Giordano Bruno and Renaissance Science*, Ithaca-London 1999, S. 86 ff. so wie S. Ricci, *La fortuna*, zit., S. 51 ff.

[70] D.B. Herrmann, *Kosmische Weiten. Kurze Geschichte der Entfernungsmessung im Weltall*, Frankfurt a.M. 1990, S. 24.

[71] G. Galilei, *Dialogo sopra i due massimi sistemi del mondo, Tolemaico e Copernicano*, in: *Le opere di Galileo Galilei*, hrsg. v. G. Saragat, Bd. VII, Neudr. der „Edizione Nazionale", Firenze 1968, S. 355. Dt. Übers.: G. Galilei, *Dialog über die beiden hauptsächlichsten Weltsysteme, das ptolemäische und das kopernikanische*, übers. u. erläut. v. E. Strauss, hrsg. v. R. Sexl u. K. von Meyenn, Stuttgart 1982 (Erstaus.: Leipzig 1891), S. 342: „Ich kann nicht genug die Geisteshöhe derer bewundern, (...) die durch die Lebendigkeit ihres Geistes den eigenen Sinnen Gewalt angethan derart, dass sie, was die Vernunft gebot, über den offenbarsten gegenteiligen Sinnenschein zu stellen vermochten."

[72] Vgl. A. Koyré, *Von der geschlossenen Welt zum offenen Universum* (Or.-Tit.: *From the Closed World to the Infinite Universe*), dt. Übers. v. R. Dombacher, Frankfurt a.M. 1969, S. 95.

[73] Vgl. G. Galilei, *Dialogo*, zit., S. 315.

[74] *Ibid.*; vgl. dazu A. Koyré, *Von der geschlossenen Welt*, zit., S. 94.

[75] G. Galilei, *Dialogo*, zit., S. 347. Zit. dt. Übers., S. 334: „Ich könnte mit gutem Grunde hier die Streitfrage aufwerfen, ob ein solcher Mittelpunkt in der Natur überhaupt vorhanden ist; denn weder Ihr noch sonst jemand hat je bewiesen, dass die Welt endlich und von bestimmter Gestalt sei und nicht etwa unendlich und unbegrenzt. Ich gestehe Euch jedoch vorläufig zu, dass sie endlich und von einer Kugelfläche begrenzt sei, und dass sie mithin einen Mittelpunkt besitze (...)."

[76] Vgl. z. B. G. Galilei, *Lettera a Francesco Ingoli in risposta alla 'disputatio de situ et quiete Terrae'*, in: *Le opere di Galileo Galilei*, zit., Bd. VI, S. 529: „E non sapete voi ch'è ancora indeciso (e credo che sarà sempre tra le scienze umane) se l'universo sia finito o pure infinito?" Siehe auch *ibid.*, S. 518.

[77] Vgl. St. Drake, *Anmerkungen* zu G. Galilei, *Dialog über die beiden hauptsächlichsten Weltsysteme*, zit., S. 551, Anm. 31: „Er selber [*scil.*: Galilei] scheint, im Gegensatz zu Kepler, an die Unendlichkeit der Welt zu glauben"; *contra* E. Schmutzer u. W. Schütz, *Galileo Galilei*, Leipzig ⁶1989, S. 19.

[78] J. Kepler, *De stella nova*, in: Id., *Gesammelte Werke*, hrsg. v. M. Caspar, Bd. I, München 1938, cap. XXI, S. 253: „infelix ille Jordanus Brunus".

[79] Id., *Briefe 1607-1611*, in: Id., *Gesammelte Werke*, zit., Bd. XVI, München 1954, S. 142. Dt. Übers. v. V. Bialas, in: Id., *Johannes Kepler*, zit., S. 71: „(...) zwar standhaft seine Verbrennung ertragen, jedoch die Nichtigkeit aller Religion behauptet und das göttliche Wesen in die Welt, in Kreise und Punkte umgewandelt habe."

[80] Solche Entdeckungen wurden von Galilei in seiner 1610 erschienenen Schrift *Sidereus Nuncius* [jetzt in: *Le opere di Galileo Galilei*, zit., Bd. III, T. 1; dt. Übers.: G. Galilei, *Sidereus Nuncius (Nachricht von den Sternen)*, hrsg. v. H. Blumenberg, Frankfurt a. M. ²2002] beschrieben.

[81] „Quid aliud inde Galilaee colligimus; quàm fixas lumina sua ab intus emittere, planetas opacos extrinsecus pingi: hoc est, ut Bruni verbis utar, illas esse Soles, hos Lunas seu Tellures." (J. Kepler, *Kleinere Schriften 1602/1611, Dioptrice*, in: Id., *Gesammelte Werke*, zit., Bd. IV, München 1941, S. 302). Vgl. *ibid.*, S. 305.

[82] *De stella nova*, zit., S. 253.

[83] Zu den engen Beziehungen zwischen Wissenschaft und Theologie bei Kepler, vgl. insbesondere A. Koyré, *Von der geschlossenen Welt*, zit., S. 64 ff., so wie J.V. Field, *Kepler's Geometrical Cosmology*, Chicago-London 1988, S. 17 ff.

[84] *De stella nova*, zit., S. 256. Zu Keplers astronomischen Theorien vgl. Bialas, *Johannes Kepler*, zit., S. 82 ff.

[85] R. Descartes, *Principia Philosophiae*, in: *Œuvres de Descartes*, hrsg. v. Ch. Adam u. P. Tannéry, Bd. VIII/1, Paris 1982 (¹1905), Pars Iᵃ, Art. 26, S. 15. Dt. Übers.: R. Descartes, *Die Prinzipien der Philosophie*, übers. v. A. Buchenau, Hamburg ⁸1992, S. 10: „Ebenso wird man die Zahl der Sterne nicht für beschränkt annehmen, weil man sich keine so große Zahl derselben vorstellen kann, dass Gott nicht noch mehr hätte erschaffen können usw."

[86] *Ibid.*, Pars Iᵃ, Art. 27, S. 15. Dt. Übers., *ibid.*: „Wir nennen diese Dinge endlos statt unendlich, um das Wort 'unendlich' nur für Gott aufzubewahren, weil wir in ihm allein in jeder Hinsicht nicht bloß keine Grenzen finden, sondern auch positiv erkennen, dass er keine hat, bei anderen Dingen aber nicht so positiv ihre Grenzenlosigkeit erkennen, sondern nur zugestehen, dass wir die hier etwa vorhandenen Grenzen nicht finden können."

[87] Es handelt sich dabei um Leibniz' Antwort an die „Reflexions sur une lettre de Monsieur Leibnits écrite à Monsieur l'Abbé Nicaise, dans laquelle il pretend faire voir que les principes de la Philosophie de Monsieur Descartes renferment des consequences contraires à la Religion et à la pieté"; jetzt in: *Die philosophischen Schriften von Gottfried Wilhelm Leibniz*, hrsg. v. C.I. Gerhardt, Berlin 1875-1890, Nachdr.: Hildesheim 1965, Bd. IV, S. 348.

[88] Für weitere Hinweise auf Bruno vgl. G.W. Leibniz, *Notata quaedam circa vitam et doctrinam Cartesii*, *ibid.*, S. 311 (dazu S. Ricci, *La fortuna del pensiero di Giordano Bruno*, zit., S. 172-173).

[89] Zu den Berührungspunkten zwischen More und Bruno vgl. A.O. Lovejoy, *Die große Kette der Wesen*, zit., S. 154-155.

[90] *Enchiridion Metaphysicum sive De rebus incorporeis succinta & luculenta Dissertatio*, in: *Henrici Mori Cantabrigensis opera omnia*, London 1679, l. I, pars Iᵃ, cap. 10, S. 182.

[91] Vgl. A. Koyré, *Von der geschlossenen Welt*, zit., S. 109.

[92] Vgl. A.R. Hall, *Henry More and the Scientific Revolution*, Cambridge u. a. 1990, S. 77 und 222 ff.

[93] Vgl. B. de Spinoza, *Ethica*, in: Id., *Opera* (lat.-dt.), hrsg. v. K. Blumenstock, Darmstadt 1989, Bd. II, pars IV, praef., S. 382 und Prop. IV, S. 392.

[94] Vgl. P.R. Blum, *Giordano Bruno*, zit., S. 153-154.

[95] Erstausg.: Berlin 1802; jetzt in F.W.J. Schelling, *Schriften von 1801-1804*, in: Id., *Werke*, Bd. III, Darmstadt 1988, S. 109-228.

[96] Vgl. G.F. Frigo, „Friedrich Wilhelm Joseph Schelling – *Bruno oder über das göttliche und natürliche Princip der Dinge. Ein Gespräch*", in: F. Volpi (Hrsg.), *Großes Werklexikon der Philosophie*, Stuttgart 1999, Bd. II, S. 1325-1326.

[97] Vgl. Anm. 15 zum Kap. 3 unten.

[98] Vgl. Anm. 45 zum Kap. 3 unten.

Kapitel 3

Die Cantorsche 'Revolution' und das aktual Unendliche
in der modernen Mathematik

1. Georg Cantor als Erbe der 'frohen Botschaft' Brunos

Auf Giordano Bruno hat sich Georg Cantor (1845-1918) explizit bezogen, als er seine eigene
begriffliche 'Revolution' durchführte. Eigentlich hatte der Zeit seines Lebens in Halle an der
Saale lehrende Mathematiker nach eigener Bekundung den Inhalt sowohl von Brunos Dialog
De l'infinito universo et mondi wie auch den von Brunos Schrift *De innumerabilibus, immen-
so et infigurabili* nur aus der damals vorliegenden Sekundärliteratur – also nicht unmittelbar –
gekannt.[1] Es steht aber außer Zweifel, dass Brunos Unendlichkeitsdenken einen mächtigen
Einfluss auf Cantor ausübte, indem es als kraftvolle Anregung wirkte, die ihn endlich zu seiner Lehre des Transfiniten führte, welche sich auf die Annahme aktualer Unendlichkeiten in
der geschaffenen Natur stützt (siehe unten).

Cantor teilt nur allzu deutlich die religiöse Begeisterung Brunos für das Unendliche: Auch er
kann nicht tolerieren, dass das Unendliche für minderwertiger erachtet wird als das Endliche.
Besonders deutlich bringt er das in seiner Polemik gegen die Herbartianer, die das Unendliche
nur als etwas grundsätzlich Unbestimmtes und Unvollendetes betrachten, zum Ausdruck:
„Also das 'wahrhaft Unendliche' soll *schlechter* sein als das Endliche!?"[2]

Tatsächlich wurde das Unendliche – oder, in der aristotelischen Terminologie ausgedrückt,
das 'Unbegrenzte' – nicht nur bei Aristoteles, sondern auch in den von ihm geprägten mittelalterlichen und neuzeitlichen philosophischen Strömungen als negativ im Sinne von etwas
Unfertigem, Unvollkommenen und Ungestalteten erachtet. Cantor erhebt sich gegen diese
Tradition, indem er nachzuweisen versucht, dass die Auffassung, nach der das Unendliche
etwas Unbestimmtes und Unfassbares sei, falsch ist. Bruno hatte seinem unendlich ausgedehnten Kosmos eine Ordnung hinzugefügt, in der die absoluten Orts- und Bewegungsbe-
stimmungen der aristotelischen Physik durch *relative* topologische und dynamische Bestimmungen ersetzt wurden (siehe Kap. 2 oben). Cantor seinerseits war fest überzeugt, gerade mit
Hilfe seiner neuen mathematischen Theorie das Unendliche fassbar und sogar in seinen verschiedenen Ausprägungen differenzierbar und vergleichbar gemacht zu haben. Es gelang ihm

tatsächlich mittels seiner Mengenlehre neue Prinzipien in die mathematische Behandlung der Unendlichkeit einzuführen; durch den Erfolg dieses Unternehmens sah er die Existenz des *aktual* Unendlichen bewiesen.

Es scheint nun legitim zu sein, sich die Frage zu stellen, ob die gewiss großartige und epochemachende mathematische Konstruktion von Cantor – „die bewundernswerteste Blüte mathematischen Geistes und überhaupt eine der höchsten Leistungen rein verstandesmäßiger menschlicher Tätigkeit", wie sie von Hilbert genannt wurde[3] – die aristotelischen Einwände gegen die Existenz des aktualen Unendlichen wirklich entkräftet hat, oder ob im Gegenteil Aristoteles' Argumentationen nicht nur noch gültig und annehmbar sind, sondern auch einige wesentliche Aspekte (und Grenzen) der Cantorschen Theorie der *transfiniten Zahlen* zu erklären vermögen[4].

2. Die traditionelle Ablehnung des mathematischen Unendlichen

Die Frage nach der unendlichen Teilbarkeit des Raumes sollte zu schwierigen philosophischen Problemen führen: Von Zenon von Elea[5] bis zu Bolzano und Cantor stießen sich Mathematiker und Philosophen am Paradoxon der endlichen Größe, die jedoch aus unendlich vielen ausdehnungslosen Punkten zusammengesetzt sein soll. Der Standpunkt, an dem die Mehrzahl der Mathematiker seit der Antike festhielt, besteht darin, dem Streit gewissermaßen aus dem Weg zu gehen. Die Mathematiker vermieden sorgfältig die Einführung des „aktual Unendlichen", solcher Mengen also, die aus unendlich vielen Elementen bestehen, von denen man annimmt, dass sie – zumindest gedanklich – gleichzeitig existieren. Vielmehr begnügten sie sich mit dem „potentiell Unendlichen", also mit der Möglichkeit, jede gegebene Größe zu vergrößern (oder auch zu verkleinern, falls es sich nicht um eine 'diskrete' Größe sondern um eine 'stetige' Größe handelt). Ein typisches Beispiel für diese Auffassung bildet der Satz aus dem IX. Buch der *Elemente* (*Stoikeia*) des Euklid. Hier ist die heute gebräuchliche Aussage über die Existenz unendlich vieler Primzahlen in folgender Weise vorsichtig umschrieben: „Zu jeder gegebenen Anzahl von Primzahlen gibt es eine größere Primzahl". Ein solcher 'finitistischer' Ansatz enthielt zweifellos ein bestimmtes Maß an Scheinheiligkeit: So war es bis in das 19. Jahrhundert hinein zwar erlaubt zu sagen, dass ein Punkt zu einer Geraden gehört, trotzdem durfte man daraus nicht schließen, dass eine Gerade aus Punkten zusammengesetzt sei; denn damit hätte man die aristotelisch inspirierte Beschränkung auf das aktual Unendliche bereits nicht mehr eingehalten.

Dennoch erlaubte es dieser Standpunkt den Wissenschaftlern, den größten Teil der klassischen Mathematik – von der antiken Proportionenlehre bis hin zur Infinitesimalrechnung der Neuzeit – zu entwickeln. Der Hauptgrund dafür besteht in der Tatsache, dass die hierbei auftretenden Mengen meistens nur zur Betrachtung von endlichen Zahlenmengen führten. Erst die Entwicklung der Analysis im 19. Jahrhundert brachte in dieser Hinsicht einen Wechsel, weil die Beschäftigung mit der reellen Zahlengeraden R oder mit den höherdimensionalen Räumen R^n immer mehr in den Vordergrund rückte.[6]

3. Von Galilei bis Bolzano

Der Begriff der „Mächtigkeit" ermöglicht es, Mengen bezüglich ihres Umfanges an Elementen miteinander zu vergleichen. Beispielsweise sind endliche Mengen genau dann „gleichmächtig", wenn sie die gleiche Anzahl von Elementen enthalten. Ein erster Keim des allgemeinen Begriffs „gleichmächtig" erscheint in einer Bemerkung von Galileo Galilei: Er stellt fest, dass die Abbildung $n \mapsto n^2$ eine eineindeutige Beziehung zwischen den natürlichen Zahlen und ihren Quadraten herstellt und es folglich nicht möglich ist, die Eigenschaft „das Ganze ist größer als sein Teil" auf unendliche Mengen anzuwenden.[7] Galileis Bemerkung scheint jedoch keinen anderen Effekt gehabt zu haben, als das Misstrauen gegenüber dem aktual Unendlichen zu verstärken. Sogar noch im Jahr 1833 zitiert der französische Mathematiker Cauchy die Aussage Galileis lediglich, um dessen misstrauische Haltung zum Thema 'Unendlichkeit' zu bestärken.

 Die Erfordernisse der Analysis und besonders die vertieften Untersuchungen über Funktionen reeller Variablen, die während des ganzen 19. Jahrhunderts stattfanden, stehen zu Beginn dessen, was sich schließlich zur „modernen Mengenlehre" entwickeln sollte. Als Bernard Bolzano 1817 die Existenz der kleinsten unteren Schranke einer nach unten beschränkten Menge aus R beweist,[8] spricht er – wie die meisten seiner Zeitgenossen – noch nicht von einer beliebigen *Menge* reeller Zahlen, sondern von einer beliebigen *Eigenschaft* der reellen Zahlen (die jeweils geforderte Eigenschaft führt also gewissermaßen zu einer begrifflichen Zusammenfassung eines Teils der reellen Zahlen). Aber als Bolzano 30 Jahre später sein Werk über die *Paradoxien des Unendlichen* ausarbeitet,[9] zögert er nicht, die Existenzberechtigung für das „aktual Unendliche" zu beanspruchen und von beliebigen Mengen zu sprechen. In diesem Buch definiert er den allgemeinen Begriff der „Gleichmächtigkeit zweier Mengen", und er kann mit Hilfe linearer Abbildungen beweisen, dass zwei kompakte Intervalle reeller Zahlen – z. B. das Intervall [1;10] und das Intervall [1;1000] – gleichmächtig sind. Bolzano bemerkt zwar, dass der charakteristische Unterschied zwischen endlichen und unendlichen Mengen darin besteht, dass eine unendliche Menge E gleichmächtig zu einer echten Teilmenge von E sein kann, er liefert jedoch keinen allgemeinen Beweis für diese Behauptung. Außerdem trennt er den Begriff der Mächtigkeit einer Menge nicht hinreichend deutlich von dem der Größe oder Ordnung des Unendlichen, und er findet auch noch keinen Weg, um unendliche Mengen von immer größerer Mächtigkeit zu bilden.

4. Cantor und die Begründung der Mengenlehre

Auch für Georg Cantor, dem Begründer der Mengenlehre, entspringt das Interesse für Zahlenmengen zunächst aus dem Fachgebiet der Analysis – seine im Jahr 1872 veröffentlichte Arbeit *Über die Ausdehnung eines Satzes aus der Theorie trigonometrischer Reihen*[10] führt ihn auf intrinsische Weise zum ersten Versuch einer Klassifizierung unendlicher Zahlenmengen: Eduard Heine, Cantors Kollege in Halle, hatte bereits bewiesen, dass die 'Eindeutigkeit' einer trigonometrischen Reihe genau dann erfüllt ist, wenn für sie die Konvergenzbedingung bezüglich *aller Werte aus R* gilt; darauf aufbauend stellt Cantor fest, dass die Eindeutigkeit immer noch erfüllt ist, wenn man endliche und sogar bestimmte unendliche Teilmengen aus *R* von der Konvergenzbedingung ausnimmt. Es gelingt ihm nun, die Unendlichkeit dieser Ausnahmemengen genauer zu spezifizieren – dazu verwendet Cantor einen neuen Begriff: Die *Ableitung P′ einer Punktmenge P* ist als Menge der Häufungspunkte von P definiert (beispielsweise hat die aus unendlich vielen Zahlen bestehende Zahlenfolge $\{1; \frac{1}{2}, \frac{1}{3}, \frac{1}{4} \ldots\}$ den Häufungspunkt Null, weil in jeder noch so kleinen Umgebung von Null unendlich viele verschiedene Folgeglieder auftreten können – das einzige Element der Ableitungsmenge P′ ist in diesem Fall die Zahl Null; die weitere Ableitung von P′ – also P″ – besitzt dagegen keine Elemente mehr). Die Eindeutigkeit einer trigonometrischen Reihe bleibt nach Cantor auch dann noch bestehen, wenn die zu untersuchende Ausnahmemenge eine Punktmenge ist, die erst nach n-maligem Ableiten keine Elemente mehr hat – dabei kann n eine beliebige natürliche Zahl sein.

Hier liegen bereits die Wurzeln für Cantors Vorstellungen über die 'Unendlichkeit', denn einige Jahre später – während seiner fruchtbarsten und wichtigsten Schaffensperiode von 1878 bis 1884 – gelang es ihm sogar, die Iteration der Ableitung einer Punktmenge über jede endliche Grenze hinauszuführen. Durch die abstrakte Bildung einer Schnittmenge über *alle* Ableitungen endlicher Ordnung erhält er insgesamt eine Ableitung „unendlicher Ordnung", auf die er selbst wieder die Ableitungsoperation anwendet, so dass auch Ableitungen der Ordnung $\infty+1, \infty+2, \infty+3 \dots$ möglich werden.

Zweifellos aufgrund dieser Untersuchungen – unter Einbeziehung seiner Methode, die reellen Zahlen zu definieren[11] – interessiert sich Cantor mehr und mehr für Fragen der Gleichmächtigkeit. Im Jahr 1873 bemerkt er, dass die Menge der rationalen Zahlen „abzählbar", also gleichmächtig wie die Menge der natürlichen Zahlen, ist. Sein um diese Zeit beginnender Briefwechsel mit Richard Dedekind[12] zeigt, dass er sich die Frage nach der Gleichmächtigkeit zwischen der Menge der natürlichen Zahlen und der Menge der reellen Zahlen stellt; einige Wochen später gelingt es ihm mit Hilfe des *Cantorschen Diagonalverfahrens* diese Frage im negativen Sinne zu beantworten. Wenn die Menge der reellen Zahlen, die man mit Hilfe einer Geraden – dem reellen Zahlenstrahl – darstellen kann, eine höhere Mächtigkeit hat als die Menge der rationalen Zahlen, dann erreicht man eventuell noch höhere Mächtigkeiten, wenn man statt des Zahlenstrahls die höherdimensionale Zahlenebene R^2 (oder den Zahlenraum R^3 usw.) betrachtet. Angesichts des eklatanten Unterschiedes zwischen eindimensionalen und zweidimensionalen Räumen hätte wohl jeder zeitgenössische Mathematiker Cantor zugestimmt, dass die Unmöglichkeit einer eineindeutigen Zuordnung zwischen R und R^2 leicht zu beweisen sein müsste. Cantor sucht aber von 1874 an drei Jahre lang vergebens nach einem Beweis, der die Unmöglichkeit einer solchen Zuordnung und damit gleichzeitig die Existenz noch höherer Mächtigkeiten zeigt, bis ihm zu seiner eigenen Überraschung das Gegenteil gelingt, nämlich eine solche Zuordnung tatsächlich zu definieren.[13] Cantors erste Forschungsergebnisse im Hinblick auf unendliche Zahlenmengen erlauben es, zwei verschieden große Mächtigkeiten zu definieren: die *Mächtigkeit der abzählbaren Mengen*, die zur Mächtigkeit der natürlichen Zahlen äquivalent ist, und außerdem die *Mächtigkeit des Kontinuums*, die zur Mächtigkeit der reellen Zahlenmenge – aber auch zu R^2 sowie zu höherdimensionalen reellen Zahlenräumen – äquivalent ist. (Als abkürzende Schreibweise für verschiedene Mächtigkeiten verwendet man üblicherweise Frakturbuchstaben: Im Folgenden bezeichnet **a** den abzählbaren Fall und **c** soll für die Mächtigkeit des Kontinuums stehen.)

Cantor fand auch eine Antwort auf die Frage, wie weit sich die Menge der rationalen Zahlen noch erweitern lässt, ohne die Abzählbarkeitseigenschaft zu verlieren. Er bewies, dass die Menge der *algebraischen* Zahlen immer noch abzählbar ist (der Name 'algebraisch' weist darauf hin, dass diese Zahlen im Zusammenhang mit den geläufigen Rechenoperationen auftreten – neben Brüchen fallen darunter auch Quadratwurzeln und sogar noch weitere Irrationalzahlen). Die restlichen Irrationalzahlen, die sozusagen über die herkömmlichen algebraischen Methoden hinaus gehen, nennt man 'transzendent' – erst im Jahr 1844 war es möglich, ein konkretes Beispiel einer transzendenten Zahl anzugeben und dennoch machen diese Zahlen den weitaus größeren Teil des reellen Zahlenstrahls aus: Die Menge der transzendenten Zahlen – so weiß man dank Cantor – ist nicht abzählbar sondern stattdessen gleichmächtig zu R.

Nachdem er diese ebenso neuen wie erstaunlichen Resultate erhalten hat, widmet sich Cantor vollständig der Mengenlehre. In einer Reihe von sechs Abhandlungen, die von 1878 bis 1884 in den *Mathematischen Annalen* veröffentlicht werden, geht er gleichzeitig die Fragen der Gleichmächtigkeit in ihrer Allgemeinheit, die Theorie der total geordneten Mengen, die topologischen Eigenschaften von R und R^n wie auch das Maßproblem an. 1880 kam er auf die bereits erwähnte Idee, die Bildung der „abgeleiteten" Punktmengen „transfinit" fortzusetzen, doch nimmt diese Idee erst drei Jahre später mit der Einführung der wohlgeordneten Mengen feste Form an. Die letztere ist eine der bedeutendsten Ideen Cantors, dank derer er eine ausführliche Studie der Kardinalzahlen in Angriff nehmen und schließlich das berühmte „Kontinuumsproblem" in seiner heute üblichen Fassung formulieren kann.[14]

Die fünfte Abhandlung der sechsteiligen Veröffentlichung stammt aus dem Jahre 1883 und trägt den Titel *Grundlagen einer allgemeinen Mannigfaltigkeitslehre*. In dieser besonders wichtigen Arbeit gelingt es Cantor, auf einem zweiten Weg – durch die Anwendung gewisser Ordnungsprinzipien, die sich mit Kardinal- und Ordinalzahlen ausdrücken lassen (vgl. 12.2.3 unten) –, eine ganze Reihe von höheren Mächtigkeiten zu entwickeln; der erste Weg bestand ja darin, die Abzählbarkeit des Kontinuums mit der Methode des Diagonalverfahrens zu widerlegen. Cantor gelangt so zu einer – innerhalb dieser Theorie – vollständigen Folge von Unendlichkeitsabstufungen, für die sich bis heute seine aus dem Jahr 1895 stammende Schreibweise der 'Alef-Symbole' durchgesetzt hat: $\aleph_0, \aleph_1, \aleph_2$ symbolisieren sämtliche in dieser Theorie möglichen Unendlichkeitsabstufungen – wobei $\aleph_0$, bzw. 'Alef-Null', der abzählbar unendlichen Menge zugeordnet ist. Darauf aufbauend sollte sich eine Möglichkeit finden, jene auf anderem Wege gewonnen Unendlichkeitsstufen $\mathfrak{a}$ und $\mathfrak{c}$ in das System der Alefs einzugliedern. Vollkommen klar ist, dass $\mathfrak{a}$ dem Symbol $\aleph_0$ entspricht – es handelt sich hier lediglich um verschiedene Schreibweisen für „abzählbar unendlich". Lässt sich dann $\mathfrak{c}$ mit dem $\aleph_1$-Symbol identifizieren? Bei der Untersuchung höherdimensionaler Räume hatte Cantor alle ihm bis dahin denkbar erscheinenden Zusammenfassungen mathematischer Objekte untersucht und stieß dabei immer nur auf die beiden Unendlichkeitsstufen $\mathfrak{a}$ oder $\mathfrak{c}$. So war es für ihn sicher naheliegend anzunehmen, dass es keine weitere Unendlichkeitstufe zwischen $\mathfrak{a}$

und $\mathfrak{c}$ gebe, dass also $\aleph_1 = \mathfrak{c}$ sein müsse. Es gelang ihm jedoch nie diese sogenannte 'Kontinuumshypothese' zu beweisen (siehe unten).

Zur weiteren Durchleuchtung des Problems knüpfte er an seinen ersten Weg an und konnte beweisen, dass der Übergang von $\mathfrak{a}$ zu $\mathfrak{c}$ letztlich in gleicher Weise verläuft wie der Übergang von einer Menge M zu ihrer Potenzmenge (d. h. die Menge aller Teilmengen von M). Im endlichen Fall besitzt eine n-elementige Menge genau 2^n Teilmengen, weil man für jedes einzelne Element – also insgesamt n-mal – die dichotome Entscheidung treffen muss, ob das betreffende Element zu M gehört oder nicht. Cantor wies nach, dass auch im unendlichen Fall die Potenzmenge eine höhere Mächtigkeit besitzt als M selbst, insbesondere hat die Potenzmenge der natürlichen Zahlen (ihre Mächtigkeit wird in Analogie zum endlichen Fall symbolisch mit $2^{\aleph_0}$ bezeichnet) die Mächtigkeit des Kontinuums; dies lässt sich übrigens leicht einsehen, wenn man die die reellen Zahlen in Binärschreibweise darstellt. Noch höhere Mächtigkeiten lassen sich dann sukzessive durch die Potenzmenge der Potenzmenge (usw.) bilden.

Es wäre nun erst recht zu wünschen, dass sich die hier aufbauende Folge von Unendlichkeitsstufen in die Folge der Alefs dergestalt eingliedern ließe, dass also $2^{\aleph_0} = \aleph_1$ bzw. allgemein $2^{\aleph_n} = \aleph_n$ gilt; doch auch diese allgemeine Version des Kontinuumsproblems konnte von Cantor nicht bewiesen werden.

5. Philosophische Grundlagen der Theorie Cantors

Das sinnvolle Operieren mit bloßen Unendlichkeitssymbolen unter Berücksichtigung verschiedener Unendlichkeitsabstufungen war eine erste Voraussetzung zur Schaffung einer mathematischen Theorie aktual unendlicher Zahlen. Zugleich sollten aber auch die theoretischen Schwierigkeiten überwunden werden, die frühere Generationen von Philosophen und Mathematikern vom Operieren mit unendlichen Größen fern gehalten hatten.[15] Cantor fühlte sich deshalb verpflichtet, die traditionellen Argumente für die Unmöglichkeit aktual unendlicher Zahlen zu analysieren und zu widerlegen, um den Weg für seine neue mathematische Theorie frei zu machen.

In diesem Zusammenhang erweisen sich die begrifflichen Unterscheidungen, die er in Beziehung auf das Konzept des Unendlichen im Laufe der Zeit machte, besonders wichtig. Die erste Differenzierung wurde in den bereits erwähnten *Grundlagen einer allgemeinen Mannigfaltigkeitslehre* eingeführt.[16] Dort unterscheidet Cantor „das mathematische Unendliche" in: (α) ein Uneigentlich-unendliches und (β) ein Eigentlich-unendliches. Unter (α) versteht er eine veränderliche Größe, die zwar stets *endlich* bleibt, aber „entweder über alle Grenzen hinaus [wächst] oder bis zu beliebiger Kleinheit [abnimmt]".[17] Cantor stellt fest, dass ein solches Uneigentlich-unendliches letzten Endes nur ein „veränderliches Endliches" ist und im Gegensatz zum Eigentlich-unendlichen keine bestimmte Größe darstellt.[18] Das Eigentlich-unendliche – also das *wahre* Unendliche – ist dagegen das Unendliche, welches in „einer bestimmten Form auftritt":[19] folglich nennt Cantor die entsprechenden mathematischen Größen „bestimmt-unendlich".[20] Ein Beispiel für dieses Eigentlich-unendliche findet er in der Funktionentheorie. Er bemerkt nämlich:

> (...) in der neueren und neuesten Zeit [hat sich] sowohl in der Geometrie wie auch namentlich in der Funktionentheorie eine andere ebenso berechtigte Art von Unendlichkeitsbegriffen herausgebildet, wonach beispielsweise bei der Untersuchung einer analytischen Funktion einer komplexen veränderlichen Größe es notwendig und allgemein üblich geworden ist, sich in der die komplexe Variable repräsentierenden Ebene einen einzigen im Unendlichen liegenden, d. h. unendlich entfernten aber bestimmten Punkt zu denken und das Verhalten der Funktion in der Nähe dieses Punktes ebenso zu prüfen wie dasjenige in der Nähe irgend eines anderen Punktes; dabei zeigt es sich, dass das Verhalten der Funktion in der Nähe des unendlich fernen Punktes genau dieselben Vorkommnisse darbietet wie an jedem andern, im Endlichen gelegenen Punkte, so dass hieraus die volle Berechtigung dafür gefolgert wird, das Unendliche in diesem Falle in einen ganz bestimmten Punkt verlegt zu denken.[21]

Ein weiteres Beispiel stellen seiner Meinung nach die „unendlichen realen ganzen Zahlen" dar, um die es in den *Grundlagen* u.a. geht:

> Die unendlichen realen ganzen Zahlen, welche ich im folgenden definieren will und zu denen ich schon vor einer längeren Reihe von Jahren geführt worden bin, ohne dass es mir zum deutlichen Bewusstsein gekommen war, in ihnen konkrete Zahlen von realer Bedeutung zu besitzen, haben durchaus nichts gemein mit der ersten von jenen beiden Formen, mit dem Uneigentlich-unendlichen, dagegen ist ihnen derselbe Charakter der Bestimmtheit eigen, wie wir ihn bei dem unendlich fernen Punkte in der analytischen Funktionentheorie antreffen; sie gehören also zu den Formen und Affektionen des Eigentlich-unendlichen.[22]

In der späteren Schrift *Über die verschiedenen Standpunkte in Bezug auf das aktuale Unendliche* (1885 als Brief verfasst; 1886 zuerst veröffentlicht)[23] stellt Cantor die Äquivalenz zwischen dem (β) Eigentlich-unendlichen und dem (β¹) *aktual* Unendlichen fest, und parallel dazu die Gleichsetzung des (α) Uneigentlich-unendlichen mit dem (α¹) *potentiell* Unendlichen.[24] Eine solche doppelte Äquivalenz wurde in den *Grundlagen* noch nicht mit Klarheit festgestellt: Cantor fragte sich dort tatsächlich, ob mit dem Ausdruck „infinitum actu" des aristotelisch-scholastischen Satzes „infinitum actu non datur" auch das Uneigentlich-unendliche gemeint sein kann.[25] Er war zwar nicht dieser Ansicht; die Tatsache jedoch, dass er diese Möglichkeit betrachtete, zeigt deutlich, dass das aktual Unendliche in den *Grundlagen* noch nicht mit dem Eigentlich-unendlichen gleichgesetzt wurde.[26] Das später mit dem potentiell Unendlichen identifizierte Uneigentlich-unendliche wurde in den *Grundlagen* nur als ein unbestimmtes, veränderliches Unendliches beschrieben.[27]

5.1. Das aktual Unendliche und seine Arten

Cantor unterscheidet sorgfältig auch verschiedene Arten des aktual Unendlichen. Schließlich kommt er dabei insgesamt zu einer Dreiteilung: (*a*) Die absolute Unendlichkeit Gottes; (*b*) die transfinite Unendlichkeit in der Welt der konkreten Gegenstände („Transfinitum in concreto", wobei ein Echo des Denkens Brunos erkennbar ist); (*c*) die transfinite Unendlichkeit der mathematischen Größen („Transfinitum in abstracto", bzw. Zahlen und Mengen). Diese dreiteilige Unterscheidung findet Anwendung in dem schon erwähnten Beitrag *Über die verschiedenen Standpunkte in Bezug auf das actuale Unendliche*, in dem Cantor eine Reihe von Philosophen, Theologen, Naturwissenschaftlern und Mathematikern in vier Gruppen gliedert, je nachdem, ob sie die beiden Arten des Transfiniten – d. h. das „Transfinitum in concreto" und das „Transfinitum in abstracto" – anerkennen oder leugnen. Es ist bemerkenswert, dass er hier unter den wenigen Denkern, die die Möglichkeit des aktual Unendlichen wenigstens „in abstracto" teilen, nur „ein[en] Teil der Neuscholastiker" erwähnt, während er als Vertreter der Klasse, die das Transfinite sowohl „in concreto" als auch „in abstracto" bejaht, nur sich selbst anführt, wobei er jedoch zugleich die optimistische Vorhersage ausdrückt, dass es in der Zukunft weitere Vertreter dieser Gruppe geben wird.[28]

Cantor benutzt auch eine weitere Unterscheidung, die er der mittelalterlichen und neuzeitlichen Philosophie entnimmt: Es gebe (I) das „Infinitum in natura naturans", nämlich das Unendliche in der erschaffenden Natur, d. h. in Gott, und dieses ist mit (*a*), der absoluten Unendlichkeit Gottes, identisch, und (II) ein „Infinitum in natura naturata", also ein Unendliches in der Schöpfung.[29] Und da die mathematischen Objekte nach Cantor (wenigstens indirekt) zum Bereich der Schöpfung gehören[30], ist zu entnehmen, dass die Kategorie (II) sowohl (*b*) das „Transfinitum in concreto", bzw. die transfinite Unendlichkeit enthält, die in der Welt der konkreten Dinge anwesend ist, als auch (*c*) das „Transfinitum in abstracto", bzw. die transfinite Unendlichkeit der mathematischen Größen und insbesondere der Zahlen.

Zweifellos existieren unendlich viele endliche Zahlen: Da jedes endliche Quantum in der Menge aller endlichen Zahlen (mehrfach) vorkommt, ist diese Menge für Cantor als ein „unendliches Quantum" aufzufassen. So habe der Theologe Johannes Damaskenos den Begriff ἀόριστον richtig erfasst, indem er behauptete, dass das ἀόριστον – d. h. das Unabgegrenzte bzw. Unbegrenzte – das ist, was jedes Maß und jede Zahl durch irgendein 'Mehr' übertrifft (τὸ δὲ ἀόριστον, τὸ ὑπεροχῇ τινι ὑπερβάλλον πᾶν μέτρον, καὶ πάντα ἀριθμόν).[31] Und eben dies sei das bestimmte, aktuale Unendliche, im Gegensatz zu dem von Aristoteles in Erwägung gezogenen ἄπειρον: dieses letztere, als das, dem immer etwas außerhalb ist (οὗ ἀεί τι ἔξω ἐστί),[32] stelle nur „das Unbestimmte oder potentiale Unendliche" dar.[33]

Zwischen (I) dem „Infinitum in natura naturans", nämlich (*a*) der absoluten Unendlichkeit Gottes einerseits und (II) dem „Infinitum in natura naturata", d. h. dem Transfinitum sowohl (*b*) „in concreto" als auch (*c*) „in abstracto" andererseits, gibt es einen grundsätzlichen Unterschied.

Cantor betont immer wieder, besonders in seinen philosophischen Beiträgen wie auch in dem Briefwechsel mit Theologen, dass das Transfinite mit dem Endlichen die Eigenschaft teilt, weiter vermehrbar zu sein, während das Absolute prinzipiell unvermehrbar ist. Das Transfinite sei deshalb nicht nur generell durch das Absolute beschränkt, sondern auch, weil jede einzelne transfinite Zahl durch eine jeweils größere transfinite Zahl begrenzt ist. In dieser Hinsicht ist das Transfinite, obwohl es das aktuale Unendliche darstellt, gewissermaßen auch potentiell. So wie man in der Analysis die potentiell unendlich kleinen Differentiale als (variable) Größe aufzufassen hat, die kleiner als jede vorgegebene Zahl wird, so ist auch bei den transfiniten Zahlen die Möglichkeit gegeben, zu jeder Zahl eine noch größere transfinite Zahl zu finden.

In diesem Sinn konnte Cantor – in einer nur scheinbar paradoxen Weise – die aktual unendlichen transfiniten Zahlen auch als potentiell Unendliches beschreiben. Während aber die Größen, die in der Differentialrechnung beliebig klein werden, dabei immer *endliche* Größen sind und bleiben, sind die transfiniten Zahlen, die man beliebig vergrößern kann, schon *unendliche* Größen, und insofern werden sie korrekt durch den Begriff des aktual Unendlichen bestimmt.

Cantor erklärt nämlich in seinem Briefwechsel mit P. Ignatius Jeiler, dass die transfiniten Zahlen insofern potentiell sind, als zu jeder von ihnen immer noch eine größere transfinite Zahl gefunden werden kann. Zum „Transfinitum in natura creata", gehört – wie zu allem Geschaffenen – immer ein Moment der Potentialität, weil nur Gott reine Aktualität ist.[34] Aber Cantor macht zugleich deutlich, dass die Bezeichnung des Transfiniten als „potentiell Unendliches" unpassend wäre, denn während das potentiell Unendliche im engeren Sinn des Wortes nicht in sich bestimmt, fest und unveränderlich sei, sondern vielmehr ein „in Veränderung begriffenes Endliches" bilde und „in jeder seiner actuellen Zustände eine endliche Größe" habe,[35] seien dagegen die aktual unendlichen Zahlen in sich bestimmte, feste Größen.[36]

5.2. Cantors Antwort an Aristoteles ...

Cantor wendet sich gegen die Ansicht, wonach neben den endlichen ganzen Zahlen keine anderen Zahlen als 'existierend' aufgefasst werden dürfen. Er versucht in seinen *Abhandlungen zur Mengenlehre*[37] insbesondere zwei aristotelische Argumente gegen das aktual Unendliche zu widerlegen. Eigentlich hatte Aristoteles, wie wir gesehen haben, eine komplexe und sorgfältig gegliederte Beweisführung gegen die Lehre des aktual Unbegrenzten bzw. Unendlichen entwickelt, indem er sich vorgenommen hatte, nicht nur das aktual Unendliche in den Zahlen, sondern in *allen* Bereichen als unmöglich nachzuweisen. Man muss auch bemerken, dass Cantor in seinem Widerlegungsversuch nicht unmittelbar auf die aristotelischen Texte hinzuweisen scheint, sondern vielmehr auf Auskünfte zweiter Hand.[38] Außerdem interessieren ihn die aristotelischen Argumente vor allem wegen ihres Einflusses auf die darauffolgende Philosophie und Theologie, d. h. als 'Wurzel' eines dauerhaften (und nach Cantor tadelnswerten) „horror infiniti". So bemerkt Cantor: "Bekanntlich findet sich im Mittelalter durchgehends bei allen Scholastikern das 'infinitum actu non datur' als unumstößlicher, von Aristoteles hergenommener Satz vertreten".[39]

Es folgen nun die zwei aristotelischen Argumente gegen das aktual Unendliche, wie sie von Cantor dargestellt werden, zusammen mit Cantors Einwänden:[40]

1a)

Wenn man (...) die Gründe betrachtet, welche Aristoteles gegen die reale Existenz des Unendlichen vorführt (vgl. z. B. seine 'Metaphysik', Buch XI, Kap. 10), so lassen sie sich der Hauptsache nach auf eine Voraussetzung zurückführen, die eine *petitio principii* involviert, auf die Voraussetzung nämlich, dass es nur *endliche* Zahlen gebe, was er daraus schloss, dass ihm nur Zählungen an endlichen Mengen bekannt waren.[41]

1b) Gegen das erwähnte Argument – genauer, gegen die Voraussetzung – wendet Cantor folgendes ein:

Ich glaube (...) oben bewiesen zu haben und es wird sich dies im folgenden dieser Arbeit noch deutlicher zeigen, dass ebenso bestimmte Zählungen wie an endlichen auch an unendlichen Mengen vorgenommen werden können, vorausgesetzt, dass man den Mengen ein bestimmtes Gesetz gibt, wonach sie zu *wohlgeordneten* Mengen werden. Dass ohne eine solche gesetzmäßige Sukzession der Elemente einer Menge keine Zählung mit ihr vorgenommen werden kann - dies liegt in der Natur des Begriffes *Zählung*; auch bei endlichen Mengen kann eine Zählung nur bei einer bestimmten Aufeinanderfolge der gezählten Elemente ausgeführt werden, es zeigt sich aber hier als eine besondere Beschaffenheit *endlicher* Mengen, dass das Resultat der Zählung – die *Anzahl* – *unabhängig* ist von der jeweiligen Anordnung; während bei unendlichen Mengen, wie wir gesehen haben, eine solche Unabhängigkeit im allgemeinen *nicht* zutrifft, sondern die Anzahl einer unendlichen Menge eine durch das Gesetz der Zählung *mitbestimmte* unendliche ganze Zahl ist; hierin liegt eben und hierin allein der in der Natur selbst begründete und daher niemals fortzuschaffende wesentliche Unterschied zwischen dem Endlichen und Unendlichen; nimmermehr wird aber um dieses Unterschiedes willen die Existenz des Unendlichen geleugnet, dagegen die des Endlichen aufrecht erhalten werden können; lässt man das eine fallen, so muss man mit dem andern auch aufräumen (...).[42]

2a)

> Ein anderes von Aristoteles gegen die Wirklichkeit des Unendlichen gebrauchtes Argument besteht in der Behauptung, dass das Endliche vom Unendlichen, wenn dieses existierte, aufgehoben und zerstört werden würde, weil die endliche Zahl durch eine unendliche Zahl angeblich vernichtet wird.[43]

2b) Nach Cantor handelt es sich dabei um eine völlig falsche Meinung:

> Die Sache verhält sich, wie man im folgenden deutlich sehen wird, in Wahrheit so, dass zu einer unendlichen Zahl, wenn sie als bestimmt und vollendet gedacht wird, *sehr wohl* eine endliche hinzugefügt und mit ihr vereinigt werden kann, *ohne* dass hierdurch eine Aufhebung der letzteren bewirkt wird (vielmehr wird die unendliche Zahl durch eine solche Hinzufügung einer endlichen Zahl zu ihr modifiziert); nur der *umgekehrte* Vorgang, die Hinzufügung einer unendlichen Zahl zu einer endlichen, wenn diese zuerst gesetzt wird, bewirkt die Aufhebung der letzeren, ohne dass eine Modifikation der ersteren eintritt.[44]

Am Ende seiner Widerlegung bezieht sich Cantor auf die Möglichkeit, mittels der von ihm selbst gewährleisteten Kenntnisse in Bezug auf das aktuale Unendliche neue wissenschaftliche Perspektiven zu öffnen:

> Dieser richtige Sachverhalt hinsichtlich des Endlichen und Unendlichen, der von Aristoteles gänzlich verkannt worden ist, dürfte nicht nur in der Analysis, sondern auch in anderen Wissenschaften, namentlich in den Naturwissenschaften zu neuen Anregungen führen.[45]

In dem darauffolgenden Kapitel (§ 5) formuliert er außerdem ein neues zugleich ontologisches und gnoseologisches Prinzip:

> An Stelle des in § 4 besprochenen Aristotelisch-scholastischen Satzes [d. h. „infinitum actu non datur"] setze ich daher den andern: „Omnia seu finita seu infinita *definita* sunt et excepto Deo ab intellectu determinari possunt".[46]

5.3. ... und an Thomas von Aquin

Große Aufmerksamkeit widmete Cantor auch Thomas von Aquins Überlegungen über das Unendliche; man kann sogar mit Christian Tapp behaupten, dass "Thomas von Aquin für [ihn] unter den Gegnern des aktualen Unendlichen die größte Dignität [besaß]".[47] Bekanntlich folgte Thomas Aristoteles in der Ablehnung des aktual Unendlichen, indem er die These vertrat, "impossibile est esse multitudinem infinitam actu".[48] Außerdem brachte der 'doctor angelicus' weitere Einwände gegen das aktual Unendliche vor, die nach Cantor die „für seine Zeit und auch heute noch kräftigsten und tiefsinnigsten Argumente" in dieser Frage sind.[49] Es handelt sich um zwei Argumente, die beide in der *Summa theologiae*, p. 1, q. 7, a. 4 dargelegt werden:

1) Omnem multitudinem oportet esse in *aliqua specie multitudinis*. Species autem multitudinis sunt *secundum species numerorum. Nulla autem species numeri est infinita*; quia quilibet numerus est multitudo mensurata per unum. Unde impossibile est esse multitudinem infinitam actu; sive per se, sive per accidens.[50]

2) Item omnis multitudo in rerum natura existens est creata; et omne creatum *sub aliqua certa intentione creantis* comprehenditur; *non enim in vanum agens aliquod operatur*. Unde necesse est quod sub certo numero omnia creata comprehendantur. Impossibile est ergo esse multitudinem infinitam in actu, etiam per accidens.[51]

Im Zentrum des ersten Arguments steht die Annahme, dass nur begrenzte bzw. endliche Mengen quantitativ bestimmt werden können: folglich kann auch keine Art von Zahlen unendlich sein. Anders gesagt, jeder Menge muss eine bestimmte Zahl zukommen. Das zweite thomistische Argument, welches das erste voraussetzt, geht von der Bestimmtheit der Schöpfungsabsicht zur Bestimmtheit der Zahl, mit der die geschaffenen Dinge numeriert werden können, und von dieser schließlich zur Endlichkeit der Zahl. In beiden Fällen postuliert Thomas von Aquin die Unmöglichkeit, unendliche Mengen durch die Einheit zu bestimmen und zu messen; den hier verwendeten Unendlichkeitsbegriff belegt er ohne weiteres mit der (negativen) Eigenschaft der Unbestimmtheit.

Sowohl auf 1) wie auch auf 2) erwidert jedoch Cantor, dass eine solche Unmöglichkeit, unendliche Mengen durch die Einheit zu messen, solange besteht, wie man keine Vorstellung davon hat, in welcher Art und Weise das Messen von unbegrenzt großen Mengen durch die Einheit stattfinden muss. Er bemerkt diesbezüglich, dass

die beiden (...) Argumente des S. Thomas Aquinatis (...) hinfällig [werden], sobald ein Princip der Individuation, Intention und Ordination actual unendlicher Zahlen und Mengen gefunden ist; ein solches Princip liegt in meinen actual unendl. Mächtigkeiten (Kardinalzahlen), Ordnungszahlen und Ordnungstypen.[52]

Es bereitet Cantor keine Schwierigkeit zuzugeben, dass beide Argumente – wenn man sie aus einem historischen Blickpunkt betrachtet – gerechtfertigt und völlig legitim waren, eben weil Thomas die Lehre der transfiniten Zahlen nicht kennen konnte:

Solange man dieses Princip [der Individuation, Intention und Ordination actual unendlicher Zahlen und Mengen] noch nicht kannte, war es von den Scholastikern durchaus consequent und richtig, das infinitum actu in natura creata zu bekämpfen.[53]

Jetzt sei aber der Sachverhalt dank der neuen Theorie völlig verändert; die christliche Theologie könne sogar aus der Lehre der transfiniten Zahlen einen großen Gewinn für ihre apologetischen Zwecke erzielen. Cantor schreibt:

Meiner festen Ueberzeugung nach widerspricht es (...) ebensowenig den grossen Principien der christlischen Scholastik, das Transfinitum zu acceptiren, anzuerkennen und in den Speculationen zu verwerthen, sobald es von irgend Jemandem als *wahr* demonstrirt worden ist.[54]

Obwohl Thomas von Aquin die Existenz eines aktualen Unendlichen ablehnte, stellte er zugleich nach Cantor in einer kurzen Abhandlung mit dem Titel *De aeternitate mundi contra murmurantes* fest, dass die Unmöglichkeit der Erschaffung von etwas Unendlichem durch Gott nicht bewiesen ist, denn er schrieb: „(...) praeterea adhuc non est demonstratum, quod Deus non possit facere *ut sint infinita actu*."[55] Cantor interpretierte den Ausdruck 'infinita' in diesem Passus im Sinne von 'unendlich viele', und konnte sich deshalb mit Zufriedenheit auf diese Stelle – sozusagen als prophetischer 'Legitimierung' seiner Theorie – beziehen: „Man achte auf den bedeutsamen Plural, der im vorliegenden Zusammenhang vollends das hier gemeinte Unendliche als '*transfinitum*' characterisirt [sic]."[56]

6. Die ersten Reaktionen

Trotz Cantors vielfacher Erklärungsversuche reagierten die meisten Philosophen (und Theologen) auf seine Lehre zunächst skeptisch. Auch im Bereich der Mathematik konnten Cantors Auffassungen, die eine zweitausendjährige Tradition umwarfen und außerdem zu paradox erscheinenden Resultaten führten, nicht ohne Widerstand akzeptiert werden. Unter den damals einflussreichen Mathematikern in Deutschland war Karl Weierstrass der einzige, der mit einer gewissen Gewogenheit den Arbeiten seines früheren Schülers folgte; demgegenüber sollte Cantor auf die unüberwindbare Gegnerschaft von Schwarz und vor allem von Leopold Kronecker stoßen, der zu dieser Zeit unter den deutschen Mathematikern hohes Ansehen genoss. Kronecker lehnte eine Begründung der Analysis, die sich auf die Definition irrationaler Zahlen stützt, radikal ab. Seine Position, die man heute als den „älteren Intuitionismus" zu bezeichnen pflegt, wurde kürzlich von Rudolf Tascher (in Bezug auf das Problem der unendlichen Dezimalzahlen) wie folgt glänzend illustriert:

> Cantor hat – so die Meinung Kroneckers – mit den unendlichen Dezimalzahlen zwar die Probleme des Unendlichen auf diese Objekte übergewälzt, jedoch sind die unendlichen Dezimalzahlen selbst keineswegs mit jener Unbefangenheit als existent und manipulierbar zu betrachten, wie dies uns Cantor glauben macht. Denn niemand hat je die *ganze* Ziffernfolge in der Dezimalentwicklung von $\sqrt{2}$ oder von π gesehen. Cantor glaubt, man könne diese Ziffern so inspizieren, wie Polizisten eine Verbrecherkartei. Das ist aber prinzipiell unmöglich: Bei einer Verbrecherkartei kommt man einmal zu Ende, denn es gibt Gott sei Dank nur endlich viele Kriminelle. Bei der unendlichen Folge von Ziffern einer unendlichen Dezimalzahl kommt man jedoch nie zu Ende. Nie vermag irgendeine Denkweise den Eindruck zu vermitteln, unendlich viele Objekte seien einfach *vorhanden*. Niemand hat Unendliches als *effektiv abgeschlossenes Ganzes* je erfahren. Die positiven ganzen Zahlen
>
> $$1, 2, 3, 4, 5, 6, 7, \ldots$$
>
> sind uns mit intuitiver Klarheit gegeben. Weil wir nie Zweifel hegen können, wie man – unabhängig von der Person, der geschichtlichen Epoche, dem gesellschaftlichen Umfeld – mit diesen ganzen Zahlen rechnet, dürfen wir sogar sagen, dass die ganzen Zahlen *existieren*. (...) Bei den unendlichen Dezimalzahlen hingegen ist die Lage ganz anders: Nie hat jemand die Dezimalentwicklung von $\sqrt{2}$ oder von π wirklich *gesehen*. Hier

fehlt uns jegliche intuitive Sicherheit. Am besten ist es – so Kroneckers Meinung – man belastet sich gar nicht mit diesem so vagen Begriff.[57]

Seine Ansicht, dass sich die ganze Mathematik allein auf der intuitiven Klarheit der positiven ganzen Zahlen aufbauen lassen müsse, hat Kronecker auch vor einem breiteren Publikum vertreten – bei einem Vortrag vor der Berliner Naturforscher-Versammlung im Jahre 1886 zog er sein berühmt gewordenes Fazit: „Die ganzen Zahlen hat der liebe Gott gemacht, alles andere ist Menschenwerk".

Es scheint, als ob die Spannung, die durch die Feindseligkeit gegenüber seinen Auffassungen entstand, wie auch seine erfolglosen Anstrengungen, die Kontinuumshypothese zu beweisen, bei Cantor im Jahr 1884 die ersten Symptome einer Nervenkrankheit verursachten, unter der seine mathematische Produktivität zu leiden begann.[58] Erst um 1887 nahm er seine Forschungen über die Mengenlehre wieder auf, und seine letzten Veröffentlichungen stammen aus den Jahren 1895-1897; darin entwickelt er vor allem die Theorie der „total geordneten Mengen" und das Ordinalzahlenkalkül. 1890 hatte er die bereits erwähnte Ungleichung $\mathfrak{m} < 2^{\mathfrak{m}}$ bewiesen; aber nicht nur das Kontinuumsproblem war ohne Antwort geblieben, sondern in der Kardinalzahlentheorie entstand eine ebenso schlimme Lücke, weil Cantor die Existenz einer Wohlordnung zwischen beliebigen Kardinalzahlen nicht nachweisen konnte. Diese Lücke sollte einerseits durch das Theorem von Felix Bernstein (1897) gefüllt werden, welches zeigt, dass die Relationen $\mathfrak{b} \leq \mathfrak{a}$ und $\mathfrak{a} \leq \mathfrak{b}$ die Relation $\mathfrak{a} = \mathfrak{b}$ nach sich ziehen (eigentlich war dieser Satz schon 1887 von Dedekind formuliert worden, doch wurde sein Beweis damals nicht veröffentlicht),[59] und andererseits durch den Wohlordnungssatz von Ernst Zermelo (1904),[60] welcher besagt, dass jede Menge wohlgeordnet werden kann. (Diesen Wohlordnungssatz, der sich bald darauf als äquivalent zum sogenannten „Auswahlaxiom" herausstellen sollte, hatte Cantor bereits seit 1883 vermutet.[61])

7. Erfolg der Mengenlehre

Richard Dedekind, Freund und Briefpartner Cantors, hatte dessen Forschungen von Anfang an stets mit gespanntem Interesse verfolgt. Während Cantor seine Aufmerksamkeit auf die unendlichen Mengen und auf ihre Klassifizierung konzentrierte, ging Dedekind seinen eigenen Überlegungen über den Zahlbegriff nach, die ihn zu seiner „Schnittdefinition" der irrationalen Zahlen geführt hatten. In seinem 1888 veröffentlichem Büchlein *Was sind und was sollen die Zahlen?*,[62] dessen wesentlicher Teil aus den Jahren 1872-1878 stammt, zeigt Dedekind, wie der Begriff der natürlichen Zahl selbst aus den Grundbegriffen der Mengenlehre abgeleitet werden kann.

Dedekind entwickelte als erster in expliziter Weise die elementaren Eigenschaften beliebiger Abbildungen einer Menge auf eine andere, die bis dahin von Cantor vernachlässigt worden waren, und führte dabei für jede Abbildung f einer Menge E in sich selbst den Begriff der „Kette" eines Elementes $a \in E$ bezüglich f ein, nämlich den Durchschnitt der Mengen $K \subset E$ mit $a \in K$ und $f(K) \subset K$. Es ist diesbezüglich erwähnenswert, dass der zweite Beweis, den Zermelo für seinen Wohlordnungssatz gab, auf einem sehr ähnlichen Begriff beruht.[63]

Cantors erste Ergebnisse über abzählbare Mengen oder Mengen mit der Mächtigkeit des Kontinuums fanden schnell vielfältige und bedeutsame Anwendungen innerhalb der Analysis (so hatte Weierstrass 1874 in einem Brief an Du Bois-Reymond eine Anwendung des Cantorschen Satzes über die Möglichkeit, die rationalen Zahlen in einer Folge anzuordnen, auf Funktionen reeller Variablen angekündigt)[64] – ganz zu schweigen von den Teilen des Cantorschen Werkes, welche die mengentheoretische Topologie und die Maßtheorie ins Leben riefen.[65]

Außerdem fanden bereits in den letzten Jahren des 19. Jahrhunderts die ersten Anwendungen des Prinzips der transfiniten Induktion statt, welches vor allem nach dem Beweis des Wohlordnungssatzes durch Ernst Zermelo ein unentbehrliches Werkzeug in allen Teilen der modernen Mathematik geworden ist.

Man kann also sagen, dass sich Cantors Ergebnisse in der Mathematik des ausgehenden 19. Jahrhunderts durchgesetzt hatten. Die offizielle 'Einbürgerung' der Mengenlehre macht sich nach dem ersten internationalen Mathematikerkongress (in Zürich 1897) bemerkbar, als Adolf Hurwitz und vor allem Jacques Hadamard[66] wichtige Anwendungen der Mengenlehre für die Analysis ankündigten.

In Deutschland trägt der zu dieser Zeit wachsende Einfluss von Hilbert außerdem viel zur Verbreitung der Cantorschen Ideen bei.

Nun ausgerechnet zu einer Zeit als in den mathematischen Teildisziplinen wichtige Formalisierungsbestrebungen im Gange waren, die zur Vereinheitlichung verschiedener Fachgebiete führen sollten, trat eine äußerst schwere „Grundlagenkrise der Mathematik" ein – so der von Hermann Weyl geprägte Ausdruck.

Diese Krise erschütterte die mathematische Welt mehr als 30 Jahre lang; zeitweilig wurden nicht nur alle neuen Errungenschaften, sondern auch die klassischen Teilgebiete der Mathematik in Frage gestellt.

8. Die Paradoxien und die „Grundlagenkrise"

Die ersten paradoxen Mengen tauchten in der Theorie der Kardinal- und Ordinalzahlen (siehe unten) auf. Der Italiener Cesare Burali-Forti bemerkte 1897, dass man die Existenz einer Menge nicht annehmen könne, die aus *sämtlichen Ordinalzahlen* besteht, denn diese Menge wäre wohlgeordnet und somit isomorph zu einem ihrer Teilstücke, das von ihr selbst verschieden ist, und das sei widersinnig.[67]

Zwei Jahre später macht Cantor selbst (in einem Brief an Dedekind) die Beobachtung, dass man weder sagen kann, die Kardinalzahlen würden eine Menge bilden, noch könne man von der „Menge aller Mengen" sprechen, ohne zu einem Widerspruch zu gelangen: die Menge der Teilmengen dieser letzten „Menge" Ω wäre nämlich zu einer Teilmenge von Ω gleichmächtig, und das ist ein Widerspruch zur Ungleichung $\mathfrak{m} < 2^{\mathfrak{m}}$.[68] Schließlich zeigt Bertrand Russell 1905 ganz allgemein, dass der Begriff der „Menge aller Mengen, die nicht Element von sich selbst sind" widersprüchlich ist.[69] Russells Überlegung lässt an die klassischen „Antinomien" denken, für die der berühmte „Lügner" typisch ist, dem in der klassischen formalen Logik zahllose Lösungsversuche gewidmet sind.[70] Solche „Antinomien" bzw. „Paradoxien" haben sich nun auch in der Mathematik durch die Betrachtung von Mengen, die der Intuition nicht mehr unmittelbar zugänglich sind, bemerkbar gemacht. Insgesamt kam damit die innere Zerbrechlichkeit der Mengenlehre zum Vorschein.

Doch sollten bald noch andere Paradoxien sogar die zutiefst klassischen Gebiete der Mathematik bedrohen. G.G. Berry und B. Russell bemerken, dass zwar die Menge der natürlichen Zahlen, deren Bezeichnung – auf Englisch – durch weniger als neunzehn Silben ausgedrückt werden kann, endlich ist, dass es aber trotzdem widersprüchlich ist, eine natürliche Zahl als „die kleinste natürliche Zahl, die sich nicht durch weniger als neunzehn Silben bezeichnen lässt" zu definieren, denn eine solche Bezeichnung enthält – auf Englisch – nur achtzehn Silben.[71]

Derartige Überlegungen, so 'sophistisch' sie auch klingen mögen, zeigten nichtsdestoweniger die dringende Notwendigkeit einer kritischen Durchsicht der Grundlagen der Mathematik auf, um derartige Paradoxien aus der Mathematik zu entfernen. Aber wenn auch fast alle Mathematiker in der Dringlichkeit einer solchen Durchsicht übereinstimmten, so sollten doch bald radikale Verschiedenheiten bezüglich der Art ihrer Realisierung auftreten.

9. Der Ansatz der Formalisten

Für eine erste Gruppe von Mathematikern, die sogenannten Formalisten, ist die durch die Paradoxien der Mengenlehre verursachte Situation ähnlich derjenigen, die sich in der Raumlehre aus der Entdeckung der nicht-euklidischen Geometrien ergab. Folglich muss die neu entstandene Situation auch in der Mengenlehre zur Anerkennung der Tatsache führen, dass der Versuch, eine mathematische Theorie durch irgendeinen Hinweis auf die „Intuition" zu begründen, nutzlos ist. Der Ansatz der Formalisten kann mit den wirkungsvollen Worten des Hauptgegners der formalistischen Schule charakterisiert werden. Brouwer schreibt:

> Der Formalist vertritt die Ansicht, dass die menschliche Vernunft keine exakten Bilder von Geraden oder von Zahlen über zehn beispielsweise zur Verfügung hat (...). Es ist wahr, dass wir aus bestimmten Relationen zwischen mathematischen Gegenständen, die wir als Axiome wählen, nach festen Regeln andere Relationen ableiten, und zwar mit der Überzeugung, dass wir auf diese Weise durch logische Folgerung Wahrheiten ableiten (...). Doch für den Formalisten besteht die mathematische Exaktheit nur in der Entwicklung der Folge von Relationen, und sie ist unabhängig von dem Sinn, den man den Relationen oder den durch sie verbundenen Gegenständen könnte geben wollen.[72]

9.1. Axiomatisierung der Mengenlehre

Die Formalisten machen es sich zur Aufgabe, eine axiomatische Basis der Mengenlehre zu liefern, die derjenigen der Elementargeometrie analog ist. Sie wollen nicht herausfinden, was die 'Dinge' sind, die man 'Mengen' nennt, sondern sie stellen lediglich eine minimale Anzahl von *Bedingungen* auf, die an diese mathematischen Objekte zu stellen sind. Selbstverständlich muss das so geschehen, dass möglichst alle Cantorschen Ergebnisse erhalten bleiben und zugleich die Existenz der „paradoxen" Mengen unmöglich gemacht wird.

Das erste Beispiel einer solchen Axiomatisierung gab Zermelo 1908[73], indem er jene, zu Schwierigkeiten führende Mengen, durch die Einführung eines „Aussonderungsaxioms" vermied. Danach bestimmt eine Eigenschaft $P(x)$ nur dann eine Menge M (die aus denjenigen Elementen x gebildet wird, welche die Eigenschaft P erfüllen), wenn $P(x)$ schon eine Relation der Form $x \in M$ nach sich zieht. Es ist also möglich, Paradoxien zu vermeiden, indem man den Sinn des Begriffs „Eigenschaft" begrenzt; hierbei begnügt sich Zermelo damit, äußerst vage einen Eigenschaftstyp zu beschreiben, den er „definit" nennt, und anzugeben, dass man sich bei der Anwendung des Aussonderungsaxioms auf definite Eigenschaften beschränken muss. Dieser Punkt wurde später von Thoralf Skolem[74] und Adolf Fraenkel[75] präzisiert: Beide forderten die Ausarbeitung eines vollständig formalisierten Systems, in dem die Begriffe „Eigenschaft" und „Relation" keinen konkreten Sinn mehr haben sondern einfach nur noch Bezeichnungen für Ansammlungen sind, die nach expliziten Regeln gebildet werden.

9.2. Von Neumanns System

In der Folge wurden noch andere Axiomatisierungen der Mengenlehre vorgeschlagen. In diesem Zusammenhang ist die Axiomatisierung von John von Neumann aus dem Jahr 1925 zu erwähnen,[76] die sich stärker als das System von Zermelo-Fraenkel an die ursprüngliche Auffassung von Cantor anlehnt. Um die paradoxen Mengen zu vermeiden, hatte Cantor nämlich in seiner Korrespondenz mit Dedekind bereits vorgeschlagen,[77] zwei Arten von Mengen zu unterscheiden: die „Vielheiten" und die „eigentlichen Mengen", wobei diese zweiten dadurch bestimmt sind, dass sie als ein einziges Objekt gedacht werden können. Von Neumann präzisiert diesen Gedanken, indem er zwischen zwei Typen von Objekten, den „Mengen" und den „Klassen" differenziert. In seinem (fast vollständig formalisierten) System unterscheiden sich die Klassen von den Mengen dadurch, dass sie *nicht links* des Mengenzugehörigkeitssymbols $\in$ stehen können. Einer der Vorteile eines solchen Systems besteht darin, dass es die Anwendung des Begriffs der „universellen Klasse" wieder gestattet, der bereits von den Logikern des 19. Jahrhunderts verwendet worden war. Varianten des von Neumannschen Systems wurden von Paul Bernays und Kurt Gödel erarbeitet.[78]

9.3. Eigenschaften der formalistischen Haltung

Nun scheint die Vermeidung der Antinomien durch die vorangegangenen Systeme zwar erreicht worden zu sein, allerdings geschieht dies auf Kosten von Einschränkungen, die sehr willkürlich erscheinen. Zur Entlastung des Systems von Zermelo-Fraenkel kann man behaupten, dass dieses sich lediglich darauf beschränkt, Verbote auszusprechen, welche die Anwendung der Mengenlehre auf die verschiedenen mathematischen Gebiete sinnvoll sanktionieren. Die Formalisten halten die Zermelo-Fraenkel-Axiomatik für eine befriedigende Lösung, weil sie nicht daran interessiert sind, die individuellen psychologischen Reaktionen einzelner Mathematikers in Betracht zu ziehen. Sie glauben einfach, dass eine formalisierte Sprache ihre Aufgabe dann erfüllt, wenn es möglich ist, in ihr die mathematischen Überlegungen in einer unzweideutigen Weise darzustellen; und wenn sie somit ein wirkungsvolles 'Fahrzeug' für das mathematische Denken zur Verfügung stellen kann. Ihrer Meinung nach besitzt jeder die Freiheit, das 'Wesen' der mathematischen Gegenstände oder die 'Wahrheit' der Lehrsätze, die er anwendet, zu verstehen wie er will, unter der Bedingung, dass seine Überlegungen in der gemeinsamen Sprache der Mathematik formalisiert werden können.

Anders ausgedrückt besteht der Ansatz der Formalisten – vom philosophischen Standpunkt aus gesehen – darin, sich nicht mehr für das Problem zu interessieren, das sich durch die Paradoxien stellt, und somit die 'platonische' Haltung aufzugeben, die danach strebt, den mathematischen Begriffen einen geistigen 'Inhalt' zuzuordnen, der bei allen Mathematikern derselbe sein muss.

9.4. Russells und Whiteheads 'Logizismus'

B. Russell und A. N. Whitehead nehmen einen Gedanken wieder auf, der zuerst von J. Richard im Zusammenhang mit der „Richardschen Antinomie" formuliert[79] und anschließend von H. Poincaré weiter entwickelt wurde.[80] Im Wesentlichen wird dabei die Erkenntnis zum Ausdruck gebracht, dass alle Definitionen von paradoxen Mengen das sogenannte „Circulus-vitiosus-Prinzip" verletzen, nach dem „ein Element, dessen Definition die Gesamtheit der Elemente einer Menge umschließt, selbst nicht zu dieser Menge gehören kann".[81] Die Unterscheidung zwischen der 'Objektebene' und der 'Beschreibungsebene' von Objekten stellt nun einen weiterführenden Gedanken in Russels und Whiteheads Werk *Principia Mathematica* (1910-1913) dar; zur näheren Berücksichtigung dieser Unterscheidung wurde dort die „Typentheorie" (*theory of types*) entwickelt.

Die Logik Russells und Whiteheads besitzt – wie auch Freges Logik, von der sie inspiriert wurde – „Prädikatenvariablen"; die Typentheorie erreicht nun eine Klassifizierung dieser verschiedenen Variablen. An dieser Stelle wird diese Theorie nur knapp geschildert.[82] Ausgehend von einem „Individuenbereich", der nicht präzisiert wird und der als Bereich der „Objekte 0-ter Ordnung" angesehen werden kann, werden die Relationen, deren freie oder gebundene Variablen Individuen sind, „Objekte 1. Ordnung" genannt; allgemein werden die Relationen, deren variable Objekte von höchstens n-ter Ordnung sind (wobei mindestens eine Variable von n-ter Ordnung ist) „Objekte von $(n+1)$-ter Ordnung" genannt. Weil eine *Menge* von Objekten n-ter Ordnung nur durch ein Objekt von $(n+1)$-ter Ordnung definiert werden kann, gestattet diese Bedingung ohne Schwierigkeiten, die paradoxen Mengen auszuschalten. Im System von Russell und Whitehead kann die Relation $x \in x$ (im Gegensatz beispielsweise zum System von Zermelo-Fraenkel) also gar nicht hingeschrieben werden.

Doch erweist sich das Prinzip der „Typenhierarchie" als so einschränkend, dass man zu einer äußerst komplizierten Mathematik gelangt. So ist z. B. die „Identität" im System der

Principia Mathematica kein Grundbegriff: zwei Objekte *a* und *b* sind identisch, wenn *P*(*a*) und *P*(*b*) für jede Eigenschaft *P*(*x*) äquivalente Aussagen sind. Diese Definition besitzt aber als solche in der Typentheorie keinen Sinn: man müsste, um ihr einen zu geben, zumindest die „Ordnung" von *P* bestimmen, und dann käme man dazu, unendlich viele Identitätsrelationen zu unterscheiden. Außerdem hat Zermelo von 1908 an darauf hingewiesen, dass zahlreiche Definitionen der klassischen Mathematik (z. B. die der unteren Grenze einer Menge aus *R*) das „Circulus-vitiosus-Prinzip" nicht respektieren und dass man bei Berücksichtigung dieses Prinzips Gefahr laufen würde, für wichtige Gebiete traditioneller mathematischer Theorien Verbote auszusprechen.[83]

Um der Konsequenz eines zu komplizierten Systems zu entgehen, waren Russell und Whitehead deshalb gezwungen, ein „Reduzibilitätsaxiom" einzuführen, welches für jede Relation zwischen „Individuen" die Existenz einer zu ihr äquivalenten Relation erster Ordnung postuliert. Man kann jedoch bemerken, dass eine solche Bedingung ganz genau so willkürlich ist wie die Axiomatik der Formalisten.

Aus diesem Grund nahm das Interesse an der Konstruktion der *Principia Mathematica*, trotz verschiedentlicher Rettungsversuche z. B. durch Ramsey, Chwistek, Quine und Rosser – beträchtlich ab. Außerdem ist das System von Russell und Whitehead kein vollständig formalisiertes System, woraus sich zahlreiche Unklarheiten ergeben.

10. Der Ansatz der Intuitionisten

Für die Mathematiker der formalistischen Schule ist es das Wichtigste, auf kein Stück des mathematischen Erbes der Vergangenheit verzichten zu müssen. Ihre Parole kann durch den berühmten Satz von Hilbert zusammengefasst werden: „Aus dem Paradies, das Cantor uns geschaffen hat, soll uns niemand vertreiben können".[84]

Die Mathematiker, die 'Intuitionisten' genannt werden und als deren Vorläufer Kronecker gelten kann (siehe oben), nehmen die entgegengesetzte Haltung ein. Sie bedürfen nämlich einer Art innerer Sicherheit, die ihnen die 'Existenz' der mathematischen Objekte, mit denen sie sich befassen, gewährleistet.

Deshalb haben sie mit Vehemenz auf die Versuche reagiert, den Begriff der natürlichen Zahl auf den intuitiv weniger fassbaren Begriff der Menge zurückzuführen, denn der Umgang mit Mengen folge – wenigstens zum Teil – Regeln, die keine intuitiven Grundlagen mehr besitzen.

10.1. Poincarés Stellungnahme

Henri Poincaré (1854-1912) war einer der ersten Vertreter der intuitionistischen Orientierung. Er lässt den axiomatischen Standpunkt zu, wenn es um die Geometrie oder um die Arithmetisierung der Analysis geht, außerdem lässt er einen bedeutenden Teil der Cantorschen Theorie gelten, doch verweigert er die Annahme, dass auch die Arithmetik einer axiomatischen Behandlung zu unterwerfen sei.

Das Prinzip der vollständigen Induktion erscheint ihm ganz besonders als eine fundamentale Intuition unseres Geistes, und er hält es für unmöglich, darin eine reine Konvention zu sehen.[85] Poincaré geht soweit, praktisch (und irrtümlich) zu behaupten, es sei unmöglich, eine Struktur zu definieren, die mit Ausnahme des Prinzips der vollständigen Induktion alle Peanoschen Axiome verifiziert.[86] Kritik dieser Art häufte sich nach der Einführung des Auswahlaxioms durch Zermelo im Jahre 1904.[87]

10.2. Brouwer und seine Schule

Das Projekt des Luitzen Egbertus Jan Brouwer (1881-1966) und der intuitionistischen Schule bestand darin, eine vollständige von radikalen Prinzipien geleitete Umgestaltung der Mathematik verwirklichen zu wollen. Es ist an dieser Stelle nicht möglich, eine so komplexe Lehre wie Browers Intuitionismus kurz wiederzugeben; man kann sich hier darauf beschränken, einige ihrer zentralen Züge zu schildern, und wegen näherer Einzelheiten auf die Arbeiten von Brouwer selbst[88] und auf den Bericht Heytings[89] zu verweisen.

Brouwer postuliert eine Identität zwischen der Mathematik und dem „exakten" Teil unseres Denkens, welcher sich sehr stark auf die ursprüngliche Intuition der Folge der natürlichen Zahlen stützt. Aus diesem Grunde sei es nicht möglich, die Mathematik ohne Verstümmelung in ein formales System zu übersetzen. Dieser Teil des Denkens sei übrigens nur im Geiste der Mathematiker „exakt", und die Hoffnung, ein Hilfsmittel der Kommunikation zwischen den Mathematikern zu schaffen, dem nicht all die Unvollkommenheiten und Mehrdeutigkeiten der Sprache anhaften, sei utopisch. Man könne höchstens darauf hoffen, durch mehr oder weniger verschwommene Beschreibungen bei dem Gesprächspartner einen günstigen Geisteszustand herbeizuführen.[90] Für die intuitionistische Mathematik spielt die Sprache eine wesentliche Rolle: Ein Beweis sei nicht schlüssig auf Grund logischer Regeln, die ein für allemal festgelegt sind, sondern wegen der „unmittelbaren Evidenz" eines jeden Beweisgliedes. Diese „Evidenz" müsse außerdem auf eine enge Weise interpretiert werden: In der intuitionistischen

Mathematik lässt sich nicht feststellen, dass eine Relation der Form „R oder nicht R" wahr ist (dass also das Prinzip vom ausgeschlossenen Dritten gilt), wenn man nicht für *alle* Werte, die den in R vorkommenden Variablen gegeben werden, beweisen kann, dass eine der beiden Aussagen „R", „nicht R" wahr ist.

So könne man z. B. für zwei reelle Zahlen a und b aus der Gleichung $ab = 0$ nicht schließen, dass $a = 0$ oder $b = 0$ ist, denn man könne Beispiele für reelle Zahlen a, b angeben, für die $ab = 0$ gilt, ohne dass man zum gegenwärtigen Zeitpunkt in der Lage sei, eine der beiden Aussagen $a = 0$, $b = 0$ zu beweisen.[91]

Indem die Mathematiker der intuitionistischen Schule von solchen Prinzipien ausgingen, gelangten sie zu Resultaten, die sich stark von den klassischen Lehrsätzen unterscheiden.

Ein ganzes Teilgebiet klassischer Sätze verschwindet, z. B. die meisten 'Existenz'-Sätze in der Analysis (wie z. B. der Satz von Bolzano-Weierstrass für reelle Funktionen).

Auf der anderen Seite verteilen sich viele der klassischen Begriffe bei den Intuitionisten in mehrere Begriffe, die grundlegend voneinander verschieden sind: so gibt es zwei Konvergenzbegriffe für Folgen reeller Zahlen und acht Überabzählbarkeitsbegriffe.

Selbstverständlich lehnen sie auch die transfinite Induktion und ihre Anwendungen auf die moderne Analysis ebenso wie den größten Teil der Cantorschen Theorie ab.

Nur auf diese Weise können nach Brouwer die mathematischen Aussagen einen Bedeutungsgehalt bekommen; das formalistische Schließen, welches über das hinausgeht, was der Intuitionismus zulässt, wird für völlig wertlos gehalten, weil man ihm keinen Sinn mehr geben kann, auf den der intuitive Wahrheitsbegriff angewandt werden könnte.

Solche Urteile können sich offensichtlich nur auf einen vorrangigen Wahrheitsbegriff psychologischer Art stützen, mit dem praktischen Ergebnis, dass sie sich jeder Diskussion entziehen, weil die 'intuitive' Dimension, das 'geistige Auge' und seine Gegebenheiten letzten Endes solipsistische und nicht intersubjektiv kontrollierbare Elemente darstellen.

Die scharfen Attacken aus der intuitionistischen Schule schienen zunächst ihre Wirkung zu erreichen: tatsächlich haben die Intuitionisten ihre Gegner gezwungen, ihre Positionen genauer zu bestimmen und sich der Gründe für ihr Vertrauen in die Mathematik bewusst zu werden. Man kann dennoch zweifeln, dass der Intuitionismus (im Sinne von Browers Schule) eine echte Lösung der „Grundlagenkrise" anbietet, weil er so radikale Beschränkungen in der Mathematik nach sich zöge, dass sogar klassische Gebiete der heutigen Schulmathematik davon betroffen wären.

11. Eine bedeutende Diskussion: Rückkehr zum potentiell Unendlichen?

Es lohnt sich schließlich, noch an eine wichtige und besonders prägnante Debatte über die Grundlagen der Mathematik zu erinnern, die zu Anfang des vorigen Jahrhunderts stattgefunden hatte, und die uns dazu dienen kann, eine ausgeglichene Perspektive – ebenso weit von der Künstlichkeit der Formalisten als auch von den Übertreibungen der Intuitionisten entfernt – zu gewinnen.

Ein Jahr nach der Einführung des Auswahlaxioms durch Zermelo (1904) führten vier bedeutende französische Mathematiker – Borel, Baire, Hadamard und Lebesgue – einen Briefwechsel, in dem die Probleme, auf die schon Poincaré teilweise hingewiesen hatte, weiter entwickelt und diskutiert wurden: dieser Briefwechsel gilt inzwischen in der französischen mathematischen Tradition als klassisch und verdient, noch in Betracht gezogen zu werden:[92]

Dort beginnt Borel damit, die Gültigkeit des Auswahlaxioms von Zermelo zu leugnen, weil es im Allgemeinen überabzählbar viele Auswahlmöglichkeiten umfasse, was für die Intuition nicht fassbar sei. Hadamard und Lebesgue wenden ihrerseits gegen ihn ein, dass abzählbar viele willkürlich aufeinanderfolgende Auswahlmöglichkeiten auch nicht intuitiver seien, da sie unendlich viele Operationen umfassen würden, von denen man sich nicht vorstellen kann, dass sie in Wirklichkeit ausgeführt werden könnten. Lebesgue weitet die Debatte aus: für ihn läuft alles darauf hinaus zu wissen, was man meint, wenn man sagt, dass eine mathematische Größe „existiert" (*existe*). Nach Lebesgue ist es dafür notwendig, dass man deutlich eine Eigenschaft „aufzeigt" (*nomme*), die diese Größe in eindeutiger Weise bestimmt. Lebesue bezieht sich auf die Auswahl-Operation, die Zermelo bei seinen Überlegungen benutzt hat: Wenn man sich darauf beschränkt, eine solche Operation abstrakt zu „denken" (*penser*) anstatt sie „aufzuzeigen" (*nommer*), dann gibt es keine Sicherheit mehr.[93] Diese Bedenken führen Lebesgue zu neuen Zweifeln: schon die Frage der Auswahl eines einzigen Elementes in der Menge scheint ihm nämlich Schwierigkeiten aufzuwerfen: man muss sicher sein, dass ein solches Element „existiert", und das bedeutet, dass man zumindest eines der Elemente der Menge "aufzeigen" können muss. Die Anwendung dieser Regeln auf eine Menge A fordert, dass man gezeigt hat, dass A nicht identisch mit der leeren Menge ist; ein solcher Beweis ist für ihn nur dann gültig ist, wenn man ein Element von A „aufgezeigt" hat. So lehnt Lebesgue beispielsweise die Cantorsche Überlegung ab, mit der er die Existenz (und die Mächtigkeit) transzendenter Zahlen ermittelt hatte[94]; die Existenz transzendenter Zahlen ist für Lebesgue nur deshalb bewiesen, weil es möglich ist, transzendente Zahlen, z. B. die Zahlen e und π durch Bildungsgesetze *konkret* anzugeben.

Wie kann es möglich sein, von der „Existenz" einer Menge zu reden, von der nicht *jedes* Element konkret aufzeigbar ist? Baire zögert nicht einmal, die „Existenz" der Menge der Teilmengen einer gegebenen unendlichen Menge zu leugnen.[95] Nach Hadamards Meinung würden diese Forderungen dazu führen, dass man sogar darauf verzichten sollte, von der Menge der reellen Zahlen zu sprechen, aber Borel stimmt dieser Folgerung nicht zu. Um diese ganze Debatte zusammenzufassen: Abgesehen von der Tatsache, dass das abzählbar Unendliche anscheinend Heimatrecht in der Mathematik erhalten hat, ist man hier ausgehend von der Überlegung über die Grundlagen der Mathematik beinahe zur klassischen Ablehnung des „aktual Unendlichen" zurückgeleitet worden.[96]

12. Die Mengenlehre aus aristotelischer Sicht

Die oben geschilderten Debatten über die mengentheoretischen Grundlagen der Mathematik und die damit verbundenen offenen Probleme lassen es wichtig erscheinen, die innere Entwicklung der Cantorschen Theorie zu analysieren, um damit die Legitimität der allgemeineren, über das mathematische Fachgebiet hinausgehenden, Folgerungen Cantors ausführlich diskutieren zu können.

12.1. Cantors mathematische Beweise

Beim ersten Aufbau der Mengenlehre ging Cantor von zwei Beweisen aus:

(1) Zunächst bewies er, (1*a*) dass die Menge aller rationalen Zahlen sich in einer eineindeutigen Relation auf die Menge der natürlichen Zahlen abbilden lässt – obwohl auf der Ebene einer naiven Betrachtung die Menge der rationalen Zahlen viel umfangreicher zu sein scheint als die der natürlichen Zahlen.[97] Später (1*b*) erbrachte er noch den weiteren Beweis, dass sogar die Menge aller algebraischen Zahlen auf die Menge der natürlichen Zahlen eineindeutig abbilden lässt.

In sich selbst könnten jedoch die Beweise (1*a*) und (1*b*) nur als Bestätigung der seit langem verbreiteten Meinung gelten, nach der es keine fest bestimmbaren Unterschiede im Bereich des Unendlichen gibt. Entscheidend für den Aufbau der Mengenlehre war die Tatsache, dass Cantor mit dem Beweis (1*a*) mithilfe seines berühmten Diagonalverfahrens zugleich der Beweis (2) gelang, dass sich die Menge aller reellen Zahlen (einschließlich der transzendenten), ja sogar die Menge aller transzendenten Zahlen allein, nicht mehr in einer eineindeutigen Relation auf die Menge der rationalen Zahlen oder die dieser äquivalenten Mengen abbilden lässt. Dieser Beweis in Zusammenhang mit (1*a*) gab Cantor nämlich die Möglichkeit, den Zahlbegriff über das Gebiet des Endlichen hinaus auszudehnen. In diesem Sinne nannte er die beiden Mächtigkeiten $\mathfrak{a}$ und $\mathfrak{c}$ zuerst 'transfinite Zahlen' während er später dafür den Begriff 'unendliche Kardinalzahlen' einführte. Solche entscheidenden Entdeckungen haben sich bis auf den heutigen Tag im mathematischen Bereich als außerordentlich wichtig und fruchtbar erwiesen.

12.2. Das Problem des aktualen Unendlichen

Wir haben aber gesehen, dass Cantor sich nicht beschränkte, diese mathematischen Sätze und ihre Beweise aufzustellen: Weil er glaubte, mit den erwähnten Sätzen die Existenz des aktual Unendlichen bewiesen zu haben, wollte er auch mit einer Art 'missionarischer' Begeisterung auf philosophischer Ebene die begrifflichen und sogar metaphysischen Bedingungen der Existenz eines *aktualen* Unendlichen erklären. Einerseits betrachteten viele Philosophen solche philosophischen Versuche Cantors als illegitimen Übergriff eines 'Laien' in einen Bereich, für den er die notwendige Bildung nicht besitze; andererseits hielten (und halten noch heute) die meisten Mathematiker Cantors Versuche, der Mengenlehre eine angemessene philosophische Begründung zu ermöglichen und in diesem Zusammenhang das Vorhandensein eines aktualen Unendlichen zu beweisen, für ganz überflüssig und uninteressant.[98]

Die Mengenlehre, sowohl in ihren Grundlagen als auch in ihrer Übertragung auf philosophischen Anwendungen, noch einmal grunsätzlich zu überdenken, scheint jedoch auch unter einem überwiegend mathematischen Gesichtspunkt umso notwendiger zu sein, als die fragliche Lehre wesentliche innere mathematische und logische Schwierigkeiten aufweist, die noch heute gewissermaßen ungelöst blieben. Wir haben nämlich festgestellt, dass z. B. das Problem der Paradoxien der Mengenlehre mit verschiedenen begrifflichen Ansätzen (Formalisten, Intuitionisten usw.) angepackt wurde, dass aber jede der vorgeschlagenen Lösungen – auch die erfolgreichste, d. h. die Axiomatik von Zermelo-Fraenkel[99] – bedeutende Schwächen gezeigt hat.

Man kann sich also fragen, inwieweit Cantors Meinung wirklich gerechtfertigt ist, dass die oben erwähnten Beweise (1*a*), (1*b*) und (2) – die an und für sich die Beweise spezieller mathematischer Sätze der Mengenlehre darstellen – dazu dienen können, die Existenz des aktual Unendlichen zu garantieren. Zunächst ist die Tatsache bemerkenswert, dass sich bei den angestellten Überlegungen im Gebrauch des Wortes 'Menge' – wie Kurt von Fritz festgestellt hat – eine Art *petitio principii* versteckt, da ein solches Wort den Anschein erwecken muss, als ob die Mengen, die Cantor mittels seiner Beweise unterscheidet und sogar verschiedenen Größenklassen zuweist, auch 'tatsächlich' existierten und nicht nur potentielle Konstruktionen wären.[100]

Ein solcher 'Selbstbetrug' zeigt sich deutlich, wenn man Cantors Versuche, den aktual unendlichen Charakter seiner Mengen gegen Einwände zu verteidigen, genauer untersucht.

12.2.1. Angebliche Notwendigkeit eines „aktual unendlichen Weges"

Besonders scharf erweist sich z. B. Cantors Reaktion auf die Kritik, die Ballauf, ein Herbartianer, mit seiner Rezension in der *Zeitschrift für exakte Philosophie* (Bd. XII, S. 375) an ihm übt.[101] Cantors Sarkasmus wendet sich dabei vor allem gegen die philosophischen Grundlagen der Einwände seines Kritikers. Nachdem Cantor bemerkt, der Rezensent ignoriere offensichtlich, dass er in seinen *Grundlagen* „das potentiale Unendliche, welches [er] Uneigentlich-unendliches, von dem aktualen Unendlichen, welches [er] Eigentlich-unendliches dort nannte, strengstens unterscheide[t]",[102] hebt er hervor, dass die Herbartianer nur das erstere, d. h. das potentiell Unendliche erkennen, das sie als Unendliches *tout court* betrachten, weil sie nichts vom Transfiniten wissen. Das zentrale Problem liegt jedoch nach Cantors Meinung in der Tatsache, dass Herbart und die Herbartianer nicht bereit sind, die Notwendigkeit eines aktualen Unendlichen anzuerkennen, um das potentiell Unendliche zu begründen. In diesem Zusammenhang zitiert Cantor Herbarts Definition des Unendlichen, nach der der Begriff des Unendlichen „auf einer *wandelbaren Grenze*, welche in jedem Augenblick weiter fortgeschoben werden kann, bzw. muss" beruht,[103] weil (so Herbart) das „wesentliche, nicht wegzudenkende Merkmal [des Begriffs des Unendlichen] eben jene *wandelbare Grenze ist, jenseits deren immer noch etwas zu finden ist*."[104] Cantor antwortet darauf beißend und stellt zunächst eine polemische Frage:

> Ist es den Herren gänzlich aus der Erinnerung gekommen, dass, von den Reisen abgesehen, die in der Phantasie oder im Traume ausgeführt zu werden pflegen, dass, sage ich, zum sichern Wandeln oder Wandern *fester Grund und Boden* sowie ein *geebneter Weg* unbedingt erforderlich sind, ein Weg, der nirgends abbricht, sondern überall, wohin die Reise führt, gangbar sein und bleiben muss?[105]

Dann formuliert er die These:

> Die weite Reise, welche Herbart seiner '*wandelbaren Grenze*' vorschreibt, ist *eingestandenermaßen nicht* auf einen endlichen Weg beschränkt; so muss denn ihr *Weg* ein *unendlicher*, und zwar, weil er *seinerseits nichts Wandelndes*, sondern überall fest ist, ein *aktualunendlicher Weg* sein. Es fordert also *jedes potentiale Unendliche* (die wandelnde Grenze) ein *Transfinitum* (den sichern Weg zum Wandeln) *und kann ohne letzteres nicht gedacht werden*.[106]

Indem Cantor Herbarts Analogie der Grenze mit dem Bild des Weges entwickelt, postuliert er also, dass das potentielle Unendliche, das Herbart allein anerkennen will, einen „aktual unendlichen Weg", den „sichern Weg zum Wandeln" – unverblümt das aktual Unendliche, das Transfinitum – erfordert. Das aktual Unendliche stellt nach Cantor die wesentliche Möglichkeitsbedingung nicht nur der Existenz, sondern auch der Denkbarkeit des potentiell Unendlichen dar. Dieses Argument, das mit seinem 'topologischen' Charakter und dem Hinweis auf die Notwendigkeit eines „aktual unendlichen Weges" einige Berührungspunkte mit dem von Aristoteles erörterten Problem eines unbegrenzten Raumes zeigt), könnte man aber damit widerlegen, dass – um in Rahmen des Bildes vom Weg zu bleiben – ein Weg, obwohl seine Richtung gewiss festgelegt sein muss, überhaupt nicht zu existieren braucht, bevor er durchgelaufen wird, sondern er kann durch sein Begangenwerden selbst sukzessiv 'erzeugt' werden. Denken wir z. B. an einen Weg, der in einem unbebauten Land fortschreitend abgesteckt wird: Er existiert als aktualer Weg in seiner Gesamtheit nicht, sondern nur potentiell, und wird in einem Prozess 'geschaffen'. Man kann sich auch einen potentiell unendlichen Weg vorstellen, der auf diese Weise 'geschaffen' wird, von dem jedoch jede Etappe begrenzt bzw. endlich ist. Genau wie bei den Zahlen handelt es sich hier um eine prozessartige Unendlichkeit, um eine Entwicklung wie – um Beispiele von Aristoteles zu erwähnen – der Verlauf eines Tages oder der Verlauf der Olympischen Spiele, wenn sie ohne ein Ende vorgestellt werden: um etwas also, dass nur potentiell, nicht aktual unendlich ist, obwohl seine Richtung bzw. das Gesetz seiner Entwicklung bestimmt ist (was seinerseits die Bestimmtheit aller seiner Etappen bedingt).

12.2.2. Die Bedingung der vollkommenen Abgegrenztheit einer Menge

Nun betont Cantor immer noch, dass die notwendige und hinreichende Bedingung der 'Abgegrenztheit' einer Menge – also auch einer aktual unendlichen Menge – die Bestimmtheit aller ihrer Elemente ist. Das folgende Zitat beruft sich am Schluss auf Augustinus' Vorstellung, dass jede Zahl – als einzelne betrachtet endlich, aber alle Zahlen in ihrer Gesamtheit unendlich seien:

> Die *Gesamtheit aller endlichen Kardinalzahlen* bildet also, wenn in ihr die kleineren Zahlen einen niedrigeren Rang erhalten als die größeren, *in dieser Rangordnung* das, was ich eine *einfach geordnete Menge* nenne. Doch noch mehr; sie stellt sich uns *in dieser Rangordnung* als eine *wohlgeordnete Menge* (...) vor. Denn wir haben hier ein *dem Rang nach niedrigstes Element*, die kleinste Kardinalzahl $\overline{1}$ und eine auf jede endliche Kardinalzahl $\overline{\nu}$ *dem Range*, d. h. hier der Größe nach nächstfolgende endliche Kardinalzahl $\overline{\nu}+\overline{1}$. So erhalten wir die *Gesamtheit aller endlichen Kardinalzahlen* in der sogenannten *natürlichen endlosen Folge*: $\overline{1}$, $\overline{2}$, $\overline{3}$, ..., $\overline{\nu}$,..., in welcher Folge sie eine *wohlgeordnete Menge vom Ordnungstypus* ω darstellt.

Die Endlosigkeit dieser Folge gibt den Beweis, dass die *Gesamtheit aller endlichen Zahlen*, als *ein Ding für sich* betrachtet, eine *aktual unendliche Menge*, ein *Transfinitum* ist. *Denn für die Behauptung, dass eine Menge aktual unendlich sei, ist die Bestimmtheit aller ihrer Elemente sowie das Größersein der Anzahl derselben im Vergleich mit jeder endlichen Zahl das allein Wesentliche; nicht aber ist erforderlich, dass die Menge in irgendeiner Form durch ein letztes, zu ihr gehöriges Glied begrenzt sei. Abgegrenzt ist eine Menge vollkommen schon dadurch, dass alles zu ihr Gehörige in sich bestimmt und von allem nicht zu ihr Gehörigen wohl unterschieden ist.* Dies stimmt vollkommen mit demjenigen überein, was S. Augustin in dem pag. 32 abgedruckten Kapitel seiner Hauptschrift De Civitate Dei, lib. XII, cap. 19, sagt: „Ita vero suis quisque numerus proprietatibus terminatur, ut nullus eorum par esse cuicumque alteri possit. Ergo et dispares inter se atque diversi sunt, *et singuli quique finiti sunt, et omnes infiniti sunt.*"[107]

Dieses Argument lässt also die 'objektive' Existenz einer aktual unendlichen Menge auf der Bestimmtheit jedes einzelnen ihrer Elemente gründen. Ist aber eine solche Bestimmtheit nicht eher eine (potentielle) Bestimmbarkeit ihrer Elemente gemäß gewissen Ordnungsprinzipien, die ihnen von Anfang an auferlegt werden?

Die Anwendung bzw. Einführung von neuen, bisher unerkannten Ordnungsprinzipien im Bereich des Unendlichen stellt ohne Zweifel die besondere, geniale Leistung Cantors dar. Dieser Aspekt zeigt sich in seiner Lehre von den wohlgeordneten Mengen noch deutlicher als in seiner Lehre von den unendlichen Kardinalzahlen oder Mächtigkeiten.[108] In einer wohlgeordneten Menge besitzt definitionsgemäß jede Teilmenge ein kleinstes Element. Auf der einen Seite handelt es sich hier also um die Einführung begrenzender Ordnungen in Gebiete des Unendlichen aber auf der anderen Seite muss man betonen, dass eine derart geordnete Menge nur in einer Richtung begrenzt wird; nach oben bleibt sie offen und unbegrenzt – sie ist in dieser Richtung nur *potentiell* unendlich. Insgesamt handelt es sich also nicht um die Entdeckung eines *aktual* Unendlichen (als „ein Ding für sich", um mit Cantors Worten zu sprechen).

12.2.3. Wohlgeordnete Mengen und abzählbare Mengen

Betrachten wir zunächst Cantors ursprüngliche Definition einer wohlgeordneten Menge, die das grundsätzliche Vorhandensein einer Ordnungsrelation („einfach geordnet") voraussetzt:

'*Wohlgeordnet*' nennen wir eine einfach geordnete Menge F, wenn ihre Elemente f von einem niedersten f_1 an *in bestimmter Sukzession aufsteigen*, so dass folgende zwei Bedingungen erfüllt sind:
  I. '*Es gibt in F ein dem Range nach niederstes Element f_1*'.
  II. '*Ist F' irgendeine Teilmenge von F und besitzt F ein oder mehrere Elemente höheren Ranges als alle Elemente von F', so existiert ein Element f' von F, welches auf die Gesamtheit F' zunächst folgt, so dass keine Elemente in F vorkommen, die ihrem Range nach zwischen F' und f' fallen*'.
  Im besondern folgt auf jedes einzelne Element f von F, *falls es nicht das höchste ist*, ein bestimmtes anderes Element f' dem Range nach als *nächsthöheres*; dies ergibt sich aus der Bedingung II, wenn man für F' das einzelne Element f setzt.[109]

Wenn man jetzt die Definition der abzählbaren Menge mit der Mächtigkeit $\mathfrak{a}$ betrachtet[110] und sie mit der oben erwähnten Definition wohlgeordneter Mengen vergleicht, kann man feststellen, dass die beiden Definitionen eine Gemeinsamkeit besitzen. Alle abzählbaren Mengen lassen sich so ordnen, dass sie eineindeutig auf die Menge der positiven ganzen Zahlen in ihrer natürlichen Ordnung abbildbar sind; außerdem ist diese Menge der positiven ganzen Zahlen selbst eine wohlgeordnete Menge, weil jedes Element der Menge einen eindeutig bestimmten Nachfolger besitzt.

Die Konkordanz zwischen den beiden Definitionen besteht nun darin, dass *die Menge der positiven ganzen Zahlen* in ihrer natürlichen Ordnung sowohl das Vorbild der abzählbaren Menge wie auch das der wohlgeordneten Menge darstellt. Die bloß abzählbaren Mengen – wie die Menge der rationalen Zahlen, welche in ihrer natürlichen Anordnung der Definition der wohlgeordneten Menge nicht entspricht, da ihre Glieder in dieser Anordnung *keine* bestimmten festlegbaren Nachfolger haben – werden durch Anordnungen[111] in „abgezählte" Mengen, um den Ausdruck von Cantor zu benutzen, [112] verwandelt.

Der Begriff der abzählbaren Menge enthält deutlich ein Element der Möglichkeit, indem die Menge auch dann abzählbar bleibt, wenn sie nicht 'abgezählt', d. h. wohlgeordnet ist. Und umgekehrt enthält die Definition der wohlgeordneten Menge eine Verletzung des Ordnungsprinzips der abgezählten Menge insofern, als in ihr nicht wie bei der abgezählten Menge jedes Element außer dem ersten auch ein unmittelbar vorangehendes zu haben braucht. Anders ausgedrückt: eine wohlgeordnete Menge kann unendliche Abschnitte besitzen, während die abgezählte Menge, obwohl selbst unendlich, nur endliche Abschnitte hat.

Wenn wir diese Situation aus der Perspektive des Aristoteles beurteilen, bedeutet dies, dass dasselbe Ordnungsprinzip in der abzählbaren und in der wohlgeordneten Menge wirkt, allerdings unterliegt es in der einen und in der anderen Menge voneinander verschiedenen Einschränkungen. Nun können die 'konstruktiven' Ordnungsprinzipien, die in das Gebiet des Unendlichen als notwendig begrenzende Faktoren eingeführt wurden, in ihren Gemeinsamkeiten und in ihren unterschiedlichen Einschränkungen miteinander verglichen werden: erst dadurch werden die durch sie bestimmten Mengen unterscheidbar.

12.3. Das Problem der Kardinalität des Kontinuums

Aus dem Blickwinkel der wohlgeordneten Mengen führte Cantor eine andere Bezeichnung für den Begriff der Mächtigkeit ein: Das synonym verwendete Wort 'Kardinalzahl' trägt dem Sachverhalt Rechnung, dass eine *unendliche* Menge – je nach Art ihrer Anordnung – zwar unterschiedliche Ordnungszahlen aber nur eine Kardinalzahl besitzen kann. (Statt 'Ordnungszahl' wird in der Literatur häufig die Bezeichnung 'Ordinalzahl' verwendet.)

Man kann beweisen, dass die Menge aller zu einer unendlichen Kardinalzahl gehörigen Ordnungszahlen, eine größere Mächtigkeit hat, also eine höhere Kardinalzahl darstellt, als die höchste in ihr enthaltene Ordnungszahl. Man kann ferner beweisen, dass wohlgeordnete Mengen nicht nur in Bezug auf ihre Ordnungszahlen, sondern auch in Bezug auf ihre Kardinalzahlen stets vergleichbar sind, denn, wenn M und N wohlgeordnete Mengen sind und die Ordnungszahl von M kleiner ist als die von N, kann bewiesen werden, dass die zu M gehörige Kardinalzahl gleich oder kleiner sein muss als die zu N gehörige Kardinalzahl. Auf Grund dessen ist es möglich, die unendlichen Kardinalzahlen, $\aleph_0$, $\aleph_1$, $\aleph_2$... ist – selbst als wohlgeordnete Menge anzuordnen.

Wenn man also das, was durch die Kardinalzahlen bestimmt wird, als wirkliche, aktual existierende Mengen betrachtet und die Reihe der Alefs für die Menge aller möglichen Mächtigkeiten unendlicher Mengen hält, scheint es selbstverständlich zu sein, dass jede anderweitig festgestellte Mächtigkeit oder Kardinalzahl einer unendlichen Menge – z. B. auch der Kontinuumsmenge $\mathfrak{c}$ (oder der Funktionsmenge $\mathfrak{f}$) – einem bestimmten Alef entsprechen muss. Und tatsächlich war Cantor selbst lange Zeit überzeugt, dass die verschiedenen Mächtigkeiten, die er entdeckt hatte, sich ihrer Größe nach eindeutig anordnen lassen mussten. Wie oben schon erwähnt wurde, ist es ihm aber nicht gelungen, die Äquivalenz der unendlichen Kardinalzahl $\mathfrak{c}$ des Kontinuums mit einem der Alefs nachzuweisen, und bis heute hat man einen solchen Nachweis nicht liefern können. Diesbezüglich hat Oliver Diesel kürzlich behauptet:

Ob sich die Frage nach der Kardinalität des Kontinuums irgendwann in überzeugender Weise doch beantworten lässt, ist weiter offen. Die Resultate von Gödel und Cohen zeigen ja nur, dass man dies nicht in ZFC [*scil.*: in der Zermelo-Fraenkel-Axiomatik mit Auswahlaxiom] tun kann. In letzter Zeit erschienen Beiträge zum Kontinuumsproblem von Hugh Woodin, die darauf hindeuten könnten, dass die Kontinuumshypothese mit besseren Gründen als falsch denn als wahr anzusehen ist. Mehr wird die Zukunft zeigen.[113]

Eine solche 'Niederlage' ist aber vielsagend und kann einige Hinweise auf die richtige Perspektive liefern, die man bei der Betrachtung der Mengenlehre einnehmen sollte. Wenn man nämlich annimmt, dass es aktual unendliche Mengen mit bestimmten Mächtigkeiten wirklich gibt, dann hat die Tatsache, dass das Problem der Kardinalität des Kontinuums bis heute trotz der Anstrengungen so vieler Mathematiker noch nicht gelöst wurde, gewissermaßen etwas Skandalöses an sich. Wenn man aber versucht, die effektive Bedeutung der bewiesenen Sätze vom Standpunkt der aristotelischen Prinzipien aus zu erfassen, dann erweist sich eine solche Sachlage als selbstverständlich.

Wir haben nämlich bemerkt, dass sowohl die Alefs wie auch die unendlichen Ordnungszahlen aus zwei unterschiedlichen Einschränkungen des grundlegenden Ordnungsprinzips der unendlichen abgezählten Mengen entstehen, und dieser gemeinsame Ursprung, welcher sich auch in der Äquivalenz $\mathfrak{a} = \aleph_0$ ausdrückt, stellt logischerweise den Grund für ihre durchgehende Vergleichbarkeit dar. Die Verschiedenheit zwischen $\mathfrak{a}$ und $\mathfrak{c}$ beruht hingegen auf der Tatsache, dass es nicht möglich ist, die transzendenten Zahlen in gleicher Weise wie die rationalen (oder die algebraischen Zahlen) dem Ordnungsprinzip der abgezählten Mengen zu unterwerfen, obwohl auch den transzendenten Zahlen ein inhärentes Ordnungsprinzip zugrunde liegt. Dennoch bleibt die Frage offen, ob ein solches Ordnungsprinzip ausschließlich durch sukzessive Einschränkungen des Ordnungsprinzips der abgezählten Mengen gewonnen werden kann.[114]

12.4. Die paradoxen Mengen

Die Annahme einer 'finitistischen' Perspektive kann sich auch bezüglich der schon erwähnten Paradoxien der Mengenlehre als besonders fruchtbar erweisen.

Wie oben zu sehen war, hatte man zu dem Zeitpunkt, als solche Paradoxien zuerst auftauchten, den Eindruck, dass die gesamte Mengenlehre einzubrechen drohte. Beim Versuch, den mathematischen Teil der Mengenlehre zu retten, wurden dann insbesondere durch die Formalisten gewisse Verbote eingeführt, welche die Paradoxien vermeiden sollten. Doch scheinen die verschiedenen Lösungen dieser Art nur künstliche Hilfsmittel darzustellen, und so bleibt die Frage nach dem echten 'Wesen' der Mengen noch offen.

Es ist vielleicht möglich – ohne den Intuitionisten in ihren noch artifizielleren begrifflichen Konstruktionen zu folgen – einen nützlicheren Blickpunkt zu gewinnen, indem man die wirkliche Bedeutung des Begriffs 'Menge' zu verstehen sucht. Die Anwendung dieses Begriffs auf unendliche Prozesse besitzt zwar innerhalb des Gebietes der mathematischen unendlichen Mengen eine Legitimität und Brauchbarkeit, sofern sie eine Art Abkürzung ist, um gewisse, bei der Bildung unendlicher Prozesse auftretende Konstruktions- und Ordnungsprinzipien zu bezeichnen und voneinander zu unterscheiden. Aber solche Konstruktions- und Ordnungsprinzipien als *aktuale,* objektive Unendlichkeiten zu betrachten, ist irreführend: es handelt sich um etwas Ähnliches wie die von Francis Bacon beschriebenen 'idola fori', die in der Vertauschung von Worten mit ihren (angeblichen) Inhalten bestehen. Mengen wie die „Menge aller Mengen, die nicht Element von sich selbst sind", eine Menge also, die sich zugleich enthält und nicht enthält (siehe oben), haben keinen Sinn und beruhen auf irreführender Hypostatisierung operativer Konstruktionsprinzipien, die als solche immer noch einen Möglichkeitscharakter besitzen. Um die Sache mit den Begriffen des Aristoteles auszudrücken, stellen die unendlichen Mengen Formen von potentieller, konstruktiver und prozessartiger Unendlichkeit dar, die nicht 'objektiviert' werden dürfen. Letzten Endes scheint Cantor selbst ein solches Prinzip begriffen zu haben, als er schrieb:

> (...) auch bei endlichen Mengen kann eine Zählung nur bei einer bestimmten Aufeinanderfolge der gezählten Elemente ausgeführt werden, es zeigt sich aber hier als eine besondere Beschaffenheit *endlicher* Mengen, dass das Resultat der Zählung – die *Anzahl* – unabhängig ist von der jeweiligen Anordnung; während bei unendlichen Mengen, wie wir gesehen haben, eine solche Unabhängigkeit im allgemeinen *nicht* zutrifft, sondern die Anzahl einer unendlichen Menge eine durch das Gesetz der Zählung *mitbestimmte* unendliche ganze Zahl ist; hierin liegt eben und hierin allein der in der Natur selbst begründete und daher niemals fortzuschaffende wesentliche Unterschied zwischen dem Endlichen und Unendlichen,[115]

wobei die „Anordnung" und „das Gesetz der Zählung" den Ausdruck der erzeugenden Tätigkeit der menschlichen Vernunft darstellen.

12.5. Aktualität der aristotelischen Überlegungen

Am Ende dieser Erörterung können wir mit Oskar Becker anerkennen, dass "es (...) das unvergängliche Verdienst des Aristoteles [ist], eine bis heute in ihrer Art unübertroffene Untersuchung des logisch-ontologischen Charakters des Unendlichen durchgeführt zu haben (...)".[116] Derselbe Gelehrte hat mit Recht an einer anderer Stelle bemerkt, dass es, obwohl „die Mathematik [des Altertums] für uns heute durchaus elementar ist und uns keine inhaltlichen Probleme mehr stellt",[117] einige Ausnahmen von dieser Situation gibt, insbesondere was die Grundlagenprobleme der Mathematik betrifft. Und in diesem Zusammenhang stellt Becker richtig fest, dass

> die aristotelische Theorie des Unendlichen und des Kontinuums in ihrer eigenartigen Fragestellung noch von aktueller Bedeutung für das Problem einer wirklich adäquaten Begründung der höheren Analysis [ist].[118]

Anmerkungen

[1] Cantor stellt Brunos Denken in enge Beziehung zur Spekulation des Nikolaus von Kues. Er schreibt in einer Anmerkung zu seiner Abhandlung *Grundlagen einer allgemeinen Mannigfaltigkeitslehre* (Leipzig 1883): „Ebenso finde ich für meine Auffassungen Berührungspunkte in der Philosophie des Nicolaus Cusanus (...). Dasselbe bemerke ich in Beziehung auf Giordano Bruno, den Nachfolger des Cusaners. Man vgl. Brunnhofer, Giordano Brunos Weltanschauung und Verhängnis. Leipzig 1882." (jetzt in: G. Cantor, *Gesammelte Abhandlungen mathematischen und philosophischen Inhalts. Mit erläuternden Anmerkungen sowie mit Ergänzungen aus dem Briefwechsel Cantor-Dedekind*, hrsg. v. E. Zermelo, nebst einem Lebenslauf Cantors v. A. Fraenkel, Berlin 1932, Neudr.: Hildesheim 1962, S. 205, Anm. 2).

[2] Vgl. Cantors *Mitteilungen zur Lehre vom Transfiniten – I*, in: G. Cantor, *Gesammelte Abhandlungen*, zit., S. 378-396, hier S. 392, Anm. 1 (siehe dazu § 12.2.1. unten).

[3] D. Hilbert, „Über das Unendliche", *Math. Ann.* VC (1925), S. 161-190, hier S. 167.

[4] Für die folgende Darstellung habe ich vor allem aus den folgenden Werken über die Geschichte der Mathematik und insbesondere die Mengenlehre Gewinn gezogen: O. Becker, *Grundlagen der Mathematik in geschichtlicher Entwicklung*, Freiburg-München 1964; N. Bourbaki, *Elemente der Mathematikgeschichte* [Or.-Tit.: *Eléments d'histoire des mathématiques*], dt. Übers. v. A. Oberschelp, Göttingen 1971; O. Deiser, *Einführung in die Mengenlehre*, Berlin-Heidelberg-New York ²2004; H.-D. Ebbinghaus, *Einführung in die Mengenlehre*, Leipzig-Wien-Zürich ³1994; H. Meschkowski, *Denkweisen großer Mathematiker. Ein Weg zur Geschichte der Mathematik*, Braunschweig 1990; A. Oberschelp, *Allgemeine Mengenlehre*, Mannheim-Leipzig-Wien-Zürich 1994; M. Potter, *Set Theory and its Philosophy*, Oxford 2004.

[5] Vgl. A. Koyré, *Remarques zur les paradoxes de Zénon*, in: Id., *Etudes d'histoire de la pensée philosophique*, Paris 1971, S. 9-35; W.C. Salmon (Hrsg.), *Zeno's Paradoxes*, Indianapolis-Cambridge ²2001; siehe auch A. Jori, „Zenon von Elea – *Fragmente und Zeugnisse*", in: F. Volpi (Hrsg.), *Großes Werklexikon der Philosophie*, Stuttgart 1999, Bd. II, S. 1622-1624.

[6] Z. B. behauptet Leibniz, dass eine natürliche Zahl die Erzeugende ihrer Vielfachen ist, und bemerkt, dass die Menge der Vielfachen von 6 der Durchschnitt der Menge der Vielfachen von 2 und der Menge der Vielfachen von 3 ist (vgl. G.W. Leibniz, *Die philosophischen Schriften*, hrsg. v. C.I. Gerhardt, Berlin 1875-1890, Nachdr.: Hildesheim 1965, Bd. VII, S. 292).

[7] Vgl. *Le opere di Galileo Galilei*, hrsg. v. G. Saragat, Bd. VII, Neudr. der „Edizione Nazionale", Firenze 1968, Bd. VIII, S. 78-80.

[8] Vgl. B. Bolzano, *Rein analytischer Beweis des Lehrsatzes, dass zwischen je zwei Werthen, die ein entgegengesetztes Resultat gewähren, wenigstens eine reelle Würfel der Gleichung liege*, Leipzig 1905.

[9] B. Bolzano, *Paradoxien des Unendlichen*, Leipzig 1851 (postum veröffentlicht). Dazu V. Jarnik, *Bolzano and the Foundations of Mathematical Analysis*, Prag 1981.

[10] Vgl. G. Cantor, „Über die Ausdehnung eines Satzes aus der Theorie der trigonometrischen Reihen", *Math. Ann.*, V (1872), S. 123-132, jetzt in: Id., *Gesammelte Abhandlungen*, zit., S. 92-101, hier S. 99.

[11] *Ibid.*, S. 92-97.

[12] Vgl. G. Cantor-R. Dedekind, „Briefwechsel", hrsg. v. J. Cavaillès u. E. Noether, *Actual. Scient. et Ind.*, Nr. 518, Paris 1937.

[13] *Ibid.*, S. 34.

[14] Vgl. N. Bourbaki, *Elemente der Mathematikgeschichte*, zit., S. 41-42.

[15] In diesem Zusammenhang lohnt es sich jedoch zu bemerken, dass der Philosoph Schelling in seiner Jugendschrift *Philosophische Briefe über Dogmatismus und Kriticismus* (1795) die transfiniten Stufungsmöglichkeiten reflexiver Akte – lange vor Cantor – deutlich geschrieben hat: „Dass wir unsers eignen Ichs nie los werden können, davon liegt der einzige Grund in der absoluten Freiheit unsers Wesens, kraft welcher das *Ich* in uns kein *Ding*, keine *Sache* sein kann, die einer objektiven Bestimmung fähig ist. Daher kommt es, dass unser Ich niemals in einer Reihe von Vorstellungen als Mittelglied begriffen sein kann, sondern jedesmal vor jede Reihe wiederum als erstes Glied tritt, das die ganze Reihe von Vorstellungen festhält: dass das handelnde Ich, obgleich in jedem einzelnen Falle *bestimmt*, doch zugleich *nicht* bestimmt ist, weil es nämlich jeder *objektiven* Bestimmung entflieht, und nur *durch sich selbst* bestimmt sein kann, also zugleich das *bestimmte* und das *bestimmende* ist." (F.W.J. Schelling, *Werke*, Bd. 3: *Philosophische Briefe über Dogmatismus und Kriticismus – Neue Deduktion des Naturrechts – Antikritik*, hrsg. v. H. Buchner, W. G. Jacobs u. A. Pieper, Stuttgart 1982, S. 89). Nach Oskar Becker „[spielt] Schelling in den letzten Sätzen [dieser Stelle] schon auf den Sachverhalt, der 100 Jahre später zu der Antinomie von Burali-Forti Anlass gab, an (...)" (*Grundlagen der Mathematik*, zit., S. 387). Zur Antinomie von Burali-Forti siehe unten.

[16] Cantors Schrift „Grundlagen einer allgemeinen Mannigfaltigkeitslehre" war ursprünglich der fünfte Teil von einer Aufsatzfolge desselben Verfassers, die mit dem Titel „Über unendliche lineare Punktmannigfaltigkeiten" in den *Mathematischen Annalen*, XV (1879), S. 1-7; XVII (1880), S. 355-358; XX (1882), S. 113-121; XXI (1883), S. 51-58 und S. 545-586; XXIII (1884), S. 453-488, veröffentlicht wurde. Dieser fünfte Teil wurde auch gesondert unter dem Titel *Grundlagen einer allgemeinen Mannigfaltigkeitslehre. Ein mathematisch-philosophischer Versuch in der Lehre des Unendlichen*, Leipzig (Teubner) 1883, publiziert. Jetzt befindet er sich in: G. Cantor, *Gesammelte Abhandlungen*, zit., S. 165-209 (die folgenden Zitate aus den „Grundlagen" sind dieser Ausgabe entnommen).

[17] *Ibid.*, S. 165. Es handelt sich dabei um etwas, das heute nicht als Größe bezeichnet werden würde, sondern vielmehr als eine Funktion, die unbegrenzt große Werte annimmt, bzw. eine Funktion, deren Wertebereich bei 0 einen Häufungspunkt besitzt.

[18] *Ibid.*, S. 166.

[19] *Ibid.*

[20] *Ibid.*

[21] *Ibid.*, S. 165-166.

[22] *Ibid.*, S. 166.

[23] Der Aufsatz wurde zunächst in der *Zeitschrift für Philosophie und philosophische Kritik*, LXXXVIII (1886), S. 224-233, später in: G. Cantor, *Gesammelte Abhandlungen zur Lehre vom Transfiniten. I. Abteilung*, Halle a.S. 1890, veröffentlicht. Jetzt befindet er sich in: Cantor, *Gesammelte Abhandlungen*, zit., S. 370-376.

[24] *Ibid.*, insbesondere S. 374-375.

[25] Angesichts dieser und anderer nicht unbedeutender begrifflicher Entwicklungen, welche in dem Beitrag *Über die verschiedenen Standpunkte in Bezug auf das aktuelle Unendliche* Ausdruck finden, scheint die Geringschätzung dieses wie auch anderer Cantorscher philosophischer Beiträge, die Ernst Zermelo äußerte – nach dem [solche Aufsätze] „dem mathematisch Vorgebildeten seiner mengentheoretischen Arbeiten (...) kaum etwas Neues zu bieten haben [werden], ohne doch andererseits den Wert und die Bedeutung einer spezifisch philosophischen Leistung beanspruchen zu können. Für die heutigen Leser dürften diese Aufsätze hauptsächlich von psychologisch-biographischem Interesse sein" (in: G. Cantor, *Gesammelte Abhandlungen*, zit., S. 377) – nicht vertretbar zu sein.

[26] *Ibid.*, S. 205, Anm. 3. Siehe dazu Ch. Tapp, *Kardinalität und Kardinäle. Wissenschaftshistorische Aufarbeitung der Korrespondenz zwischen Georg Cantor und katholischen Theologen seiner Zeit*, Wiesbaden-Stuttgart 2005, S. 78.

[27] Vgl. Cantor, *Gesammelte Abhandlungen*, zit., S. 166.

[28] *Ibid.*, S. 372-373. Es gilt die ganze Stelle zu zitieren:
„Wenn man die verschiedenen Ansichten, welche sich in bezug auf unsern Gegenstand, das *Aktual-Unendliche* (im folgenden Kürze halber mit A.-U. bezeichnet), im Laufe der Geschichte geltend gemacht haben, übersichtlich gruppieren will, so bieten sich dazu mehrere Gesichtspunkte dar, von denen ich heute nur einen hervorheben möchte.
Man kann nämlich das A.-U. in *drei Hauptbeziehungen* in Frage stellen: *erstens, sofern es in Deo extramundano aeterno omnipotenti sive natura naturante*, wo es das *Absolute* heißt, *zweitens* sofern *es in concreto seu in natura naturata* vorkommt, wo ich es *Transfinitum* nenne und *drittens* kann das A.-U. *in abstracto* in Frage gezogen werden, d. h. sofern es von der menschlichen Erkenntnis in Form von *aktual-unendlichen*, oder wie ich sie genannt habe, von *transfiniten Zahlen* oder in der noch allgemeineren Form der *transfiniten Ordnungstypen* (ἀριθμοὶ νοητοὶ oder εἰδητικοί) aufgefasst werden könne.
Sehen wir zunächst von dem *ersten* dieser drei Probleme ab und beschränken uns auf die beiden letzteren, so ergeben sich von selbst *vier verschiedene Standpunkte*, welche auch wirklich in Vergangenheit und Gegenwart sich vertreten finden.
Man kann *erstens* das A.-U. sowohl *in concreto*, wie auch *in abstracto* verwerfen, wie dies z. B. von Gerdil, Cauchy, Moigno (...), von Herrn Ch. Renouvier (vergl. dessen Esquisse d'une classification systématique des doctrines philosophiques, t. I, pag. 100, Paris, au Bureau de la Critique philosophique, 1885) und von allen sogenannten *Positivisten* und deren Verwandten geschieht.
Zweitens kann man das A.-U. *in concreto* bejahen, dagegen *in abstracto* verwerfen; dieser Standpunkt findet sich (...) bei Descartes, Spinoza, Leibniz, Locke und vielen anderen. Soll ich auch hier einen neueren Autor nennen, so erwähne ich Hermann Lotze, der in einem Aufsatze betitelt: 'L'Infini actuel est-il contradictoire? Réponse à Monsieur Renouvier' in der Revue philos. de Ribot, t. IX, 1880 das A.-U. *in concreto* verteidigt (...).
Es kann *drittens* das A.-U. *in abstracto* bejaht, dagegen *in concreto* verneint werden; auf diesem Standpunkt befindet sich ein Teil der *Neuscholastiker*, während ein andrer, und vielleicht der größere Teil dieser, durch die Enzyklika Leo's XIII, vom 4. August 1879: 'De philosophia Christiana ad mentem Sancti Thomae Aquinatis Doctoris Angelici in scholis catholicis instauranda' mächtig angespornten Schule den ersten dieser vier Standpunkte noch zu verteidigen sucht.
Endlich kann *viertens* das A.-U. sowohl *in concreto*, wie auch *in abstracto* bejaht werden; auf diesem Boden, den ich für den *einzig richtigen* halte, stehen nur wenige; vielleicht bin ich der zeitlich erste, der diesen Standpunkt mit voller Bestimmtheit und in allen seinen Konsequenzen vertritt, doch das weiss ich sicher, dass ich nicht der letzte sein werde, der ihn verteidigt!" (Kursiv von Cantor).

[29] *Ibid.*, S. 372.

[30] Vgl. z. B. die folgende Stelle aus Cantors Brief vom 22. Januar 1886 an P. Johann B. Kardinal Franzelin SJ: „Dementsprechend unterscheide ich ein 'Infinitum aeternum sive Absolutum', das sich auf Gott und seine Attribute bezieht, und ein 'Infinitum creatum sive Transfinitum', das überall da ausgesagt wird, wo in der Natura creata ein Actualunendliches constatirt werden muss, wie beispielsweise in Beziehung auf die, meiner festen Ueberzeugung nach *actual unendliche Zahl* der geschaffenen Einzelwesen, sowohl im Weltall, wie auch schon auf unsrer Erde und, aller Wahrscheinlichkeit nach, selbst in jedem noch so kleinen ausgedehnten Theil des Raumes, worin ich mit Leibniz ganz übereinstimme (...)." (in: Tapp, *Kardinalität*, zit, S. 321-325, hier S. 322).

[31] Vgl. Cantors *Brief* an Aloys Schmid vom 18. 4. 1887, in: Tapp, *Kardinalität*, zit., S. 503-506, hier S. 506. Die Stelle wurde von Cantor aus der *Dialectica* von Joannes Damaskenos, Kap. 49, entnommen [vgl. *PG* 94 (1860), Sp. 628, z. 2-4].

[32] Arist., *Phys.*, Γ 6, 207 a 1.

[33] *Brief* an A. Schmid vom 18. 4. 1887, in: Tapp, *Kardinalität*, zit., hier S. 506. (Der Brief wurde jedoch von Cantor nicht abgeschickt, sondern stattdessen eine weitaus kürzere Note, in der solche Unterscheidungen zum Unendlichkeitsbegriff völlig fehlen: *ibid.*, S. 80, 506.)

[34] Vgl. Cantors *Brief* vom 13. 10. 1895 an P. Ignatius Jeiler OFM, in: Tapp, *Kardinalität*, zit, S. 425-428.

[35] *Ibid.*, S. 428.

[36] *Ibid.*: Nach Cantors Meinung ist „jedes individuelle Transfinite (...) wie jedes Ding, das einer 'Idea divina' entspricht [,] in sich bestimmt, fest und unveränderlich."

[37] Vor allem in der 5. Abhandlung, d. h. in den *Grundlagen einer allgemeinen Mannigfaltigkeitslehre*, jetzt in: Cantor, *Gesammelte Abhandlingen*, zit., S. 165 ff.

[38] Tatsächlich weist Cantor (vgl. *Gesammelte Abhandlungen*, zit., S. 205, Anm. 2) auf die Darstellung der aristotelischen Lehre des Unendlichen hin, die Zeller in seinem berühmten Werk *Die Philosophie der Griechen* (3. Aufl., II. Teil, 2. Abt., S. 393-403) geleistet hat, und er beschränkt sich darauf, das Buch K, Kap. 10 der *Metaphysik* (wo sich übrigens nur eine Zusammenfassung der Argumente gegen das Unendliche befindet, die Aristoteles in Buch Γ, Kapp. 4-8 der *Physikvorlesung* darstellt) sehr allgemein und beiläufig zu erwähnen (vgl. *Gesammelte Abhandlungen*, zit., S. 174).

[39] *Ibid.*, S. 173-174.

[40] Für eine Erklärung sowohl von Cantors Darstellung der aristotelischen Argumente als auch von seinen Widerlegungen vgl. auch A. Jori, „Cantor, Georg: *Fondements d'une théorie générale des multiplicités* [Grundlagen einer allgemeinen Mannigfaltigkeitslehre]", in: J.-F. Mattéi (Hrsg.), *Encyclopédie Philosophique Universelle*, Bd. III: *Les Oeuvres Philosophiques. Dictionnaire*, Paris 1992, T. II, S. 2307-2308.

[41] *Gesammelte Abhandlungen*, zit., S. 174.

[42] *Ibid.*

[43] *Ibid.*

[44] *Ibid.*

[45] *Ibid.*, S. 174-175. Was die mögliche Anwendung seiner Lehre des aktualen Unendlichen betrifft, präzisiert Cantor im § 5: "Die Hauptschwierigkeiten in den zwar äußerlich verschiedenartigen, innerlich aber durchaus verwandten Systemen der beiden zuletzt genannten Denker [*scil.*: Spinoza und Leibniz] lassen sich, wie ich glaube, auf dem von mir eingeschlagenen Wege der Lösung näher bringen und selbst manche von ihnen schon jetzt befriedigend lösen und aufklären. Es sind dies Schwierigkeiten, welche zu dem späteren Kritizismus mit Veranlassung gegeben haben, der bei all seinen Vorzügen einen ausreichenden Ersatz für die gehemmte Entwickelung der Lehren Spinozas und Leibnizens mir nicht zu gewähren scheint. Denn neben oder an Stelle der mechanischen Naturerklärung, die innerhalb ihrer Sphäre alle Hilfsmittel und Vorteile mathematischer Analyse zur Verfügung hat, von welcher aber die Einseitigkeit und Unzulänglichkeit so treffend durch Kant aufgedeckt worden ist, ist bisher eine mit derselben mathematischen Strenge ausgerüstete, über jene hinausgreifende *organische* Naturerklärung nicht einmal dem Anfange nach getreten; sie kann, wie ich glaube, nur durch Wiederaufnahme und Fortbildung der Arbeiten und Bestrebungen jener angebahnt werden." (*ibid.*, S. 177).

[46] *Ibid.*, S. 176. Cantor betont in einer Anmerkung (*ibid.*, S. 205, Anm. 3) die wesentliche Bedeutung sowohl der 'objektiven' Bestimmtheit („definita sunt") als auch der 'subjektiven' Bestimmbarkeit durch die (menschliche) Vernunft („ab intellectu determinari possunt") der „infinita" – mit der Ausnahme Gottes („excepto Deo") –, indem er schreibt: *„Dem Unbestimmten, Veränderlichen, Uneigentlich-unendlichen, in welcher Form sie auch erscheinen, kann ich kein Sein zuschreiben*, denn sie sind nichts als entweder Beziehungsbegriffe oder rein subjektive Vorstellungen resp. Anschauungen (imaginationes), in keinem Falle adäquate Ideen. Wenn also nur das Uneigentlich-unendlich in dem Satze 'infinitum actu non datur' gemeint wäre, so könnte ich ihn unterschreiben, er wäre aber alsdann ein rein tautologischer. Der Sinn dieses Satzes scheint mir aber an den bezeichneten Quellen vielmehr der zu sein, dass durch ihn die Unmöglichkeit des begrifflichen Setzens einer bestimmten Unendlichkeit ausgesprochen werden soll, und in dieser Bedeutung halte ich ihn für falsch." (Kursiv von mir).

[47] Ch. Tapp, *Kardinalität*, zit., S. 93.

[48] Thomas von Aquin, *Summa Theologica*, l. I, p. 1, q. 7, a. 4.

[49] *Brief* an A. Schmid vom 26. 3 1887, in: Tapp, *Kardinalität*, zit., S. 498-503, hier S. 499.

[50] *Ibid.* (Kursiv von Cantor). Vgl. Thomas Aquinas, *Summa Theologica*, Taurini ^{22}1939, Bd. I, S. 42.

[51] *Ibid.* (Kursiv von Cantor). Vgl. Thomas Aquinas, *Summa Theologica*, zit., S. 42.

[52] *Ibid.*

[53] *Ibid.*

[54] *Ibid.*

[55] *Ibid.*, S. 502 (Kursiv von Cantor). Vgl. Thomas Aquinas, *De Aeternitate Mundi contra Murmurantes* in: Id., *Opuscula Philosophica divi Thomae Aquinatis doctoris angelici*, hrsg. v. R.M. Spiazzi, Taurini 1954, S. 103-108.

[56] *Ibid.* Eine solche Interpretation der fraglichen Stelle befindet sich auch in einem Brief an P. Joseph Hontheim SJ vom 21. 12. 1893 (vgl. Tapp, *Kardinalität*, zit., S. 391-397), wo Cantor schreibt: „Unter den *mehreren* 'infinita actu' versteht (...) *S. Thomas* das, was ich transfinita nenne." (*ibid.*, S. 394, Kursiv von Cantor).

[57] R. Taschner, *Das Unendliche. Mathematiker ringen um einen Begriff*, Berlin-Heidelberg-New York [2]2006, S. 70-71.

[58] Vgl. A. Fraenkel, *Das Leben Georg Cantors*, in: G. Cantor, *Gesammelte Abhandlungen*, zit, S. 452-483, insbesondere S. 465-466.

[59] Vgl. R. Dedekind, *Gesammelte mathematische Werke*, 3 Bde., Braunschweig 1932, Bd. III, S. 447.

[60] Vgl. E. Zermelo, „Beweis, dass jede Menge wohlgeordnet werden kann", *Math. Ann.*, LIX (1904), S. 514-516. Dazu A. Jori, „Zermelo, Ernst Friedrich Ferdinand: *Démonstration du fait que tout ensemble peut être bien ordonné* [Beweis, dass jede Menge wohlgeordnet werden kann]", in: J.-F. Mattéi (Hrsg.), *Encyclopédie Philosophique Universelle*, Bd. III: *Les Oeuvres Philosophiques. Dictionnaire*, zit., T. II, S. 2949.

[61] Vgl. *Grundlagen einer allgemeinen Mannigfaltigkeitslehre*, jetzt in: G. Cantor, *Gesammelte Abhandlungen*, zit., S. 169.

[62] Vgl. R. Dedekind, *Was sind und was sollen die Zahlen*, Braunschweig [5]1918.

[63] Vgl. E. Zermelo, „Neuer Beweis für die Möglichkeit einer Wohlordnung", *Math. Ann.*, LXV (1908), S. 107-128. Dazu A. Jori, „Zermelo, Ernst Friedrich Ferdinand – *Neuer Beweis für die Möglichkeit einer Wohlordnung* [Nuova dimostrazione della possibilità di un buon ordinamento]", in: F. Volpi (Hrsg.), *Dizionario delle opere filosofiche*, Mailand 2000, S. 1143-1144.

[64] Vgl. K. Weierstrass, „Briefe an P. Du Bois-Reymond", *Acta Math.*, XXXIX (1923), S. 199-225, hier S. 206.

[65] Vgl N. Bourbaki, *Elemente der Mathematikgeschichte*, zit., insbesondere S. 258-259.

[66] Vgl. J. Hadamard, „Sur certaines applications possibles de la théorie des ensembles", *Verhandl. Intern. Math. Kongress*, Zürich 1898, S. 201-202.

[67] Vgl. C. Burali-Forti, „Sopra un teorema del Sig. G. Cantor", *Atti Accad. Torino*, XXXII (1896-97), S. 229-237. (Eine solche Bemerkung war schon von Cantor in einem nicht veröffentlichen Brief an Hilbert gemacht worden.)

[68] Vgl. *Brief* an Dedekind vom 28. 7. 1899, jetzt in: G. Cantor, *Gesammelte Abhandlungen*, S. 443-447.

[69] Vgl. B. Russell u. A.N. Whitehead, *Principia Mathematica*, 3 Bde., Cambridge 1910-1913 ([2]1925); Bd. I, S. 60: „Let *w* be the class of all those classes which are not members of themselves. Then, whatever class *x* may be, '*x* is a *w*' is equivalent to '*x* is not an *x*.' Hence, giving to *x* the value *w*, '*w* is a *w*' is equivalent to '*w* is not a *w*.' ".

[70] *Ibid.*: „The oldest contradiction of the kind in question is the *Epimenides*. Epimenides the Cretan said that all Cretans were liars, and all other statementes made by Cretans were certainly lies. Was this a lie? The simplest form of this contradiction is afforded by the man who says 'I am lying'; if he is lying, he is speaking the truth, and vice versa." Vgl. R. Martin (Hrsg.), *Recent Essays on Truth and the Liar Paradox*, Oxford 1984. Die Antonomie bzw. das Paradox des „Lügers" (Cic., *Academica* IV, 29, 96) wurde – wie andere Antinomien – von der Schule von Euklid von Megara (435-365 v. Chr.) erstmal formuliert. Für eine knappe Darstellung der verschiedenen Versuche, diese Antinomie zu lösen, darf ich auf A. Jori, „Euclid of Megara", in: H. Burkhardt u. B. Smith (Hrsg.), *Handbook of Metaphysics and Ontology*, München-Philadelphia-Wien 1991, Bd. 1, S. 255-256, hinweisen.

[71] Vgl. Russell u. Whitehead, *Principia Mathematica*, zit., Bd. I, S. 61 u. 63-64.

[72] L.E.J. Brouwer, „Intuitionism and formalism", *Bull. Amer. Math. Soc.*, XX (1913), S. 81-96, hier S. 83.

[73] Vgl. E. Zermelo, „Untersuchungen über die Grundlagen der Mengenlehre", *Math. Ann.*, LXV (1908), S. 261-281. Dazu A. Jori, „Zermelo, Ernst Friedrich Ferdinand: *Recherches sur les fondements de la théorie des ensembles, I* [Untersuchungen über die Grundlagen der Mengenlehre, I]", in: J.-F. Mattéi (Hrsg.), *Encyclopédie Philosophique Universelle*, Bd. III: *Les Oeuvres Philosophiques. Dictionnaire*, zit., T. II., S. 2949-2950.

[74] Vgl. T. Skolem, „Einige Bemerkungen zur axiomatischen Begründung der Mengenlehre", *Wiss. Vorträge, 5. Kongress Skand. Math.*, Helsingfors 1922, S. 217-232.

[75] Vgl. A. Fraenkel, „Zu den Grundlagen der Cantor-Zermeloschen Mengenlehre", *Math. Ann.*, LXXXVI (1922), S. 230-237.

[76] Vgl. J. von Neumann, „Eine Axiomatisierung der Mengenlehre", *Journal de Crelle*, CLIV (1925), S. 219-240, sowie Id., „Die Axiomatisierung der Mengenlehre", *Math. Zeitschr.*, XXVII (1928), S. 669-752. Dazu H. Meschkowski, *Denkweisen großer Mathematiker*, zit., S. 265 ff.

[77] Vgl. *Brief* an Dedekind vom 28. 7. 1899, jetzt in: G. Cantor, *Gesammelte Abhandlungen*, S. 443-447.

[78] Vgl. insbesondere K. Gödel, „The Consistency of the Axiom of Choice and of the Generalized Continuum Hypothesis" (*Ann. of Math. Studies*, Heft n° 3), Princeton 1940.

[79] Vgl. J. Richard, „Les principes des Mathématiques et le problème des ensembles", *Rev. Gén. des Sciences pures et appl.*, XVI (1905), S. 541-543.

[80] Vgl. H. Poincaré, *La valeur de la science*, Paris [1]1905.

[81] Russell u. Whitehead, *Principia Mathematica*, zit., Bd. I, S. 37-38, 61 ff.

[82] Das System der Klassifizierung der „Typen" in den *Principia Mathematica* ist äußerst komplex: für eine genaue Erklärung verweise ich auf die Einleitung des zweiten Bandes des Werkes.

[83] Vgl. „Neuer Beweis für die Möglichkeit einer Wohlordnung", zit.

[84] D. Hilbert, *Grundlagen der Geometrie*, Leipzig-Berlin [7]1930, S. 274.

[85] Vgl. H. Poincaré, *La science et l'hypothèse*, Paris [1]1902.

[86] *Ibid.*, S. 65.

[87] Vgl. H. Meschkowski, *Denkweisen großer Mathematiker*, zit., S. 221.

[88] Vgl. L.E.J. Brouwer, „Intuitionism and formalism", zit., und Id., „Zur Begründung der intuitionistischen Mathematik", *Math. Ann.*, XCIII (1925), S. 244-257; XCV (1926), S. 453-473; XCVI (1926), S. 451-458.

[89] Vgl. A. Heyting, *Mathematische Grundlagenforschung. Intuitionismus. Beweistheorie* (*Erg. der Math.*, Bd. 3), Berlin 1934.

[90] *Ibid.*, S. 11-13.

[91] *Ibid.*, S. 21.

[92] Vgl. R. Baire, E. Borel, J. Hadamard u. H. Lebesgue, „Cinq lettres sur la théorie des ensembles", *Bull. Soc. Math. de France*, XXXIII (1905), S. 261-273.

[93] *Ibid.*, S. 267.

[94] Vgl. G. Cantor, „Über eine Eigenschaft des Inbegriffes aller reellen algebraischen Zahlen", *Journal de Crelle*, LXXVII (1874), S. 258-262; jetzt in: Id., *Gesammelte Abhandlungen*, zit., S. 115-118.

[95] Vgl. *Cinq lettres*, zit., S. 263-264.

[96] Vgl. N. Bourbaki, *Elemente der Mathematikgeschichte*, zit., S. 52.

[97] Diesbezüglich behauptet Hausdorff: „Die Äquivalenz der Menge der ganzen Zahlen mit der doch viel umfassenderen der rationalen Zahlen gehört mit zu den Tatsachen der Mengenlehre, die bei erster Bekanntschaft den Eindruck des Erstaunlichen, ja Paradoxen hervorrufen: namentlich wenn man das geometrische Bild (die Zuordnung zwischen Zahlen und Punkten der geraden Linie) vor Augen hat und sich einerseits die in endlichen Abständen isoliert liegenden ‚ganzzahligen' Punkte, andererseits die über die ganze Linie wie ein Staub von mehr als mikroskopischer Feinheit verteilten ‚rationalen' Punkte vergegenwärtigt." (F. Hausdorff, *Grundzüge der Mengenlehre*, Leipzig 1914, Nachdr.: New York ³1978, S. 60-61 [dieses Werk, Georg Cantor gewidmet, bildet noch heute eine der besten systematischen Darstellungen der Mengenlehre]).

[98] Vgl. z. B. Zermelos Schätzungen in: G. Cantor, *Gesammelte Abhandlungen*, zit., S. 377.

[99] Vgl. dazu O. Deiser, *Einführung*, zit., S. 417-442, wie auch A. Oberschelp, *Allgemeine Mengenlehre*, zit., S. 260-267.

[100] Vgl. K. von Fritz, *Grundprobleme der Geschichte*, zit., S. 691. Er bemerkt: „In Wirklichkeit ist (…) nicht schwer zu sehen, dass, wenn Cantor etwa zeigt, dass, wenn man alle Brüche in der Reihenfolge 0/1; 1/1; 2/1; 1/2 ; 3/1; 1/3; 4/1; 3/2; 2/3; 1/4; 5/1; 1/5; 6/1; 5/2; 4/3 ;3/4; usw. anschreibt, alle überhaupt möglichen Brüche in der Reihe vorkommen müssen und jedem eindeutig eine einzelne Zahl der natürlichen Zahlenreihe zugeordnet werden kann, zwei *Folgen* miteinander verglichen werden, die ohne Grenze, d. h. potentiell unendlich fortgesetzt werden können, wobei immer dieselbe Eins-zu-Einsrelation erhalten bleibt, dass man damit aber *die Folge in ihrer Gesamtheit keineswegs vollständig in die Hand bekommt*." (*ibid.*, S. 691-692; letztes Kursiv von mir).

[101] Vgl. Cantors „Mitteilungen zur Lehre vom Transfiniten", *Zeitschrift für Philosophie und philosophische Kritik*, XCI (1887), S. 81-125, XCII (1888), S. 240-265; jetzt in: Id., *Gesammelte Abhandlungen*, zit., S. 378-439, hier S. 392-393, Anm.

[102] *Ibid.*, S. 392.

[103] *Ibid.* (Kursiv von Cantor).

[104] *Ibid.* (Kursiv von Cantor).

[105] *Ibid.*, S. 392-393 (Kursiv von Cantor).

[106] *Ibid.*, S. 393 (Kursiv von Cantor).

[107] „Mitteilungen zur Lehre vom Transfiniten.", zit., S. 419, Anm. (Kursiv von Cantor).

[108] Wobei übrigens zu bemerken ist, dass der Begriff selbst von ‚Mächtigkeit' eine Dimension von Möglichkeit bzw. Potentialität impliziert, wie sie deutlich aus Cantors Definition (die auf die Tätigkeit unseres Denkvermögens hinweist) auftaucht: „‚*Mächtigkeit' oder ‚Kardinalzahl' von M nennen wir den Allgemeinbegriff, welcher mit Hilfe unseres aktiven Denkvermögens dadurch aus der Menge M hervorgeht, dass von der Beschaffenheit ihrer verschiedenen Elemente m und von der Ordnung ihres Gegebenseins abstrahiert wird.*" („Beiträge zur Begründung der transfiniten Mengenlehre", jetzt in: G. Cantor, *Gesammelte Abhandlungen*, zit., S. 282; Kursiv vom Autor).

[109] *Ibid.*, S. 312 (Kursiv von Cantor). Siehe auch die Definition der wohlgeordneten Menge, die sich in den „Grundlagen einer allgemeinen Mannigfaltigkeitslehre" befindet: „Unter einer *wohlgeordneten* Menge ist jede wohldefinierte Menge zu verstehen, bei welcher die Elemente durch eine bestimmt vorgegebene Sukzession miteinander verbunden sind, welcher gemäß es ein *erstes* Element der Menge gibt und sowohl auf jedes einzelne Element (falls es nicht das letzte in der Sukzession ist) ein bestimmtes anderes folgt, wie auch zu jeder beliebigen endlichen oder unendlichen Menge von Elementen ein bestimmtes Element gehört, welches das ihnen allen *nächstfolgende* Element in der Sukzession ist (es sei denn, dass es ein ihnen allen in der Sukzession folgendes überhaupt nicht gibt)." (*Gesammelte Abhandlungen*, zit., S. 168). Vgl. A. Oberschelp, *Allgemeine Mengenlehre*, zit., S. 63 ff.

[110] „Die *kleinste* Mächtigkeit, welche überhaupt an *unendlichen*, d. h. aus unendlich vielen Elementen bestehenden Mengen auftreten kann, ist die Mächtigkeit der positiven ganzen rationalen Zahlenreihe; ich habe die Mannigfaltigkeiten dieser Klasse *ins unendliche abzählbare Mengen* oder kürzer und einfacher *abzählbare*

Mengen genannt; sie sind dadurch charakterisiert, dass sie sich (auf viele Weisen) in der Form einer einfach unendlichen, gesetzmäßigen Reihe

$$E_1, E_2, ..., E_n, ...$$

darstellen lassen, so dass jedes Element der Menge an einer bestimmten Stelle dieser Reihe steht und auch die Reihe keine anderen Glieder enthält als Elemente der gegebenen Menge." ("Über unendliche lineare Punktmannigfaltigkeiten", Nr. 3, in: G. Cantor, *Gesammelte Abhandlungen*, zit., S. 152; vgl. O. Deiser, *Einführung*, zit., S. 109 ff.).

[111] Wie z. B. diejenige der Menge der rationalen Zahlen in der Anordnung 0/1; 1/1; 2/1; 1/2 ...

[112] Dass dieser Ausdruck nicht vollkommen passend ist, folgt aus der Tatsache, dass die 'abgezählten' Mengen als unendliche Mengen nicht im strengsten Sinne des Wortes abgezählt sind, wenn auch jedes ihrer Elemente eindeutig einem einzigen Element der wohlgeordneten Menge der ganzen Zahlen zugeordnet werden kann.

[113] *Einführung*, zit., S. 507. Der erwähnte Beitrag von Woodin befindet sich in: W.H. Woodin, „The Continuum Hypothesis, Part I and II", *Notices of the American Mathematical Society* XLVIII (2001), S. 567-576 (Teil I), S. 681-690 (Teil 2). Zu der Kontinuumshypothese vgl. Deiser, *Einführung*, S. 149-159, wie auch Ebbinghaus, *Einführung*, zit., S. 151 ff. u. 187 ff. Besonders interessant ist auch die Erörterung des Problems (mit der Darstellung des gegenwärtigen 'status quaestionis') in M. Potter, *Set Theory*, zit., S. 268-275.

[114] Vgl. von Fritz, *Grundprobleme*, zit., S. 697.

[115] „Grundlagen einer allgemeinen Mannigfaltigkeitslehre", jetzt in: Cantor, *Gesammelte Abhandlungen*, zit., S. 174.

[116] O. Becker, *Grundlagen der Mathematik*, zit. S. 64-65. Auf den Seiten 65-69 dieses Werkes werden die wichtigsten Stellen der aristotelischen Untersuchung des Unendlichen aus *Physikvorlesung*, Buch Γ, Kapp. 4, 6 und 7, vorgeführt.

[117] O. Becker (Hrsg.), *Zur Geschichte der griechischen Mathematik*, Darmstadt 1965, Vorwort, S. XII.

[118] *Ibid.*, Anm. 2.

Kapitel 4

Die Raumvorstellung des Aristoteles
und der Raumbegriff in der Allgemeinen Relativitätstheorie

In diesem letzten Kapitel soll gezeigt werden, wie die aristotelische Vorstellung eines endlichen Weltalls – *mutatis mutandis* – eine nicht zu vernachlässigende Bedeutung für die gegenwärtige, von der Allgemeinen Relativitätstheorie grundsätzlich geprägte Vorstellung des Universums haben kann.

1. Endliche Räume

Im Kap. 1 haben wir gesehen, dass der Weltraum nach Aristoteles dreidimensional und begrenzt bzw. endlich (πεπερασμένον) ist und sein muss, weil einerseits kein unbegrenzt ausgedehnter Körper existieren kann, und weil es andererseits keinen leeren Raum gibt. Newtons Physik verwendet dagegen die Euklidische Geometrie als Grundlage für die Beschreibung von Bewegungen im Raum – hier wird das Universum durch ein dreidimensionales Achsenkreuz aufgespannt: Nach dieser Auffassung ist das Universum *unbegrenzt* und seiner Ausdehnung nach *unendlich*. Dabei muss man bemerken, dass die zwei Eigenschaften 'unbegrenzt' und 'unendlich' in der modernen Raumlehre sorgfältig zu unterscheiden sind. In der Mathematik hat nämlich die erste Eigenschaft eine topologische Natur und drückt aus, dass der Raum in keiner Richtung Grenzen besitzt; die zweite kann als metrische Eigenschaft aufgefasst werden – sie erklärt, dass es in jeder Richtung *beliebig große Entfernungen* geben kann.

Nun, dass der Raum keine Grenzen besitzt, stellt eine wesentliche Voraussetzung jedes auch ganz naiven Raumbegriffes dar. Man kann sich nicht vorstellen, beim Fortschreiten im Raum an eine unüberschreitbare 'Wand' zu stoßen. Anders gesagt: Jeder Raumpunkt muss prinzipiell um sich herum eine volle räumliche Umgebung besitzen. Selbstverständlich würde jedoch dem Punkte einer 'Wand' oder einer sonstigen Grenze des Raumes eine solche Umgebung fehlen.

Weiter könnte man auf der Basis dieser naiven Vorstellung meinen, dass in einem unbegrenzten Raum notwendig auch jede noch so große Entfernung realisiert sein muss. Tatsächlich ist aber durch die 'Unbegrenztheit' die Möglichkeit eines *endlichen* Raumes nicht ausgeschlossen; anhand mehrerer Beispiele soll diese Aussage verdeutlicht werden.

2. Unbegrenztheit und Endlichkeit geometrischer Räume

Endliche, aber unbegrenzte ein- oder zweidimensionale Räume kann man durchaus erfahrbar machen. Ein solcher eindimensionaler Raum wird z. B. durch eine in sich selbst geschlossene Kreislinie dargestellt; einen endlichen, grenzenlosen zweidimensionalen Raum bildet z. B. die Oberfläche der Erde. Die Erdoberfläche besitzt keine Grenzen oder 'Ufer'; trotzdem ist ihre Ausdehnung endlich: Wie man weiß, ist der Abstand zwischen zwei beliebigen Stellen *auf* der Erdoberfläche höchstens gleich der halben Länge des Äquators, also 20 000 km. Eine ähnliche Überlegung gilt für die Oberfläche eines Ringes oder Torus, dessen wesentliche topologische Eigenschaften bereits Aristoteles richtig erkannt hat.[1] Die – in Abb. 1 gezeigte – Oberfläche des Torus stellt einen zweidimensionalen Raum dar, der zwar keine Grenzen besitzt, der sich aber zugleich als endlich erweist, wenn man die Längen der auf der Fläche verlaufenden geschlossenen Wege mit dem Maßstab des umgebenden dreidimensionalen Euklidischen Raumes misst.

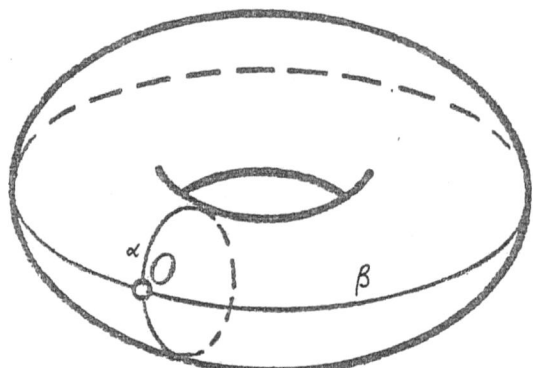

Abb. 1

In der soeben beschriebenen Art und Weise wird im Rahmen der Gaußschen Flächentheorie allgemein die Längenmessung definiert; dabei ist bemerkenswert, dass C. F. Gauß die innere Geometrie eines Objektes noch mit Hilfe der Geometrie des einbettenden Raumes herleitet. In der wenig später von B. Riemann entwickelten Riemannschen Geometrie konnte man auf den einbettenden Raum vollständig verzichten; dieser Sachverhalt gilt als ein sehr entscheidender Schritt für die Entwicklung des Raumbegriffs in der Allgemeinen Relativitätstheorie.

Verglichen mit dem Fall ein- oder zweidimensionaler Räume, ist es gewiss nicht so einfach eine Vorstellung dreidimensionaler unbegrenzter und zugleich endlicher Räume zu entwickeln. Es lassen sich Analogien aufstellen, in denen die Erfahrungen bezüglich der Oberfläche einer dreidimensionalen Kugel (zweidimensional, unbegrenzt und endlich) auf eine vierdimensionale Kugel übertragen werden – deren Oberfläche bildet dann einen gekrümmten dreidimensionalen Raum. Solche Übertragungen bleiben jedoch, auch wenn sie sich auf mathematischer Ebene exakt durchführen lassen, ziemlich abstrakt: Es fehlt uns einfach die direkte Anschauung der vierten Dimension.

Eine deutlichere Vorstellung von einem dreidimensionalen unbegrenzten und zugleich endlichen Raum kann man sich mittels einer Bearbeitung des oben erwähnten aristotelischen Beispiels der Ringfläche verschaffen. In einem Gedankenexperiment stellen wir uns vor,[2] dass Lebewesen auf der Ringfläche wohnen, denen das Vorstellungsvermögen der dritten Dimension fehlt. Bei einer 'Reise um die Welt' auf den geschlossenen Wegen α und β würden sie erfahren, dass sich ihr zweidimensionaler Raum schließt; mit anderen Worten: Ihre Welt ist unbegrenzt – man kann ja nie an einen Rand stoßen – und zugleich endlich. Die topologische Struktur einer solchen Ringfläche lässt sich wie folgt illustrieren: Wenn wir die Fläche längs des Meridians α aufschneiden und den Ring so biegen, dass sich die zwei Schnittränder α trennen, geht die Fläche in eine Zylinderfläche über (vgl. Abb. 2).

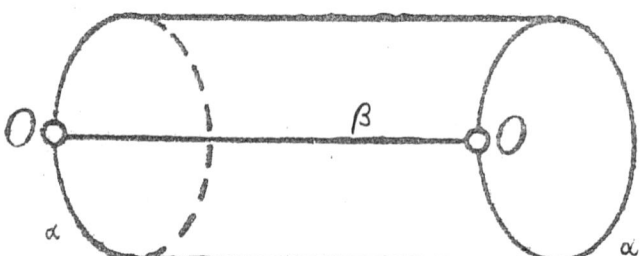

Abb. 2

Nun ist der Breitenkreis β eine erzeugende Linie der Mantelfläche des Zylinders, und wenn wir nochmals die Mantelfläche längs β aufschneiden, dann können wir sie in eine Ebene abwickeln. Sie wird dann zu einem Rechteck, das von den zwei Schnitträndern α bzw. β begrenzt wird (vgl. Abb. 3).

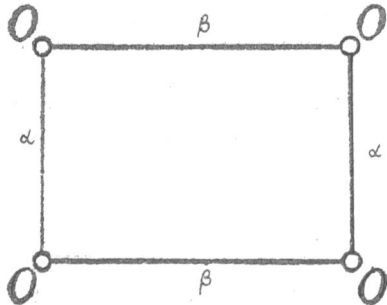

Abb. 3

Wenn man die zwei Ränder α und die zwei Ränder β wieder zusammenfügt, geht das Rechteck selbstverständlich wieder in die ursprüngliche Ringgestalt über. Das soeben beschriebene Verfahren soll jetzt auf drei Dimensionen übertragen werden. Als Ausgangspunkt betrachten wir einen dreidimensionalen Quader mit der Länge α, der Breite β und der Tiefe γ (vgl. Abb. 4).

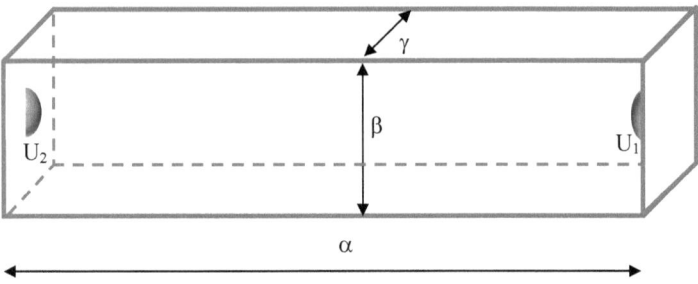

Abb. 4

Wir erhalten daraus einen geschlossenen, unbegrenzten und zugleich endlichen dreidimensionalen Raum, wenn wir gegenüberliegende Rand*flächen* miteinander identifizieren – gewissermaßen also 'zusammenkleben'. Beim dreidimensionalen Quader müssen insgesamt drei derartige Identifizierungen vorgenommen. Der verbleibende Wermutstropfen angesichts dieser Identifizierungsprozedur besteht jedoch darin, dass man sich die 'Biegungen' und 'Verzerrungen' des Quaders, die dazu führen, dass drei Randflächenpaare jeweils 'zusammengeklebt' werden können, nicht mehr vorstellen kann. Die Verbiegungen finden im vierdimensionalen Raum statt so wie die Verbiegung und Verzerrung der Rechteckfläche zu einer Ringfläche im einbettenden dreidimensionalen Raum geschieht[3].

Erstaunlicherweise kann man sich dagegen gut vorstellen, wie die Bewegungsmöglichkeiten in einem so konstruierten dreidimensionalen Torus*raum* aussehen: Dazu nehmen wir an, dass wir in dem dreidimensionalen Torusraum etwa in Richtung der ursprünglichen Kante α entlang gehen würden. Im ursprünglichen Quader wäre dann nach einer bestimmten Anzahl von Metern Schluss, weil man an die Randfläche stoßen würde. Die unvollständige räumliche Umgebung U_2 eines Punktes auf der Randfläche wird aber durch die Identifizierung mit dem zugehörigen Punkt auf der gegenüberliegenden Randfläche – dort befindet sich die Halbumgebung U_1 – zu einer *vollständigen* räumlichen Umgebung ergänzt; insgesamt erfährt der eingeschlagene Weg an dem vermeintlichen 'Ende' eine Fortsetzung durch den entsprechenden 'Anfang' des Quaders.

In eben dieser Richtung endlos fortschreitend würde man also immer wieder das gleiche Raumgebiet durchqueren ohne jemals an eine Grenze zu stoßen. Dabei käme nie das Gefühl auf, als ob man einen kreisrunden Korridor durchlaufen würde, denn – abgesehen von gewissen Verzerrungen – bietet die Richtung längs der Breite β bzw. der Tiefe γ eine ähnliche Situation: auch da stößt man – im Gegensatz zu einem Korridor – nie an eine Wand, sondern durchquert nach einer – durch die Länge von β bzw. von γ – festgelegten Anzahl von Metern immer wieder das gleiche Raumgebiet. Den Wiederholungen im Torusraum kann nur bedingt entgegengewirkt werden: Einzig, wenn man in Richtungen entlanggeht, die nicht längs zu den drei eben angedeuteten Raumrichtungen verlaufen, verlängert sich der ohne Wiederholung durchschrittene Weg in Analogie zu einem Flächenwesen, das auf der zweidimensionalen Torusfläche weder in Richtung eines Meridians noch in Richtung eines Breitenkreises läuft. Der hier konstruierte Torusraum ist gleichzeitig ein Beispiel eines *anisotropen* Raumes. Im isotropen Fall wären definitionsgemäß alle Richtungen gleichberechtigt.

3. Physikalische Raumzeit

Nun wird in der Allgemeinen Relativitätstheorie von einem unbegrenzten, aber trotzdem endlichen Raum gesprochen. Ein solcher Raum besitzt im Gegensatz zur Newtonschen Raumvorstellung relevante Ähnlichkeiten mit dem aristotelischen Raum. Um diese Ähnlichkeiten zu illustrieren, ist es zunächst notwendig, einige elementare Erklärungen über die Struktur des physikalischen Raumes gemäß der Speziellen Relativitätstheorie Einsteins zu geben. Dazu muss den drei Raumdimensionen die zeitliche Dimension als vierte Dimension hinzugefügt werden; auf diese Weise erhalten wir die vierdimensionale 'Ereigniswelt'.

Wieso braucht man die *Zeit* als vierte Koordinate? Die Antwort auf diese Frage fängt bereits an, wenn man ehrlicherweise feststellt, dass jede Veränderung im Raum tatsächlich auch Zeit benötigt. Zum physikalischen Raum gehört die Zeit – ansonsten lässt sich kein Ereignis sinnvoll dokumentieren. Unterschiede gibt es aber in der Art, wie man die Zeit in das System aufnimmt: Lassen sich Raum und Zeit immer auch getrennt betrachten oder bilden raumzeitliche Punktmengen tatsächlich etwas Ganzes wie bei einem Rechteck, bei dem man unmöglich die Dimension der Länge oder Breite weglassen kann? Man kann diese Frage an einem einfachen Beispiel, nämlich im Zusammenhang mit einer Bewegung im eindimensionalen Raum betrachten: Abb. 5 zeigt, dass sich Bewegungen in einer durch die Variable x gekennzeichneten Dimension auch ohne explizite Zeitkoordinate darstellen lassen; hier wird – der Einfachheit halber – vorausgesetzt, dass die Bewegung gleichförmig ist:

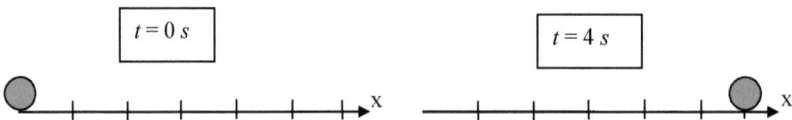

Abb. 5

Mit Hilfe einer weiteren Koordinatenachse (siehe Abb. 6) lässt sich dieselbe Bewegung auch darstellen. Zusätzlich wurde in das Diagramm auch noch eine Bewegung mit Lichtgeschwindigkeit $c = 300\,000\ \frac{km}{s}$ eingezeichnet (eine Längeneinheit auf der x-Achse entspricht also offensichtlich 100 000 km). Die Lichtgeschwindigkeit c ist nach der Speziellen Relativitätstheorie eine Grenzgeschwindigkeit, die von keinem bewegten Körper überschritten werden kann.

Abb. 6

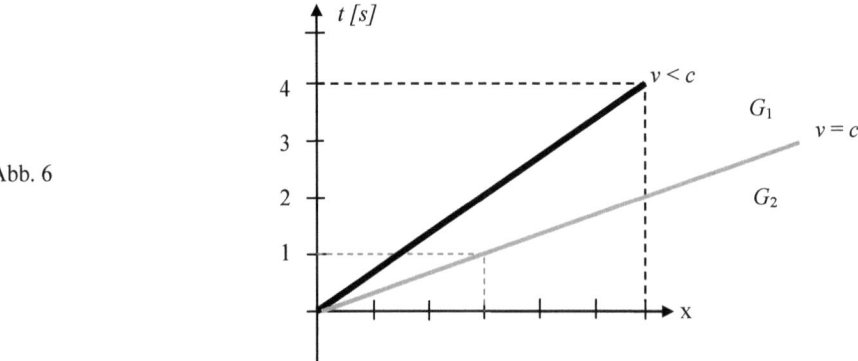

Aufgrund ihrer begrenzenden Eigenschaft, unterteilt die Ereignislinie c den ersten Quadranten des Koordinatensystems in zwei physikalisch genauestens zu unterscheidende Gebiete: Während die Ereignispunkte im Gebiet G_1 vom Ursprung aus wirklich erreichbar sind, gibt es keine Bewegungslinien, die vom Ursprung aus zu Ereignispunkten im Flächengebiet G_2 führen. Die dazugehörigen Bewegungen würden nämlich die Lichtgeschwindigkeit überschreiten.

Abb. 6 lässt sich noch auf den 2. Quadranten erweitern, weil sich das Licht selbstverständlich auch in entgegengesetzter Richtung zu x ausbreiten kann; außerdem kann das Licht aus der Vergangenheit auf den Ursprung zulaufen, womit sich die Situation auch auf den der 3. und 4. Quadranten verallgemeinern lässt. Daraus wird – unter Hinzunahme einer zweiten Raumdimension y (für eine weitere Raumdimension ist kein Platz mehr vorhanden) – ein rotationssymmetrischer (Doppel-)Kegel gebildet. Das Kegelinnere umfasst diejenigen Ereignisse, die vom Ursprung aus erreicht und damit beeinflusst werden können (Zukunftskegel) bzw. die aus der Vergangenheit den Ursprung erreicht haben können (Vergangenheitskegel) (vgl. Abb. 7).

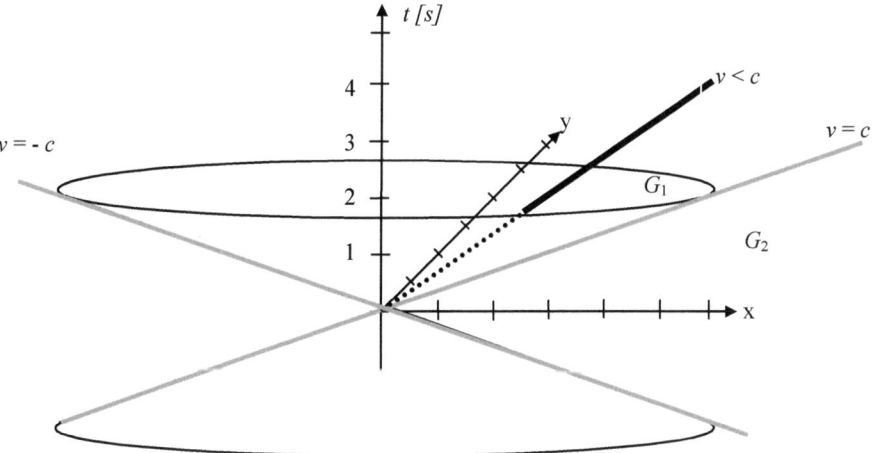

Abb. 7

Ein erstes Indiz, das für die Betrachtung von Raum und Zeit als ein zusammengehöriges Ganzes spricht, ergibt sich hier schon aus der Unterteilung in zwei zusammenhängende Raum-Zeit-Gebiete, nämlich solche mit kausaler Verbindung zu einem Ereignispunkt und solche ohne eine kausale Verbindung.

Doch um tatsächlich einsehen zu können, wie „Raum für sich und Zeit für sich völlig zu Schatten herabsinken", so dass „nur noch eine Art Union der beiden soll Selbständigkeit bewahren"[4], ist es hilfreich, eine Folgerung aus der Speziellen Relativitätstheorie näher zu betrachten: Ein Stab, der für einen mit ihm ruhenden Beobachter die Länge *d* hat, besitzt für einen Beobachter, der sich mit gleichbleibender Geschwindigkeit in Längsrichtung an dem Stab vorbei bewegt, eine Länge, die kleiner ist als *d*. In der Relativitätstheorie spricht man diesbezüglich von „Längenkontraktion". Max Born hat in den frühen zwanziger Jahren des letzten Jahrhunderts allgemeinverständliche Vorträge zur Relativitätstheorie gehalten, aus denen schließlich ein Buch entstanden ist.[5] Borns Buch liefert eine sehr lebendige Beschreibung des Frageverhaltens der Zuhörerschaft aus einer Zeit, als die Relativitätstheorie noch recht jung war. Die ersten Fragen im Publikum zielten darauf ab, ob die Kontraktion der Stablänge 'wirklich' oder nur 'scheinbar' sei. Die Theorie Einsteins antwortet darauf in einer von ihren unmittelbaren Vorgängern Lorentz und Poincaré noch nicht erreichten Klarheit,[6] dass die Kontraktion *wirklich* sei; es handele sich nämlich um ein und denselben Stab, außerdem würde jeder andere räumliche Körper in der gleichen Weise verkürzt sein. Die weiteren Fragen aus der Zuhörerschaft zielten auf die Gültigkeit des Kausalitätsprinzip: Wenn die Kontraktion 'wirklich' sei, so müsste es – so wie man es sich bei einer Deformation vorstellt – eine Ursache für diese Kontraktion geben; wieso aber gibt die Einsteinsche Theorie keine Ursache für die Längenkontraktion an? Borns Antwort zeigt die philosophische Tiefgründigkeit, die in der Relativitätstheorie zum Ausdruck kommt:

> Ein materieller Stab ist physikalisch nicht ein räumliches Ding, sondern durchaus ein raum-zeitliches Gebilde; jeder Punkt des Stabes ist jetzt, und jetzt, und jetzt immer noch, zu jeder Zeit. Das adäquate Bild des (räumlich eindimensional) gedachten Stabes ist also nicht eine Strecke auf der *x*-Achse sondern ein Streifen [*scil.*: der *x*, *t*-Ebene]. Die „Kontraktion" betrifft gar nicht den Streifen, sondern die von einer *x*-Achse ausgeschnittene Strecke, aber nur der Streifen als Mannigfaltigkeit von Weltpunkten hat physikalische Realität, nicht der Querschnitt. Die Kontraktion ist also nur eine Folge der Betrachtungsweise, keine Veränderung der physikalischen Realität. Also fällt sie nicht unter die Begriffe von Ursache und Wirkung.[7]

Born gibt uns hier eine sehr hilfreiche Vorstellung mit auf den Weg: Längenintervalle sind (ebenso wie Zeitintervalle) nur *Teil*aspekte eines raumzeitlichen Gebildes. Bei der Längenmessung kommt es auf die *Lage* des raumzeitlichen Koordinatensystems an, von dem man ausgeht. Ein Wechsel des Koordinatensystems – beispielsweise beim Übergang von einem ruhenden zu einem bewegten Beobachter – bedeutet, dass dasselbe Raumzeitgebilde (z. B. der Stab) von *veränderten Koordinatenachsen* durchzogen wird; der von der *x*-Achse gebildete Querschnitt des Raum-Zeit-Streifens kann also variieren. Eine physikalisch angemessene Interpretation der Längenkontraktion erhält man also nur, wenn man sich davon verabschiedet, die räumliche Ausdehnung eines Körpers als etwas Unveränderliches zu betrachten. Erst unter Hinzunahme der Zeit als weitere Koordinate, kann man eine invariante 'Abstandsmessung' definieren, die auch beim Übergang zu einen gleichförmig bewegten Beobachter unveränderlich bleibt. Ebenso wie ein Rechteck ohne Länge kein Rechteck mehr ist, lässt sich die Zeit von nun an nicht mehr vom physikalischen Raum abtrennen. An späterer Stelle werden wir die raumzeitliche Abstandsmessung, die zu dieser Erkenntnis geführt hat, noch genauer analysieren.

Zum Abschluss dieser Ausführungen zur 'Raumzeit' soll in einem Gedankenexperiment gezeigt werden, wie man eine geschlossene 'Ereigniswelt' schaffen kann: Ohne einen Anspruch auf eine wissenschaftlich genaue Darstellung zu erheben, werden wir jetzt versuchen, eine erste Vorstellung von einem solchen Raum-Zeit-Kontinuum zu geben, indem man von einem Universum mit nur einer räumlichen Dimension ausgeht.

Es sei durch L ein eindimensionaler geschlossener Raum gegeben, der mit dem Äquator der Erde verglichen werden kann. In Abb. 8 stellt die waagrechte Achse diesen Äquator dar, welcher nach beiden Richtungen wiederholt umlaufen werden kann. Zwei nacheinander folgende Punkte P bilden ein und dieselbe Stelle des Äquators, und die ganze Linie L wird erhalten, wenn die Punkte P als identisch betrachtet werden.

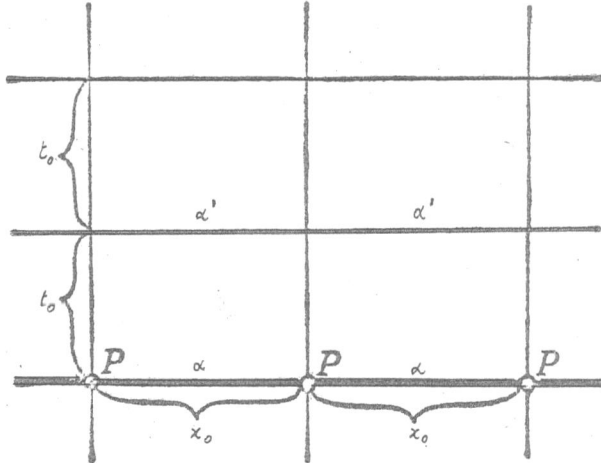

Abb. 8

Um der räumlich geschlossenen bzw. endlichen 'Welt' L die zeitliche Dimension hinzuzufügen, kann man neben der Raumachse noch eine Zeitachse einführen. In der auf diese Weise konstruierten zweidimensionalen Raum-Zeit-Welt, die wir M nennen, lassen sich räumliche *und* zeitliche Koordinaten der Ereignisse E bestimmen. Die Weltlinie der Ereignisse gleichen Ortes ist dann eine zur Zeitachse parallele Gerade. Wenn man nun annimmt, dass sich *alle*

Ereignisse in der hier beschriebenen Raumzeit periodisch wiederholen sollen, dann ist M nicht nur räumlich, sondern auch zeitlich geschlossen.

Geometrisch lässt sich die Situation folgendermaßen veranschaulichen: Wir ziehen zuerst die Konsequenz aus der räumlichen Periodizität; nach Durchschreiten einer Strecke der Länge x_0 treffen wir wieder die gleiche räumliche Situation. Die Weltlinien am Anfangspunkt und am Endpunkt dieser Strecke können somit als identisch betrachtet werden. Abb. 9 zeigt, wie durch die Identifizierung derjenigen Weltlinien, deren Abstand gleich der räumlichen Periode x_0 ist, ein räumlich geschlossener Zylinder entsteht:

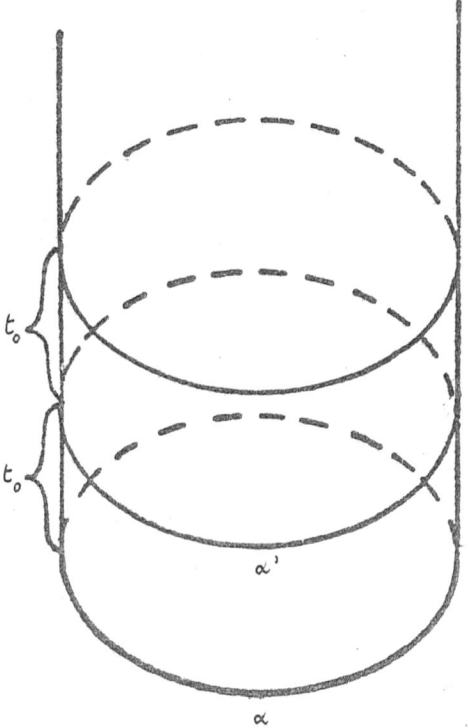

Abb. 9

Die Welt M wird dabei von einer Zylinderoberfläche gebildet, deren horizontale Schnitte die unterschiedenen Stellen des Äquators zu derselben Zeit darstellen, wogegen die vertikalen erzeugenden Linien die Weltlinien fester Orte des Äquators sind. Die Vorrausetzung, dass M auch zeitlich periodisch ist, wirkt sich noch weiter auf die Geometrie dieses Weltzylinders aus; wir bezeichnen die zugrundeliegende Zeitperiode mit t_0. Die hypothetischen Lebewesen der Welt M würden bei fortschreitender Zeit solche Ereignisse als identisch betrachten, die sich nur durch ein Vielfaches der Zeitperiode t_0 unterscheiden. Zur Beschreibung dieser Welt genügt es, denjenigen Teil des Weltzylinders zu betrachten, der zwischen zwei zeitlichen Schnitten α, α' liegt, dessen Dauer also t_0 beträgt. Dieser Zylinder schließt sich zu einer endlichen aber unbegrenzten 'Ereignisfläche', wenn die zwei Grenzkreise α und α' der Fläche identifiziert werden. Auf diese Weise erhält man eine geschlossene Ereigniswelt M, deren geometrische Struktur sich als gleich erweist mit der des oben (vgl. Abb. 1) geschilderten geschlossenen Raums: sie besitzt nämlich die Gestalt einer Ring- oder Torusfläche (vgl. Abb.10).

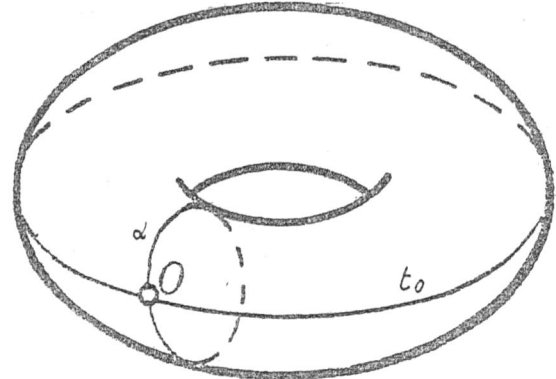

Abb. 10

Es gibt nur einen wesentlichen Unterschied zwischen der 'Weltfläche' M und dem in Abb. 1 dargestellten zweidimensionalen, geschlossenen Raum: dieser letzte Raum hat zwei räumliche Dimensionen, während die Ereignisfläche M eine räumliche und eine zeitliche Dimension besitzt. Da man sich jetzt nur noch in einer Dimension bewegen kann, und weil außerdem nach einem zeitlichen Umlauf alle Ortsveränderungen wieder von vorne beginnen müssen, würde diese Ereigniswelt wohl zu Recht – in freier Anlehnung an G. W. Leibniz – die Bezeichnung „Einfachste aller möglichen Welten" verdienen.

4. Das unbegrenzte aber endliche Universum der Allgemeinen Relativitätstheorie

Wie berechnet man raumzeitliche Abstände? Der Mathematiker Herrmann hat die Geometrie eines vierdimensionalen Raumes untersucht, der mit einem zur Speziellen Relativitätstheorie passenden Abstandsbegriff ausgestattet ist. Das Wesentliche der sogenannten Minkowski-Metrik lässt sich auch mit zwei Dimensionen (einer räumlichen und einer zeitlichen) darstellen. Während für den Abstand in der Euklidischen Ebene die Beziehung gilt, dass das Abstandsquadrat für zwei Punkte P_1, P_2 gleich der quadratischen Summe der entsprechenden Projektionen auf die *x*- bzw. *y*-Achse sein muss – es handelt sich um den Lehrsatz des Pythagoras –, ist das Abstandsquadrat von zwei 'Weltpunkten' E_1, E_2 in der Minkowski-Geometrie durch die Differenz der Quadrate der Projektionen auf die Raumachse und auf die Zeitachse definiert. Das Quadrat der entsprechenden Länge im Minkowski-Raum ist festgelegt durch:

$$(\Delta s)^2 = (\Delta x)^2 - (c\Delta t)^2, \qquad (1)$$

wobei die Lichtgeschwindigkeit wieder mit *c* bezeichnet wird. In dem vorliegenden Term kann man zwei Fälle unterscheiden:

a) für $|\Delta x| > |c\Delta t|$ ist das resultierende Abstandsquadrat positiv, dies führt zu Entfernungen, die 'raumartig' genannt werden;

b) für $|\Delta x| < |c\Delta t|$ ist das resultierende Abstandsquadrat negativ, diesmal nennt man die Entfernung 'zeitartig'.[8]

Die Unterscheidung zwischen zeitartigen und raumartigen Entfernungen entspricht der im Abschnitt 3 vorgenommenen Unterscheidung zwischen Weltpunkten mit oder ohne kausale Verbindung zu einem festen Weltpunkt. Die Anwesenheit von verschiedenen Vorzeichen in (1) bedeutet, dass diese Minkowski-Metrik *indefinit* ist, während die entsprechende Euklidische Formel $(\Delta x)^2 + (\Delta y)^2$ *definit* ist. Die Hinzufügung weiterer Dimensionen wirkt sich im Euklidischen Raum und im Minkowski-Raum in der gleicher Weise aus: Quadrate der Koordinatendifferenzen z.B. Δz^2 bzw. Δy^2 werden durch Addition angefügt.

Wenn man die *Unveränderlichkeit* der raumzeitlichen Minkowski-Metrik in Bezug auf verschiedene gleichförmig bewegte Beobachter konsequent anwendet, dann erhält man die der Alltagserfahrung so fremd anmutenden Eigenschaften der Speziellen Relativitätstheorie, zu denen beispielsweise die Längenkontraktion aber auch die Zeitdilatation – eine Dehnung von Zeitintervallen – gehören.

Wenn wir das Thema 'Abstandsmessung' nun ein zweites Mal in der Allgemeinen Relativitätstheorie (1916 formuliert) behandeln werden, dann wird sich zeigen, dass überkommene Denkgewohnheiten noch ein weiteres Mal auf den Kopf gestellt werden können – diesmal in einer Gründlichkeit, die in der Wissenschaftsgeschichte ihresgleichen sucht: Weil im Universum kein größeres zusammenhängendes Gebiet ohne Materie existiert, wird es praktisch nirgendwo möglich sein, die Minkowski-Metrik exakt anzuwenden – immer wird die vorausgesetzte gleichförmige Bewegung des Beobachters durch Beschleunigungen im Gravitationsfeld der Materieumgebung gestört. Nach dem Trägheitsgesetz der Dynamik ist eine Weltlinie *gerade*, d. h. die Bewegung ist gleichförmig, falls der betreffende Körper keiner äußeren Kraft ausgesetzt ist; sie krümmt sich hingegen, wenn die Bewegung des Körpers unter dem Einfluss einer äußeren Kraft stattfindet, welche den Körper beschleunigt. Nachdem Einstein die Schwierigkeit erkannt hat, Bezugssysteme zu finden, in denen keine Beschleunigungen stattfinden, vertauschte er kurzerhand die traditionelle Vorstellung von 'gerade' und 'gekrümmt'.

Ohne dass man sich näher überlegen müsste, was 'gerade' bedeutet, gibt das traditionelle, auf Euklidischer Geometrie beruhende Koordinatensystem gerade Achsen einfach vor: alle mathematischen Objekte, die algebraisch durch Linearkombination der Koordinaten gewonnen werden können, verstehen sich dann ebenfalls als gerade Gebilde; Krümmungen erkennt man in der Abweichung zu geraden Objekten. Auch im Minkowski-Raum, der auf dem dreidimensionalen Euklidischen Raum aufbaut, hat sich an dieser Konzeption nichts geändert. Einstein aber erklärte die im Minkowski-Raum gekrümmt erscheinenden Bewegungen unter dem Einfluss eines Gravitationsfeldes als 'geradestmögliche' Linien in dem Sinne, dass sie die *kürzeste aller möglichen Verbindungen zwischen je zwei Weltpunkten* bilden. Anders gesprochen: wenn ein Körper in einem Gravitationsfeld frei fällt, sagen wir von einem Weltpunkt E_1 zu einem Weltpunkt E_2, dann handelt es sich nach Einstein bei dieser offensichtlich gekrümmten Weltlinie um die kürzeste Verbindung zwischen den zwei Weltpunkten. Jeder frei fallende Körper bewegt sich nach Einstein also auf einer *Geodäten*. Der Begriff 'Geodäte' lässt sich anhand der Geometrie auf einer Kugeloberfläche verdeutlichen: Dort verläuft die kürzeste Verbindung zwischen zwei Punkten auf sogenannten Großkreisen, das sind Kreise, deren Mittelpunkt, mit dem Kugelmittelpunkt übereinstimmt. Die Großkreise bilden also die Geodäten auf einer Kugel. Möchte man beispielsweise von Europa aus zu einem auf dem gleichen Breitengrad befindlichen Ort in Amerika fliegen, dann ist der Weg über einen Großkreis, der notgedrungen zu Abweichungen in nördlicher Richtung führt, tatsächlich kürzer als der – vermeintlich direkte – westöstliche Weg über den betreffenden Breitengrad. Doch kommen wir nun zurück zur Raumzeit in der allgemeinen Relativitätstheorie: Wenn die Bewegungen im Gravitationsfeld als Geodäten der zu Grunde liegenden Raum-Zeit-Geometrie aufgefasst werden, dann hat sich der neu zu definierende Abstandsbegriff in der Allgemeinen Relativitätstheorie diesem Prinzip zu fügen – auch dann, wenn die unmittelbare Folge davon ein gekrümmter Raum ist.

Dieses Vorgehen darf aber insgesamt nicht als eine Ad-hoc-Unternehmung Einsteins missverstanden werden, mit dem er das Nichtvorhandensein gleichförmiger Bewegungen sozusagen wieder 'gerade rücken' möchte. Ganz im Gegenteil laufen in diesem Konzept mehrere subtile physikalische Tatsachen und Überlegungen zusammen. Die wichtigste Überlegung findet als sogenanntes „Äquivalenzprinzip" in der Theorie ihren Platz: Trägheit und Schwere von Materie sind demnach nur unterschiedliche Interpretationen ein und derselben physikalischen Realität. In der klassischen Newtonschen Theorie stellen diese zwei – nach Wesen und Ursprung – wohlunterschiedenen Eigenschaften der Materie, nämlich 'träge' zu sein gegenüber Beschleunigungen und 'schwer' im Hinblick auf Massenanziehung – ein Kuriosum dar. Quantitativ lässt sich nämlich praktisch kein Unterschied zwischen der trägen Masse und der schweren Masse feststellen, was letztlich dazu führte, dass man die beiden zugehörigen Messgrößen mit dem gleichen Buchstabensymbol – nämlich m – identifizierte. Die beiden physikalischen Größen lassen sich nach Einstein deshalb so problemlos identifizieren, weil es vom Standpunkt der Allgemeinen Relativitätstheorie *überhaupt keinen Unterschied* zwischen ihnen gibt. Ob ich an einem Punkt P im Weltall beschleunige und dabei eine von meiner Trägheit verursachte Kraft verspüre oder ob ich im selben Punkt P ruhe und dabei einem über das ganze Universum ausgebreiteten homogenen Gravitationsfeld ausgesetzt bin, dessen Kraft ich spüre und das gleichzeitig dafür sorgt, dass sich das ganze Weltall auf mich zu beschleunigt – sind zwei äquivalente Interpretationen derselben Realität –, gibt es *prinzipiell* keine Möglichkeit einen physikalischen Unterschied nachzuweisen.

Wenn das Vorhandensein von Masse im Weltall die Ursache für die Raumkrümmung ist, dann gibt das Äquivalenzprinzip einen Weg vor, wie man die durch Massenanziehung hervorgerufene *Raumkrümmung* anhand der *Änderungen des Beschleunigungszustandes* sukzessive ermitteln kann. Wie bereits erwähnt wurde, bietet die Riemannsche Geometrie tatsächlich die Möglichkeit, allein aus inneren Eigenschaften, nämlich den lokalen Änderungen zwischen Raumpunkten, die Raumkrümmung zu konstruieren; im Allgemeinen kommen dabei auch gekrümmte geodätische Linien vor.[9] Die Riemannsche Geometrie eignet sich somit zur Konstruktion eines gekrümmten physikalischen Raumes, in dem sich dann jeder Körper unter Einfluss einer Gravitationskraft auf einer geodätischen Weltlinie bewegt.

Jetzt kommt die Abstandsmessung wieder ins Spiel: der Euklidische Abstand Δs zwischen zwei Punkten A (x_0, y_0) und B (x_1, y_1) wird aus den Koordinatendifferenzen Δx bzw. Δy ermittelt:

$$\Delta s = \sqrt{(\Delta x)^2 + (\Delta y)^2} \, , \qquad (2)$$

Dieser Ausdruck wird in der Riemannschen Geometrie durch die Quadratwurzel aus der Gauß-Riemannschen Fundamentalformel ersetzt:

$$(\Delta s)^2 = a\,(\Delta x)^2 + 2c\Delta x\Delta y + b\,(\Delta y)^2 \qquad (2)'$$

Dabei sind die Koeffizienten a, b, c im Allgemeinen von der Lage des Anfangspunkts A (x_0, y_0) abhängig; die Abstandsberechnung wird erst einmal nur in einer hinreichend kleinen Umgebung von A durchgeführt – Änderungen der Koeffizienten gelten unter dieser Voraussetzung als vernachlässigbar –, der Endpunkt der lokalen Berechnung gilt dann als Anfangspunkt für das folgende Teilstück mit *veränderten* Koeffizienten a, b, c. Wenn man alle Teilstücke aufsummiert, dann erhält man – von der Idee her – die gewünschte Gesamtlänge einer Geodäten zwischen zwei beliebigen Punkten auf einer zweidimensionalen Fläche.

Die Änderung der Werte a, b, c von Ort zu Ort macht die rechnerische Beschreibung eines lokal Euklidischen aber global gekrümmten Raumes möglich. Einstein verfolgte einen analogen Weg, um von der Speziellen zur Allgemeinen Relativitätstheorie zu gelangen. Er ersetzte die indefinite Metrik des vierdimensionalen Minkowski-Raumes durch die Metrik einer Riemannschen Geometrie.[10] Diese Metrik ist durch insgesamt zehn Koeffizienten festgelegt. Die Zahlenwerte stehen in direkter Beziehung zur Gravitationswirkung. Von der Änderung dieser zehn Koeffizienten in Abhängigkeit des Ortes kann auf die Krümmung des Raumes aufgrund der Massen-Einwirkung geschlossen werden.

Die Allgemeine Relativitätstheorie, nach der sich die moderne Physik als eine Geometrie der vierdimensionalen Ereigniswelt erklären lässt,[11] wurde vor allem seit den sechziger Jahren des vorigen Jahrhunderts ausreichend experimentell bestätigt,[12] so dass sie heute allgemein anerkannt ist. Bemerkenswert ist auch, dass sie sich bisher in der von Einstein formulierten Form gegen alle später vorgeschlagenen Alternativen durchsetzen konnte.[13] Vor allem die kosmologischen Konsequenzen, die deutlich von dem Weltbild der klassischen Physik Newtons abweichen, lassen einen Vergleich mit der Vorstellung Aristoteles' wichtig erscheinen. Die moderne Kosmologie stützt sich im Wesentlichen auf die beobachtbare Massenverteilung im Universum. Die Verteilung der Galaxien und Galaxienhaufen lässt den Schluss zu, dass die Massenverteilung weitgehend homogen und isotrop ist – im Großen und Ganzen weist also kein Ort und keine Richtung eine bevorzugte Massenanhäufung auf. Unter der Vorrausetzung der Homogenität und der Isotropie, die man häufig als „kosmologisches Prinzip" zusammenfasst, liefert die rechnerische Anwendung der Relativitätstheorie vereinfachte Modelle im Hinblick auf den Zustand und die Entwicklung des ganzen Kosmos. Obwohl das Universum ein raumzeitliches Gebilde darstellt, erlauben es diese Modelle, die zeitliche Dimension getrennt von den drei räumlichen Dimensionen zu betrachten. Auf diese Weise lässt sich ein Durchschnittsmaß für die *räumliche* Krümmung des Universums berechnen; im Wesentlichen stellt die Theorie dafür drei Möglichkeiten zur Verfügung: Die positive Krümmung ($k = 1$) entspricht einem sphärisch gekrümmten Universum, daneben gibt es die Möglichkeit eines hyperbolischen Universums ($k = -1$) mit negativer Krümmung und schließlich den Grenzfall eines flachen Universums ($k = 0$).[14]

Neben der durchschnittlichen Krümmung gibt es auch ein Maß für die Ausdehnung des Universums: Der kosmische Skalenfaktor $R(t)$ gibt an, wie sich die Raumabstände mit der Zeit entwickeln; im Falle positiver Krümmung ist $R(t)$ gleichzeitig der Radius des – in diesem Fall – endlichen unbegrenzten Weltalls[15]. Die Untersuchung des Skalenfaktors $R(t)$ gibt uns Aufschluss über die Rolle der 'Zeit' in kosmologischer Hinsicht: Sie beschreibt die räumliche Entwicklung des Universums; dabei muss – übereinstimmend mit den Beobachtungsdaten auseinanderstrebender Galaxien – von einem derzeit expandierenden Universum ausgegangen werden, welches im Falle $k = 1$ in ferner Zukunft wieder kontrahieren würde.

Torsten Fließbach fasst wirkungsvoll zusammen:

> Die Möglichkeit eines zwar unbegrenzten, jedoch endlich ausgedehnten Weltalls war eine wichtige Erkenntnis der [Allgemeinen Relativitätstheorie]. Die Metrik dieses möglichen Kosmos mit $k = 1$ und $R(t)$ steht (...) in enger Analogie zu derjenigen der Oberfläche einer Kugel mit dem Radius $R(t)$. Dem expandierenden Kosmos entspricht dann ein (kugelförmiger) Luftballon, der aufgeblasen wird. Typische Galaxien (...) entsprechen daher Punkten, die auf den Luftballon aufgemalt sind. Das Aufblasen des Luftballons führt zu Relativgeschwindigkeiten zwischen den Punkten (Galaxien), die proportional zu $\dot{R}$ sind. Von einem Punkt aus gesehen, entfernen sich die anderen Punkte in radialer Richtung; die Fluchtgeschwindigkeit nimmt mit dem Abstand zu.[16]

5. Ähnlichkeiten zwischen der aristotelischen und der Einsteinschen Raumvorstellung

Obwohl der Kosmos des Aristoteles sich nicht in Expansion befindet, sondern hinsichtlich seiner Ausdehnung statisch und sozusagen 'kristallisiert' ist, zeigt dieser endliche, jeglicher Leere entbehrende und qualitativ differenzierte Raum einige wichtige Ähnlichkeiten mit dem Raumbegriff der gegenwärtigen Physik. Wir haben schon gesehen, dass der Raum bei Aristoteles alles andere als eine reine Abstraktion darstellt: anders als bei der Newtonschen Vorstellung des Raumes als einer Art leeren Kastens, in dem sich die physikalischen Teilchen bewegen – ist der Raum des Aristoteles im Wesentlichen das mit Materie gefüllte Volumen.

Wie im Kap. 1 dargelegt wurde, entwickelt Aristoteles seinen Begriff 'Ort' aus einer Zusammenstellung von Geometrie und Materie. Nun erinnert seine Auffassung der geometrischen Beschaffenheit des Kosmos an die Raumauffassung der Allgemeinen Relativitätstheorie. Auch diese stellt den Raum gewissermaßen als eine wechselseitige Beziehung zwischen dem Körper und seiner Umgebung dar: Genauer gesagt, bestimmt der Körper nach der Allgemeinen Relativitätstheorie die geometrische Struktur seiner Umgebung. Infolgedessen kann diese Struktur nicht in sich selbst, d. h. losgelöst von dem Körper betrachtet werden und jedes physikalische Teilchen muss als Singularität, in dem umgebenden 'metrischen Feld' gedacht werden.

Dieses Feld – weit davon entfernt, ein leerer Raum zu sein – wird mit all seinen Eigenschaften von der Materie geformt, während die Materie ihrerseits eine Art Konkretisierung des Feldes bildet. Wie bei Aristoteles, wird auch in der relativistischen Physik die Existenz des Vakuums, aufgrund einer solchen Raumvorstellung abgelehnt: Auf der makroskopischen Ebene ist der interstellare Raum überhaupt nicht leer, sondern mit elektromagnetischer Strahlung aller Wellenlängen erfüllt und wird von Gravitationswellen durchquert; auf der mikroskopischen Ebene sind nicht nur die Atome sondern auch ihre Elementarteichen mit Kraftfeldern umgeben.[17]

Auch bei Aristoteles ist der Raum kein neutrales Behältnis, kein rein geometrisches Netz. Im IV. Buch seiner *Physikvorlesung* entwickelt Aristoteles auf deduktive Weise eine Lehre der Eigenschaften des 'Ortes' und vergleicht den Ort mit etwas, das wir heute eben ein „Kraftfeld" nennen würden. So schreibt er:

> Ein zweites Argument: Die Ortsbewegungen der natürlichen Grundkörper, wie des Feuers, der Erde usw., beweisen nicht nur, dass der Ort eine Realität besitzt, sondern auch, dass er eine wohlbestimmte Funktion ausübt. Denn jeder Grundkörper bewegt sich, sofern er nicht daran gehindert wird, an seinen angestammten Ort hin, der eine nach oben, der andere nach unten. Das aber sind die Teile und Arten des Ortes: das Oben und das Unten und die restlichen der sechs Erstreckungsrichtungen.[18]

Der Raum besitzt also eine eigene 'Kraft', die die natürlichen Bewegungen der sich in ihm befindlichen Körper verursacht: Ihm ist eine dynamische Feldstruktur eigen, die ihrerseits erst verstanden werden kann, wenn man nicht nur die geometrische Struktur von Teilräumen, sondern die geometrische Struktur des Raumes als eines Ganzen betrachtet.

Wir wissen schon, dass der Raum nach Aristoteles jeweils durch die innere Grenze eines Umfassenden Teilraumes strukturiert wird. Die Reihe von 'Orten', jeder in einem anderen Ort eingefügt – vergleichbar einer russischen Matrioska – ist aber nicht unendlich. Es gibt nach Aristoteles ein allgemeines und absolutes Bezugssystem. Der endliche Raum des Universums hat zwei feste Grenzen: die Mitte, wo die Erde sich befindet, und an der Peripherie die äußerste Sphäre des Fixsternhimmels, die selbst nicht in einem weiteren Begrenzenden enthalten ist. In diesem universellen Raum herrscht eine sphärische Symmetrie: Hin zum Mittelpunkt, der dem Mittelpunkt der Erde gleich ist, bewegen sich die schweren Körper „naturgemäß" unter dem dynamischen Einfluss des Raumes, während die leichten Körper sich davon entfernen, ebenfalls „naturgemäß".

Hier treffen wir aber auch auf einen entscheidenden Unterschied zwischen der Kosmologie des Aristoteles und der relativistischen Kosmologie. Für Aristoteles ist die Dynamik natürli-

cher Bewegung allein von räumlichen Bedingungen, d. h. von der 'ontologisch' differenzier-
ten Struktur des Raumes als solcher – nicht von der Verteilung des Stoffes im Raum, abhängig. Die Mitte der Erde fällt mit der Mitte des Alls zusammen, weil die Erde natürlich dazu
neigt, sich zur Mitte des Universums, zum Zentrum des Kosmos, zu bewegen. Die Erklärung,
die wir an einer Stelle der Abhandlung *Über den Himmel* finden, liest sich diesbezüglich
zweifelsfrei:

> Da die Mitte für beide [*scil*.: die Erde und das All] dieselbe ist, könnte man das Problem aufwerfen, welche
> die Mitte sei, zu der sich die schweren Körper und die Teile der Erde naturgemäß hin bewegen: Tun sie dies
> deshalb, weil die Mitte die des Alls oder weil sie die der Erde ist? Notwendigerweise streben sie der Mitte
> des Alls zu, weil die leichten Körper und das Feuer, deren Bewegung der der schweren Körper entgegenge-
> setzt ist, sich zum äußersten Rand des Raumes bewegen, der die Mitte umschließt. Es trifft sich aber, dass die
> Mitte der Erde mit der des Alls identisch ist, und so bewegen sich die fraglichen Körper auch auf den Mittel-
> punkt der Erde zu, tun dies jedoch nur akzidentiell, deshalb nämlich, weil die Erde ihre Mitte im Mittelpunkt
> des Alls hat.[19]

Die natürlichen Bewegungen der Elemente und ihrer Teile werden also allein durch die topologische Struktur des Kosmos bewirkt; das bedeutet, dass die dynamische Feldstruktur des
Alls nicht massebedingt wie in der relativistischen Kosmologie ist.

Zugleich hängen die Richtungstendenzen der Elemente eben darum von der Existenz des
Stoffes ab, weil das Vakuum, das von Aristoteles als Abwesenheit aller wahrnehmbaren Eigenschaften und aller qualitativen Unterschiede erfasst wird, nicht existiert.

Wir wissen schon, dass der Raum als Gesamtsumme aller Orte für Aristoteles *endlich* ist.
Eine solche Auffassung des Kosmos klingt heute nicht mehr absurd, wie sie Jahrhunderte
lang, angefangen bei Newton an bis zum Anfang des zwanzigsten Jahrhunderts erscheinen
musste. Auch für Einstein ist, wie bei Aristoteles, die Frage nach dem, was 'außerhalb' des
endlichen Raumes ist, sinnlos.

Darüber hinaus: Es ist sogar möglich, eine Analogie zwischen dem heutigen Verständnis
geodätischer Linien, die durch die Raumgeometrie bestimmt werden und die wesentlich für
die Beschreibung der Bahnen materieller Teilchen oder Lichtstrahlen sind, mit dem aristotelischen Begriff „natürlicher Orte" und der zu ihnen führenden Pfade zu entdecken.

Ein wesentlicher Unterschied liegt jedoch in der Tatsache, dass bei Einstein die Geometrie
des Raumes selbst masseabhängig ist, weil sie eine Funktion der Masse-Energieverteilung in
Übereinstimmung mit den Feldgleichungen bildet. Außerdem ist sie keine Euklidische, sondern eine Riemannsche Geometrie.[20]

6. Eine noch heute anregende Perspektive

Bemerkenswert ist, dass sich heutige Vertreter der theoretischen Physik immer wieder auf die aristotelische Vorstellung der Welt – nicht immer ohne Anachronismen[21] – beziehen, um die Eigenschaften der Allgemeinen Relativitätstheorie besser erklären zu können und sie gegenüber denen der Newtonschen Theorie abzugrenzen.[22] Zusätzlich soll noch eines erwähnt werden: In jüngster Zeit wurde von einigen Wissenschaftlern sogar der Vorschlag gemacht, sich auf das Denken des Aristoteles zu berufen, um einige zentrale Schwierigkeiten der Einsteinschen Vorstellung des Raum-Zeit-Kontinuums zu lösen.[23] Dies ist nicht der geeignete Rahmen, um zu solchen Vorschlägen Stellung zu nehmen; es genügt sie zu erwähnen, da auch sie die Aktualität des Denkens Aristoteles' – und insbesondere seines Unendlichkeitsbegriffs – eindrucksvoll bestätigen, und das sogar in einem Bereich wie dem der Kosmologie, in der die gegenwärtigen Vorstellungen so weit von denen des Altertums entfernt zu sein scheinen könnten.

Anmerkungen

[1] Vgl. *Phys.* Γ 6, 207 a 2-7: „Auch die steinlosen Ringe heißen deswegen unendlich, weil nach jedem Punkt immer noch einer kommt, zu dem man übergehen kann. Das ist freilich eine Unendlichkeit im übertragenen, uneigentlichen Sinn. Denn (bei echter Unendlichkeit) muss es dies (wozu weitergegangen werden soll) wirklich geben und es darf nicht wieder einmal zum selben zurückgekehrt werden. Beim Kreis sind diese Forderungen nicht erfüllt; da gibt es einen Übergang zu immer Anderem nur, wenn man bloß auf das Verhältnis zwischen den nebeneinanderliegenden Stücken achthat (die periodische Wiederkehr jedes Punktes aber außer acht lässt)." (dt. Übers. v. H. Wagner, in: Aristoteles, *Physikvorlesung [Aristoteles, Werke in deutscher Übersetzung* – Bd. 11], Berlin 1967). Man muss bemerken, dass Wagner in seiner Übersetzung fast immer mit 'unendlich' das griechische Wort ἄπειρον (so wie durch 'endlich' das Wort πεπερασμένον) übersetzt. Es ist aber deutlich, dass Aristoteles hier meint – um seine Auffassung in *modernen* Begriffen auszudrücken –, dass die Ringfläche einen Ringraum bildet, der zwar *unbegrenzt* ist (weil es darin keine Grenze gibt), obwohl er zugleich *endlich* ist.

[2] Vgl. R. Nevanlinna, *Raum, Zeit und Relativität (Vorlesungen, gehalten an den Universitäten Helsinki und Zürich)*, Basel-Stuttgart 1964, S. 105 ff.

[3] Die entsprechenden Randflächenpaare lassen sich auch ohne Verbiegungen identifizieren, wenn man postuliert, dass die euklidische Metrik des Quaders nach der Identifizierung erhalten bleibt. Dann lässt sich der neu entstandene Raum aber nicht in den vierdimensionalen Raum einbetten. Vgl. H. Meschkowski, *Handbuch über die Mathematik*, Mannheim 1972, S. 462.

[4] H. Minkowski, *Raum und Zeit*, Leipzig 1909, S. 1.

[5] M. Born, *Die Relativitätstheorie Einsteins*, Berlin-Heidelberg-New York ²1969.

[6] Der Physiker H.A. Lorentz entdeckte bereits im ausgehenden 19. Jahrhundert, dass die Struktur der Elektrodinamik Veränderungen des Koordinatenabstandes zulässt, ferner sagte H. Poincaré bereits 1904 – also ein Jahr vor Einsteins Veröffentlichung – das Kommen einer neuen Mechanik voraus, in der keine Geschwindigkeit die des Lichts übertreffen kann. Einstein selbst hat in einem Interview gesagt, dass die Spezielle Relativitätstheorie „im Jahr 1905 reif zur Entdeckung war"; seine schlüssige Neuinterpretation der Begriffe 'Raum' und 'Zeit', die mit einer kritischen Analyse der traditionellen Vorstellung von 'Gleichzeitigkeit' ihren Ausgang nahm, zeigt die wissenschaftliche Bedeutung und die Originalität seines Beitrages. Dazu M. Born, *Physik im Wandel meiner Zeit*, Braunschweig 1957, S. 187 ff.

[7] Id., *Die Relativitätstheorie*, zit., S. 218 f.

[8] Nur für die Lichtvektoren ((Δx)² = (Δt)²) verschwindet Δs.

[9] Vgl. dazu W. Rindler, *Relativity, Special, General and Cosmological*, Oxford [2]2006, S. 172 ff.

[10] Zur Enstehung der Allgemeinen Relativitätstheorie vgl. R. DiSalle, *Understanding Space-Time. The Philosophical Development of Physics from Newton to Einstein*, Cambridge [2]2007, S. 112 ff.

[11] Vgl. insbesondere R. Oloff, *Geometrie der Raumzeit*, Braunschweig-Wiesbaden 1999.

[12] Vgl. C. Will, *Theory and Experiment in Gravitational Physics*, Cambridge [2]1993.

[13] Obwohl es keine Beobachtung gibt, die der Allgemeinen Relativitätstheorie widerspricht und obwohl ihre Vorhersagen bisher gut bestätigt sind, wird jedoch deutlich, dass man noch eine umfassende Theorie braucht, in deren Rahmen die Allgemeine Relativitätstheorie einen Spezialfall darstellt. Einsteins Allgemeine Relativitätstheorie erweist sich nämlich bei sehr hohen Teilchenenergien im Bereich der Planck-Skala oder entsprechend bei sehr kleinen Raumzeitgebieten mit starker Krümmung nicht vereinbar mit der Quantenphysik. Z. Z. ist man deshalb auf der Suche nach einer 'Quantenfeldtheorie der Gravitation', die eine Vereinigung der Allgemeinen Relativitätstheorie mit der Quantenfeldtheorie darstellen kann. Die Formulierung einer solchen Theorie wirft jedoch äußerst komplexe Probleme auf – das zentrale Problem besteht darin, dass die allgemeine Relativitätstheorie als Quantenfeldtheorie *nicht renormierbar* ist –, die mit den bisher bekannten mathematischen Methoden nicht lösbar zu sein scheinen (An dieser Stelle möchte ich Herrn Prof. Andrew Hodges von der Universität Oxford, einen Vertreter der Theorien von Prof. Sir Roger Penrose, für die wichtigen Auskünfte, die er mir freundlicherweise gegeben hat, sehr herzlich danken.)

[14] Vgl. T. Fließbach, *Allgemeine Relativitätstheorie*, Heidelberg-Berlin [3]1998, S. 288.

[15] David Hilbert schrieb schon 1925: „Die Meinung von der Unendlichkeit der Welt war lange Zeit die herrschende; bis zu Kant und auch weiterhin noch hegte man an der Unendlichkeit des Raumes überhaupt keinen Zweifel. Hier ist es (...) die moderne Wissenschaft, insbesondere die Astronomie, die diese Frage von neuem aufrollt und sie nicht durch das unzulängliche Hilfsmittel metaphysischer Spekulation, sondern durch Gründe, die sich auf die Erfahrung stützen und auf die Anwendung von Naturgesetzen zu entscheiden sucht. Und es haben sich schwerwiegende Einwände gegen die Unendlichkeit herausgestellt. Zur Annahme der Unendlichkeit des Raumes führt mit Notwendigkeit die *Euklidische* Geometrie. Nun ist zwar die Euklidische Geometrie ein in sich widerspruchsfreies Gebäude und Begriffssystem; daraus folgt aber noch nicht, dass sie in der Wirklichkeit Gültigkeit besitzt. Ob dies der Fall ist, kann allein die Beobachtung und Erfahrung entscheiden. Bei dem Versuche, die Unendlichkeit des Raumes spekulativ zu erweisen, liefen auch offenbare Irrtümer unter. Aus der Tatsache, dass außerhalb eines Raumstückes immer wieder noch Raum vorhanden ist, folgt nur die Unbegrenztheit des Raumes, keineswegs aber seine Unendlichkeit. Unbegrenztheit und Endlichkeit aber schließen einander nicht aus. Die mathematische Forschung liefert in der sogenannten *elliptischen* Geometrie das natürliche Modell der endlichen Welt. Und das Aufgeben der Euklidischen Geometrie ist heute nicht mehr bloß eine rein mathematische oder philosophische Spekulation, sondern wir sind auch von einer anderen Seite dazu gelangt, die ursprünglich gar nichts mit der Frage der Endlichkeit der Welt zu schaffen hatte. Einstein hat die Notwendigkeit gezeigt, von der Euklidischen Geometrie abzugehen. Auf Grund seiner Gravitationstheorie nimmt er auch die kosmologischen Fragen in Angriff und zeigt die Möglichkeit einer endlichen Welt, und alle von den Astronomen gefundenen Resultate sind auch mit der Annahme der elliptischen Welt durchaus verträglich." (Id., „Über das Unendliche", *Math. Ann.*, XCV [1925], S. 161-190, hier S. 164-165). Zu den geschichtlichen Beziehungen zwischen Hilberts Lehren und Einsteins Allgemeiner Relativitätstheorie vgl. J. Mehra, *Einstein, Hilbert, and the Theory of Gravitation. Historical Origins of General Relativity Theory*, Dordrecht-Boston 1974.

[16] *Allgemeine Relativitätstheorie*, zit., S. 294.

[17] Vgl. S. Sambureky, *Das physikalische Weltbild der Antike* (Or.-Tit.: *The physical World of the Greeks – Physics of the Stoics – The Physical World of Late Antiquity*), dt. Übers. v. Autor, Zürich 1965, S. 133.

[18] Arist., *Phys.* Δ 1, 208 b 7-14 (dt. Übers. zit.).

[19] Id., *De caelo*, B 14, 296 b 9-18 (dt. Übers. v. A. Jori, in: Aristoteles, *Über den Himmel* [*Aristoteles, Werke in deutscher Übersetzung* - Bd. 12/T. III], Berlin 2009).

[20] Vgl. M. Jammer, *Das Problem des Raumes. Die Entwicklung der Raumtheorien* (Or.-Tit.: *Concepts of Space. The History of Theories of Space in Physics*), dt. Übers. v. P. Wilpert, Darmstadt 1960, S. 17 ff.

[21] Z. B. ist die 'hermeneutische' Anwendung eines Begriffs wie das Konzept vom „Aristotelian space-time" (vgl. insbesondere das 'aristotelische' kosmologische Modell Earmans, zu dem siehe Anm. 22 unten) anachronistisch, weil Raum und Zeit nach Aristoteles zwei verschiedene Kategorien darstellen. Man muss aber zugeben, dass solche begriffliche Konstruktionen und Aktualisierungsversuche besonders nützlich sein können, da sie erlauben, wichtige Unterschiede zu machen, die sonst nicht klar genug gewesen wären.

[22] Vgl. z. B. R. Torretti, *Relativity and Geometry*, Oxford 1983, S. 11 ff. und vor allem J. Earman, *World Enough and Space-Time. Absolute versus Relational Theories of Space and Time*, Cambridge(Mass.)-London 1989, chap. 2, § 6, S. 34-35. Hier erarbeitet Earman, indem er einen Vorschlag von R. Penrose entwickelt, das theoretische Modell eines „Aristotelian Space-Time". In diesem Zusammenhang präzisiert er: „This space-time is arrived at by singling out a preferred location from the absolute space of Newtonian space-time. (To be pedantic, I could introduce a velocity field C_i which is the tangent field of some particular integral curve of A_i.) To make the connection with Aristotle, we may suppose that this point corresponds to the center

of the universe. Now the spatial shift term in (New) [*scil.*: the 'Newtonian Space-Time'] is killed and the symmetries are reduced to

$$x^\alpha \rightarrow x'^\alpha = R^\alpha_{\ \beta} x^\beta,$$

$$t \ \rightarrow \ t' = t + \text{constant.}" \ (ibid.)$$

(Arist)

Was das Problem betrifft, wie weit jedes Teilchen in einem solchen kosmologischen Modell vom Mittelpunkt des Alls entfernt ist, ist Earmans Antwort die folgende: „On any t = constant plane, mark the points where the world line of the particle and the world line of the center of the universe cross the plane. The spatial distance between these two events gives the answer." (*ibid.*).

[23] Vgl. z. B. verschiedene Beiträge von Tim Maudlin, der, indem er sich auf Aristoteles bezieht, eine Art Essentialismus („metrical essentialism") in Bezug auf Raum-*Zeit* vertritt: „The essence of space-time", *PSA* 1988, Bd. 2, East Lansing/Michigan 1989, S. 82-91; „Substance and space-time: what Aristotle would have said to Einstein", *Studies in History and Philosophy of Science*, XXI (1990), S. 531-561; „Buckets of water and waves of space: why space-time is probably a substance", *Philosophy of Science*, LX (1993), S. 183-203, sowie sein Buch: *The Metaphysics within Physics*, Oxford 2007 (siehe auch Earman, *World Enough and Space-Time*, zit., S. 199-202).

Literaturverzeichnis

A – Altertum

Archimedes, *Abhandlungen*, hrsg. v. A. Czwalina-Allenstein, Thun u.a. 2003 (Nachdr. der Erstausg. Leipzig 1923-1925).

Aristotelis Opera (gr.), hrsg. v. I. Bekker, Berlin 1831 (^{2}1960).

Aristoteles, *Analytika Posteriora*, 1. Halbband, hrsg. u. übers. v. W. Detel [= *Aristoteles. Werke in deutscher Übersetzung* – Bd. 3, T. II 1], Berlin 1993.

— *Du Ciel* (gr.-fr.), hrsg. v. P. Moraux, Paris 1965.

— *Kategorien*, hrsg. u. übers. v. K. Oehler [*Aristoteles, Werke in deutscher Übersetzung* – Bd. 1, T. 1], Berlin ^{3}1997.

— *Metaphysik*, Neubearbeitung der dt. Übers. v. H. Bonitz, hrsg. v. H. Seidl, Hamburg ^{3}1991.

— *On the Heavens* (gr.-engl.), hrsg. v. W.K.C. Guthrie, Cambridge [Mass.]-London, 1939.

— *Physikvorlesung*, hrsg. u. übers. v. H. Wagner [= *Aristoteles. Werke in deutscher Übersetzung* – Bd. 11], Berlin 1967.

— *Physique I.*, hrsg. und übers. v. O. Hamelin, Paris ^{3}1972 (Erstausg. 1907).

— *Problemata physica*, hrsg. u. übers. v. H. Flashar [= *Aristoteles. Werke in deutscher Übersetzung* – Bd. 19], Berlin 1962.

— *Über den Himmel*, hrsg. u. übers. v. A. Jori [= *Aristoteles. Werke in deutscher Übersetzung* – Bd. 12/T. III], Berlin 2009.

— *Vier Bücher über das Himmelsgebäude und Zwei Bücher über Entstehen und Vergehen* (dt.), hrsg. v. K. Prantl, Leipzig 1857 (Neudr.: Aalen 1978).

Des Claudius Ptolemäus Handbuch der Astronomie, dt. Übers. v. K. Manitius, 2 Bde., Leipzig 1912.

H. Diels u. W. Kranz, *Die Fragmente der Vorsokratiker*, 3 Bde., Hildesheim 1985 (11. unver. Nachdr. der 6. Auflage).

Ioannes Philoponos, *De aeternitate mundi contra Proclum*, ed. H. Rabe, Leipzig 1899.

Platon, *Sämtliche Werke*, hrsg. v. U. Wolf auf der Grundlage der Bearbeitung v. W.F. Otto, E. Grassi u. G. Plamböck, 4 Bde., Reinbeck bei Hamburg ^{22}2006.

—, *Sämtliche Werke*, hrsg. v. K.-H. Hülser, Frankfurt a.M-Leipzig 1991.

Simplicius, *In Aristotelis De caelo commentaria*, ed. I.L. Heiberg, Berlin 1893.

Themistius, *In libros Aristotelis De caelo paraphrasis*, hebraice et latine, ed. S. Landauer, Berlin 1902.

B – Neuzeit

F. Bacon, *Das neue Organon*, hrsg. v. M. Buhr, Berlin 1962.

R. Baire, E. Borel, J. Hadamard und H. Lebesgue, „Cinq lettres sur la théorie des ensembles", *Bull. Soc. Math. de France*, Bd. XXXIII (1905), S. 261-273.

J. Barnes, „Aristotle's Theory of Demonstration", *Phronesis*, XIV (1969), S. 124 ff.

C. Bäumker, *Das Problem der Materie in der griechischen Philosophie*, München 1890 (Neudr.: Frankfurt a. M. 1963).

O. Becker, *Grundlagen der Mathematik in geschichtlicher Entwicklung*, Freiburg-München 1964.

— (Hrsg.), *Zur Geschichte der griechischen Mathematik*, Darmstadt 1965.

V. Bialas, *Johannes Kepler*, München 2004.

A. Boeckh, *Untersuchungen über das kosmische System des Platon, mit Bezug auf Gruppe's kosmische Systeme der Griechen*, Berlin 1852.

J. Bogen u. J.G. Mcguire, „Aristotle's Great Clock: Necessity, Possibility and the Motion of the Cosmos in *De Caelo* I, 12", *Philosophy Research Archives*, XII (1986-1987), S. 387-448.

W. Böhm, *Johannes Philoponos, Grammatikos von Alexandrien (6. Jh.n.Chr.)*, München 1967.

B. Bolzano, *Rein analytischer Beweis des Lehrsatzes, dass zwischen je zwei Werthen, die ein entgegengesetztes Resultat gewähren, wenigstens eine reelle Würfel der Gleichung liege*, Leipzig 1905.

— *Paradoxien des Unendlichen*, Leipzig 1851.

M. Born, *Physik im Wandel meiner Zeit*, Braunschweig 1957.

— *Die Relativitätstheorie Einsteins*, Berlin-Heidelberg-New York [2]1969.

A.P. Bos, *On the Elements. Aristotle's Early Cosmology*, Assen 1973.

N. Bourbaki, *Elemente der Mathematikgeschichte* [Or.-Tit.: *Eléments d'histoire des mathématiques*], dt. Übers. v. A. Oberschelp, Göttingen 1971.

L.E.J. Brouwer, „Intuitionism and formalism", *Bull. Amer. Math. Soc.*, Bd. XX (1913), S. 81-96.

— „Zur Begründung der intuitionistischen Mathematik", *Math. Ann.*, Bd. XCIII (1925), S. 244-257; Bd. XCV (1926), S. 453-473; Bd. XCVI (1926), S. 451-458.

P. Brunet u. A. Mieli, *Histoire des Sciences. Antiquité*, Paris 1935.

G. Bruno, *Das Aschermittwochsmahl*, übers. v. F. Fellmann, mit einer Einleitung v. H. Blumenberg, Frankfurt a. M. 21981.

— *Von der Ursache, dem Prinzip und dem Einen*, übers. v. A. Lasson, hrsg. v. P. R. Blum, Hamburg 1983.

— *Über das Unendliche, das Universum und die Welten*, hrsg. u. übers. v. Ch. Schultz, Stuttgart 1994.

— *La cena de le Ceneri*, in: *Œuvres complètes* (fr.-it.), hrsg. v. G. Aquilecchia, Bd. II, Paris 1994.

— *De l'infinie, de l'univers et des mondes*, in: *Œuvres complètes* (fr.-it.), hrsg. v. G. Aquilecchia, Bd. IV, Paris 1995.

— *De la causa, principio et uno – Über die Ursache, das Prinzip und das Eine* (it.-dt.), übers. u. hrsg. v. Th. Leinkauf, Hamburg 2006.

— *De l'infinito, universo et mondi – Über das Unendliche, das Universum und die Welten* (it.-dt.), übers. u. hrsg. v. A. Bönker-Vallon, Hamburg 2007.

C. Burali-Forti, „Sopra un teorema del Sig. G. Cantor", *Atti Accad. Torino*, Bd. XXXII (1896-97), S. 229-237.

W. Burkert, *Weisheit und Wissenschaft. Studien zu Pythagoras, Philolaos und Platon*, Nürnberg 1962.

J. Burnet, *Early Greek Philosophy*, London [4]1963.

G. Cantor, *Gesammelte Abhandlungen mathematischen und philosophischen Inhalts. Mit erläuternden Anmerkungen sowie mit Ergänzungen aus dem Briefwechsel Cantor-Dedekind*, hrsg. v. E. Zermelo, nebst einem Lebenslauf Cantors v. A. Fraenkel, Berlin 1932 (Neudr.: Hildesheim 1962).

G. Cantor – R. Dedekind, „Briefwechsel", hrsg. v. J. Cavaillès u. E. Noether, *Actual. Scient. et Ind.*, Nr. 518, Paris 1937.

H. Cherniss, „Notes on Plutarch's *De facie in orbe lunae*", *Classical Philology*, XLVI (1951), S. 137-158.

M. Clagett, *The Science of Mechanics in the Middle Ages*, Madison-London-Oxford 1959.

F.M. Cornford, „Innumerable Worlds in Presocratic Philosophy", *Classical Quarterly*, XXVIII (1934), S. 1-16.

— *Plato's Cosmology. The 'Timaeus' of Plato translated with a running commentary*, London 1937.

L. Couloubaritsis, *L'avènement de la science physique. Essai sur la Physique d'Aristote*, Paris 1980.

A.C. Crombie, *Von Augustinus bis Galilei. Die Emanzipation der Naturwissenschaft* [Or.-Tit.: *Augustine to Galileo*], dt. Übers. v. H. Hoffmann u. H. Pleus, München 1977.

H.A. Davidson, „John Philoponus as a Source of Medieval Islamic and Jewish Proofs of Creation", *Journal of the American Oriental Society*, LXXXIX (1969), S. 357-391.

R. Dedekind, *Was sind und was sollen die Zahlen*, Braunschweig [5]1918.

— *Gesammelte mathematische Werke*, 3 Bde., Braunschweig 1932.

O. Deiser, *Einführung in die Mengenlehre*, Berlin-Heidelberg-New York [2]2004.

A. Delatte, *Études sur la littérature pythagoricienne*, Paris 1915.

R. Descartes, *Principia Philosophiae*, in: *Œuvres de Descartes*, hrsg. v. Ch. Adam u. P. Tannéry, Bd. VIII/1, Paris 1982 (Erstausg. 1905).

— *Die Prinzipien der Philosophie*, übers. v. A. Buchenau, Hamburg [8]1992.

D.R. Dicks, *Early Greek Astronomy to Aristotle*, London 1970.

H. Diels, „Über Anaximanders Kosmos", *Archiv für Geschichte der Philosophie*, X (1897), S. 228-237.

— *Antike Technik*, Osnabrück 1965 (Nachdr. der 2. Aufl. Leipzig-Berlin 1920).

H. Diller, „ΟΨΙΣ ΑΔΗΛΩΝ ΤΑ ΦΑΙΝΟΜΕΝΑ", *Hermes*, LXVII (1932), S. 14-42, jetzt in: Id., *Kleine Schriften zur antiken Literatur*, München 1971, S. 119-143.

R. DiSalle, *Understanding Space-Time. The Philosophical Development of Physics from Newton to Einstein*, Cambridge [2]2007.

G. Downey, *Aristotle and Greek Science*, London 1964.

St. Drake, *Essays on Galileo and the History and Philosophy of Science*, Bd. I, hrsg. v. N. M. Swerdlow u. T. H. Levere, Toronto-Buffalo-London 1991.

J.L.E. Dreyer, *A History of Astronomy from Thales to Kepler* [Tit. der Erstausg. (1906): *History of the Planetary Systems from Thales to Kepler*], hrsg. v. W.H. Stahl, New York [2]1953.

P. Duhem, *Le système du monde. Histoire des doctrines cosmologiques de Platon à Copernic*, Paris 1956-1988.

I. Düring, *Aristoteles. Darstellung und Interpretation seines Denkens*, Heidelberg 1966.

J. Earman, *World Enough and Space-Time. Absolute versus Relational Theories of Space and Time*, Cambridge [Mass.]-London 1989.

H.-D. Ebbinghaus, *Einführung in die Mengenlehre*, Leipzig-Wien-Zürich [3]1994.

A. Edel, *Aristotle's Theory of the Infinite*, New York 1935.

A. Einstein, „Ist die Trägheit eines Körpers von seinem Energieinhalt abhängig?", *Annalen der Physik*, XVIII (1905).

M.G. Evans, *The Physical Philosophy of Aristotle*, Albuquerque 1964.

J.V. Field, *Kepler's Geometrical Cosmology*, Chicago-London 1988.

H. Flashar (Hrsg.), *Die Philosophie der Antike*, Band 3: *Ältere Akademie – Aristoteles – Peripatos*, Basel [2]2004.

T. Fließbach, *Allgemeine Relativitätstheorie*, Heidelberg-Berlin [3]1998.

A. Fraenkel, „Zu den Grundlagen der Cantor-Zermeloschen Mengenlehre", *Math. Ann.*, Bd. LXXXVI (1922), S. 230-237.

F. Franco Repellini, „Il *De Caelo* di Aristotele come risposta „dialettica" al *Timeo*", *Rivista Critica di Storia della Filosofia*, XXXV (1980), S. 99-126.

A.E. Frank, *Plato und die sogenannten Pythagoreer. Ein Kapitel aus der Geschichte des griechischen Geistes*, Darmstadt 1962 [photomech. Nachdr. der Ausg. Halle 1923].

G.F. Frigo, „Friedrich Wilhelm Joseph Schelling - *Bruno oder über das göttliche und natürliche Princip der Dinge. Ein Gespräch*", in: F. Volpi (Hrsg.), *Großes Werklexikon der Philosophie*, Stuttgart 1999, Bd. II, S. 1325-1326.

K. von Fritz, *Grundprobleme der Geschichte der antiken Wissenschaft*, Berlin 1971.

— „Philolaos", in: *RE*, Supplementband XIII, München 1973, Sp. 453-484.

G. Galilei *Sidereus Nuncius*, in: *Le opere di Galileo Galilei*, hrsg. v. G. Saragat, Neudr. der „Edizione Nazionale", Bd. III, T. 1, Florenz 1968.

— *Lettera a Francesco Ingoli in risposta alla 'disputatio de situ et quiete Terrae'*, in: *Le opere di Galileo Galilei*, hrsg. v. G. Saragat, Neudr. der „Edizione Nazionale", Bd. VI, Florenz 1968.

— *Dialogo sopra i due massimi sistemi del mondo, Tolemaico e Copernicano*, in: *Le opere di Galileo Galilei*, hrsg. v. G. Saragat, Neudr. der „Edizione Nazionale", Bd. VII, Florenz 1968.

— *Opere*, hrsg. v. F. Brunetti, Turin [2]1980.

— *Dialog über die beiden hauptsächlichsten Weltsysteme, das ptolemäische und das kopernikanische*, übers. u. erläut. v. E. Strauss, hrsg. v. R. Sexl u. K. von Meyenn, Stuttgart 1982 (Erstausg. Leipzig 1891).

— *Unterredungen und mathematische Demonstrationen über zwei neue Wissenszweige, die Mechanik und die Fallgesetze betreffend. Erster bis sechster Tag - Arcetri, 6. März 1638*, dt. Übers. v. A. von Oettingen, Darmstadt 1985 (Erstausg. Leipzig 1890-1904).

— *Sidereus Nuncius (Nachricht von den Sternen)*, hrsg. v. H. Blumenberg, Frankfurt a. M. [2]2002.

H. Gatti, *Giordano Bruno and Renaissance Science*, Ithaca-London 1999.

C.I. Gerhardt (Hrsg.), *Die philosophischen Schriften von Gottfried Wilhelm Leibniz*, Berlin 1875-1890, Nachdr.: Hildesheim 1965.

O. Gigon, *Der Ursprung der griechischen Philosophie*, Basel 1945.

— „Aristoteles-Studien I", *Museum Helveticum*, IX (1952), S. 113-136.

W. Gilbert, *De magnete*, engl. Übers. v. P. Fleury Mottelay, New York 1958.

K. Gödel, „The Consistency of the Axiom of Choice and of the Generalized Continuum Hypothesis" (*Ann. of Math. Studies*, Heft n° 3), Princeton 1940.

M.A. Granada, *Giordano Brunos Deutung des Kopernikus als eines Gotterleuchteten und die „Narratio prima" von Rheticus*, in: K. Heipcke, W. Neuser u. E. Wicke (Hrsg.), *Die Frankfurter Schriften Giordano Brunos und ihre Voraussetzungen*, Weinheim 1991, S. 261-285.

W.C.K. Guthrie, „The Development of Aristotle's Theology, I", *Classical Quarterly*, XXVII (1933), S. 166-169.

J. Hadamard, „Sur certaines applications possibles de la théorie des ensembles", in: *Verhandl. Intern. Math. Kongress*, Zürich 1898, S. 201-202.

A.R. Hall, *Henry More and the Scientific Revolution*, Cambridge u. a. 1990.

O. Hamelin, *Le système d'Aristote*, hrsg. v. L. Robin, Paris [3]1976.

R.J. Hankinson, „Xenarchus, Alexander and Simplicius on simple motions, bodies and magnitudes", *Bulletin of the Institute of Classical Studies*, XLVI (2002/2003), S. 19-42.

F. Hausdorff, *Grundzüge der Mengenlehre*, Leipzig 1914 (Nachdr.: New York [3]1978).

S. Hawking, *Eine kurze Geschichte der Zeit* [Or.-Tit.: *A Brief History of Time: From the Big Bang to Black Holes*], dt. Übers. v. H. Kober, Reinbek bei Hamburg [2]1997,

Th. Heath, *Aristarchus of Samos. The Ancient Copernicus. A History of Greek Astronomy to Aristarchus Together with Aristarchus' Treatise on the Sizes and Distances of the Sun and Moon*, Oxford [2]1959 (Nachdr.: New York 1981).

D.B. Herrmann, *Kosmische Weiten. Kurze Geschichte der Entfernungsmessung im Weltall*, Frankfurt a.M. 1990.

A. Heyting, *Mathematische Grundlagenforschung. Intuitionismus. Beweistheorie* (*Erg. der Math.*, Bd. 3), Berlin 1934.

D. Hilbert, „Über das Unendliche", *Math. Ann.*, 95 (1925), S. 161-190.

— *Grundlagen der Geometrie*, Leipzig-Berlin [7]1930.

J. Hintikka, *Time and Necessity. Studies in Aristotle's Theory of Modality*, Oxford 1973.

W. Jaeger, *Die Theologie der frühen griechischen Denker*, Stuttgart 1953.

— *Aristoteles. Grundlegung einer Geschichte seiner Entwicklung*, Hildesheim 2006 (2. Nachdr. der Ausg. Berlin ²1955).

M. Jammer, *Das Problem des Raumes. Die Entwicklung der Raumtheorien* [Or.-Tit.: *Concepts of Space. The History of Theories of Space in Physics*], dt. Übers. v. P. Wilpert, Darmstadt 1960.

V. Jarnik, *Bolzano and the Foundations of Mathematical Analysis*, Prag 1981.

A. Jori, „Euclid of Megara", in: H. Burkhardt u. B. Smith (Hrsg.), *Handbook of Metaphysics and Ontology*, München-Philadelphia-Wien 1991, Bd. 1, S. 255-256.

— „Cantor, Georg: *Fondements d'une théorie générale des multiplicités* [*Grundlagen einer allgemeinen Mannigfaltigkeitslehre*]", in: *Encyclopédie philosophique universelle*, T. III: *Les oeuvres philosophiques – Dictionnaire*, hrsg. v. J.-F. Mattéi, Paris 1992, Bd. II, S. 2307-2308.

— „Zermelo, Ernst Friedrich Ferdinand: *Démonstration du fait que tout ensemble peut être bien ordonné* [Beweis, dass jede Menge wohlgeordnet werden kann]", in: J.-F. Mattéi (Hrsg.), *Encyclopédie Philosophique Universelle*, Bd. III.: *Les Oeuvres Philosophiques. Dictionnaire*, Paris 1992, T. II., S. 2949.

— „Zermelo, Ernst Friedrich Ferdinand: *Recherches sur les fondements de la théorie des ensembles, I* [Untersuchungen über die Grundlagen der Mengenlehre, I]", in: J.-F. Mattéi (Hrsg.), *Encyclopédie Philosophique Universelle*, Bd. III.: *Les Oeuvres Philosophiques. Dictionnaire*, Paris 1992, T. II., S. 2949-2950.

— *Piani temporali e piani spaziali nel trattato 'Sull'arte'*, in: *Tratados hipocráticos (Estudios acerca de su contenido, forma e influencia). Actas del VIIe Colloque International Hippocratique (Madrid, 24-29 de Septiembre de 1990)*, hrsg. v. J.A. López Férez, Madrid 1992, S. 75-90.

— „Zenon von Elea – Fragmente und Zeugnisse", in: F. Volpi (Hrsg.), *Großes Werklexikon der Philosophie*, Stuttgart 1999, Bd. II, S. 1622-1624.

— „Planeten I. – Astronomie", in: *Der neue Pauly. Enzyklopädie der Antike*, hrsg. v. H. Cancik u. H. Schneider, Band IX, Stuttgart-Weimar 2000, Sp. 1064 -1072.

— „Sonne", in: *Der neue Pauly. Enzyklopädie der Antike*, hrsg. v. H. Cancik u. H. Schneider, Bd. 11, Stuttgart-Weimar 2001, Sp. 714-715.

— *Der Kosmos als Lebewesen. Einige Probleme und Lösungen des 'astronomischen Vitalismus'*, in *Aristoteles, 'De caelo'*, in: *Antike Naturwissenschaft und ihre Rezeption*, hrsg. v. J. Althoff, B. Herzhoff u. G. Wöhrle, Bd. XII, Trier 2002, S. 69-86.

— „Tempo, eternità e soggettività nel pensiero greco", *Studium*, C (2004), S. 555-578.

— *Aristotele*, Mailand ³2008.

— „Divinità imperfette? Il primato della filosofia pratica nella cosmologia e nell'astronomia aristoteliche", *Quaderni del Dipartimento di Filologia, Linguistica e Tradizione Classica „Augusto Rostagni" dell'Università degli Studi di Torino*, n.s. VIII (2009), S. 7-32.

L. Judson, „Eternity and Necessity in *De Caelo* I, 12", *Oxford Studies in Ancient Philosophy*, I (1983), S. 217-255.

— (Hrsg.), *Aristotle's Physics*, Oxford 1991.

C.H. Kahn, *Anaximander and the Origins of Greek Cosmology*, New York 1960.

J. Kepler, *Astronomia Nova*, Prag 1609.

— *De stella nova*, in: Id., *Gesammelte Werke*, hrsg. v. M. Caspar, Bd. I, München 1938.

— *Kleinere Schriften 1602/1611, Dioptrice*, in: Id., *Gesammelte Werke*, Bd. IV, München 1941.

— *Briefe 1607-1611*, in: Id., *Gesammelte Werke*, Bd. XVI, München 1954.

W.R. Knorr, „Plato and Eudoxus on the planetary motions", *Journal for the History of Astronomy*, XXI (1990), S. 313-329.

A. Koyré, *Von der geschlossenen Welt zum offenen Universum* [Or.-Tit.: *From the Closed World to the Infinite Universe*], dt. Übers. v. R. Dombacher, Frankfurt a.M. 1969.

— *Remarques zur les paradoxes de Zénon*, in: Id., *Etudes d'histoire de la pensée philosophique*, Paris 1971, S. 9-35.

Th.S. Kuhn, *Die Struktur wissenschaftlicher Revolutionen* [Or.-Tit.: *The Structure of Scientific Revolutions*], dt. Übers. v. K. Simon (rev. v. H. Vetter), Frankfurt a.M. ¹⁴1997,

— *Die kopernikanische Revolution* [Or.-Tit.: *The Copernican Revolution. Planetary Astronomy in the Development of Western Thought*], dt. Übers. v. H. Kühnelt, Braunschweig-Wiesbaden 1981.

W. Kullmann, *Wissenschaft und Methode. Interpretationen zur aristotelischen Theorie der Naturwissenschaft*, Berlin-New York 1974.

F. Lasserre, *Die Fragmente des Eudoxos von Knidos*, Berlin 1966.

J.M. Le Blond, *Logique et méthode chez Aristote. Etude sur la récherche des principes dans la physique aristotélicienne*, Paris ²1970.

F.A. Lewis u. R. Bolton (Hrsg.), *Form, Matter and Mixture in Aristotle*, Oxford 1996.

G.E.R. Lloyd, *Polarity and Analogy. Two types of argumentation in early Greek thought*, Cambridge 1966.

— *Magic, Reason and Experience. Studies in the Origin and Development of Greek Science*, Cambridge 1979.

— *Aristotelian Explorations*, Cambridge 1996.

A.O. Lovejoy, *Die große Kette der Wesen. Geschichte eines Gedankens* [Or.-Tit.: *The Great Chain of Being. A Study of the History of an Idea*], dt. Übers. v. D. Turck, Frankfurt a. M. 1993.

J. Mansfeld, *Die Vorsokratiker I. Milesier, Pythagoreer, Xenophanes, Heraklit, Parmenides*, Stuttgart 2005.

A. Mansion, *Introduction à la physique aristotelicienne*, Louvain 1987 (Nachdr. der 2. Aufl. Paris-Louvain 1945).

B. Manuwald, *Studien zum unbewegten Beweger in der Naturphilosophie des Aristoteles*, Stuttgart 1989.

R. Martin (Hrsg.), *Recent Essays on Truth and the Liar Paradox*, Oxford 1984.

T. Maudlin, „The essence of space-time", *PSA* 1988, Bd. 2 (Philosophy of Science Association, East Lansing/Michigan, 1989), S. 82-91.

— „Substance and space-time: what Aristotle would have said to Einstein", *Studies in History and Philosophy of Science* XXI (1990), S. 531-561.

— „Buckets of water and waves of space: why space-time is probably a substance", *Philosophy of Science* LX (1993), S. 183-203.

— *The Metaphysics within Physics*, Oxford 2007.

G.F. McCue, „Scientific Procedure in Aristotle's *De Caelo*", *Traditio*, XVIII (1962), S. 1-24.

J. Mehra, *Einstein, Hilbert, and the Theory of Gravitation. Historical Origins of General Relativity Theory*, Dordrecht-Boston 1974.

H. Meschkowski, *Handbuch über die Mathematik*, Mannheim 1972.

— *Denkweisen großer Mathematiker. Ein Weg zur Geschichte der Mathematik*, Braunschweig 1990.

P.-H. Michel, *De Pythagore à Euclide. Contribution à l'histoire des mathématiques préeuclidiennes*, Paris 1950.

M. Mignucci, *La teoria aristotelica della scienza*, Florenz 1965.

— *L'argomentazione dimostrativa in Aristotele: Commento agli Analitici Secondi*, Bd. 1, Padua 1975.

— *Aristotle's De Caelo I, 12 and his Notion of Possibility*, in: *Biologie, Logique et Métaphysique chez Aristote*, hrsg. v. D. Devereux und L. Pellegrin, Paris 1990, S. 321-334.

H. Minkowski, *Raum und Zeit*, Leipzig 1909.

J. Mittelstrass, *Die Rettung der Phänomene. Ursprung und Geschichte eines antiken Forschungsprinzips*, Berlin 1962.

R. Mondolfo, *L'infinito nel pensiero dell'antichità classica*, Florenz [2]1967.

— Übers. und Neubearb. von E. Zeller, *La filosofia dei Greci nel suo sviluppo storico*, Bd. I: *I Presocratici*, T. 2: *Ionici e pitagorici*, Florenz [2]1967.

P. Moraux, „Einige Bemerkungen über den Aufbau von Aristoteles' Schrift *De Caelo*", *Museum Helveticum*, VI (1949), S. 163-164.

— „Recherches sur le *De Caelo* d'Aristote", *Revue Thomiste*, LIX (1951).

— „Notes sur la tradition indirecte du 'De caelo' d'Aristote", *Hermes*, LXXXII (1954), S. 145-182.

— *La méthode d'Aristote dans l'étude du ciel*, in: *Aristote et les problèmes de méthode. Communications présentées au Symposium Aristotelicum tenu à Louvain du 24 Août au 1er Septembre 1960*, hrsg. v. S. Mansion, Louvain-Paris 1961, S. 173-194.

— „Kritisch-Exegetisches zu Aristoteles", *Archiv für Geschichte der Philosophie*, XLIII (1961), S. 15-40.

— „Quinta essentia", in: *RE*, Bd. XXIV 1, Stuttgart 1963, Sp. 1171-1226.

— *Der Aristotelismus bei den Griechen von Andronikos bis Alexander von Aphrodisias*, Bd. 1: *Die Renaissance des Aristotelismus im I. Jh. v. Chr.*; Bd. 2: *Der Aristotelismus im I. und II. Jh. n. Chr.*; Bd. 3: *Alexander von Aphrodisias* (hrsg. v. J. Wiesner), Berlin-New York 1973-1984-2001.

H. More, *Enchiridion Metaphysicum sive De rebus incorporeis succinta & luculenta Dissertatio*, in: *Henrici Mori Cantabrigensis opera omnia*, London 1679, Bd. 1.

J. Moreau, *L'âme du monde: de Platon aux Stoiciens*, Paris 1939 [Neudr.: Hildesheim 1965].

J.S. Morrison, „The Shape of the Earth in Plato's *Phaedo*", *Phronesis*, IV (1959), S. 101-119.

Ch. Mugler, *Platon et la recherche mathématique de son époque*, Strasbourg-Zürich 1948.

R. Mugnier, *La théorie du Premier Moteur et l'évolution de la pensée aristotélicienne*, Paris 1930.

O. Neugebauer, „Mathematical Methods in Ancient Astronomy", *Bulletin of the American Mathematical Society*, LIV (1948), S. 1013-1041.

— *The Exact Sciences in Antiquity*, Princeton [2]1957.

J. von Neumann, „Eine Axiomatisierung der Mengenlehre", *Journal de Crelle*, CLIV (1925), S. 219-240.

— „Die Axiomatisierung der Mengenlehre", *Math. Zeitschr.*, Bd. XXVII (1928), S. 669-752.

W. Neuser, *Infinitas infinitatis et finitas finitatis. Zur Logik der Argumentation im Werk Giordano Brunos*, in: G. Wolfschmidt (Hrsg.), *Nicolaus Copernicus (1473-1543). Revolutionär wider Willen*, Stuttgart 1994, S. 181-189.

R. Nevanlinna, *Raum, Zeit und Relativität (Vorlesungen, gehalten an den Universitäten Helsinki und Zürich)*, Basel-Stuttgart 1964.

I. Newton, *Philosophiae Naturalis Principia Mathematica*, The Third Edition (1726), hrsg. v. A. Koyré u. I.B. Cohen, Cambridge [Mass.] 1972.

— *Mathematische Grundlagen der Naturphilosophie*, dt. Übers. v. E. Dellian, Hamburg 1988.

D. O'Brien, *Theories of Weight in Ancient World*. Bd. I: *Democritus. Weight and Size*, Paris-Leiden 1981; Bd. II: *Plato. Weight and Sensation*, ibid. 1984.

A. Oberschelp, *Allgemeine Mengenlehre*, Mannheim-Leipzig-Wien-Zürich 1994.

R. Oloff, *Geometrie der Raumzeit*, Braunschweig-Wiesbaden 1999.

G.E.L. Owen, *Tithenai ta phainomena*, in: *Aristote et les problèmes de méthode. Communications présentées au Symposium Aristotelicum tenu à Louvain du 24 août au 1er septembre 1960*, Louvain-Paris, S. 83 ff., jetzt in: *Articles on Aristotle*, hrsg. v. J. Barnes, M. Schofield u. R. Sorabji, Bd. 1: *Science*, London 1975, S. 113-126.

E. Pérez Sedeño, *El rumor de las estrellas. Teoría y experiencia en la astronomía griega*, Madrid 1986.

H. Poincaré, *La science et l'hypothèse*, Paris 1902.

— *La valeur de la science*, Paris 1905.

K.R. Popper *Logik der Forschung*, Tübingen [7]1982.

— *Vermutungen und Widerlegungen. Das Wachstum der wissenschaftlichen Erkenntnis* [Or.-Tit.: *Conjectures and Refutations. The Growth of Scientific Knowledge*], dt. Übers. v. G. Albert, M. Mew, K.R. Popper, E. Schiffer, G. Siebeck, Tübingen 1994.

M. Potter, *Set Theory and its Philosophy*, Oxford 2004.

A. Prevosti Monclús, *Teoría del infinito en Aristóteles*, Barcelona 1985.

O. Regenbogen, *Eine Forschungsmethode antiker Naturwissenschaft*, „Quellen und Studien zur Geschichte der Mathematik, Astronomie und Physik", B, I, 2, Berlin 1931, S. 131-182, jetzt in: Id., *Kleine Schriften*, München 1961, S. 141-194.

G. Reale, *Zu einer neuen Interpretation Platons. Eine Auslegung der Metaphysik der großen Dialoge im Lichte der „ungeschriebenen Lehren"* [Or.-Tit.: *Per una nuova interpretazione di Platone. Rilettura della metafisica dei grandi dialoghi alla luce delle „Dottrine non scritte"*], dt. Übers. v. L. Hölscher, hrsg. v. J. Seifert, Paderborn-München-Wien-Zürich [2]2000.

H. Reichenbach, *Experience and Prediction. An Analysis of the Foundations and the Structure of Knowledge*, Chicago 1938.

A. Rey, *La science dans l'Antiquité*, Bd. II: *La Jeunesse de la science grecque*, Paris 1933.

S. Ricci, *La fortuna del pensiero di Giordano Bruno (1600-1750)*, Florenz 1990.

J. Richard, „Les principes des Mathématiques et le problème des ensembles", *Rev. Gén. des Sciences pures et appl.*, Bd. XVI (1905), S. 541-543.

W. Rindler, *Relativity, Special, General and Cosmological*, Oxford [2]2006.

A. Rivaud, *Le problème du devenir et la notion de la matière dans la philosophie grecque depuis les origines jusqu'à Théophraste*, Paris 1906.

L. Robin, „Sur la conception aristotélicienne de la causalité", *Archiv für Geschichte der Philosophie*, XXIII (1910), S. 1-28 und 184-210; jetzt in: Id., *La pensée hellénique des origines à Epicure. Questions de méthode, de critique et d'histoire*, hrsg. v. P.-M. Schuhl, Paris [1]1942; Ibid. [2]1967.

— *Aristote*, Paris 1944 (Nachdr.: New York 1979).

— *La pensée grecque et les origines de l'esprit scientifique*, hrsg. v. P.-M. Schuhl u. G.A. Rocca-Serra, Paris 31974.

W.D. Ross, *Aristotle's Physics*, Oxford 1936 (Nachdr.: Oxford 1998).

— *Aristotle*, London 1956.

A. Rostagni, *Il verbo di Pitagora*, Genova 1982 (Nachdr. der Ausg. Turin 1924).

B. Russell u. A.N. Whitehead, *Principia Mathematica*, 3 Bde., Cambridge 1910-1913 ([2]1925).

E. Sachs, *Die fünf platonischen Körper. Zur Geschichte der Mathematik und der Elementenlehre Platons und der Pythagoreer*, Berlin 1917 (= „Philologische Untersuchungen", 24. Heft).

W.C. Salmon (Hrsg.), *Zeno's Paradoxes*, Indianapolis-Cambridge [2]2001.

S. Sambursky, „Philoponus' Interpretation of Aristotle's Theory of Light", *Osiris*, XIII (1958), S. 114-126.

— *Das physikalische Weltbild der Antike* [Or.-Tit.: *The Physical World of the Greeks; Physics of the Stoics; The Physical World of Late Antiquity*], dt. Übers. vom Autor, Zürich 1965.

— *Note on John Philoponus' Rejection of the Infinite*, in: S.M. Stern, A. Hourani u. V. Brown (Hrsg.), *Islamic Philosophy and the Classical Tradition*, Oxford 1972, S. 351-353.

F.W.J. Schelling, *Philosophische Briefe über Dogmatismus und Kriticismus – Neue Deduktion des Naturrechts – Antikritik*, hrsg. v. H. Buchner, W. G. Jacobs u. A. Pieper, Stuttgart 1982.

— *Bruno oder das göttliche und natürliche Princip der Dinge. Ein Gespräch* [Erstausg.: Berlin 1802], in: Id., *Werke*, Bd. III, Darmstadt 1988.

G. Schiaparelli, *Scritti sulla storia della astronomia antica*, Teil I.: *Scritti editi*, Bd. 2, Bologna 1926.

E. Schmutzer u. W. Schütz, *Galileo Galilei*, Leipzig [6]1989.

R.W. Sharples, „The unmoved mover and the motion of the heavens in Alexander of Aphrodisias", *Apeiron*, XVII (1983), S. 62-66.

T. Skolem, „Einige Bemerkungen zur axiomatischen Begründung der Mengenlehre", *Wiss. Vorträge, 5. Kongress Skand. Math.*, Helsingfors 1922, S. 217-232.

F. Solmsen, *Aristotle's System of the Physical World. A Comparison with his Predecessors* („Cornell Studies in Classical Philology", vol. XXXIII), Ithaca (NY) 1960.

R. Sorabji, *Necessity Cause and Blame. Perspectives on Aristotle's Theory*, London 1980.

— *Time, Creation and the Continuum*, London 1983.

— (Hrsg.), *Philoponus and the Rejection of Aristotelian Science*, London 1987.

— (Hrsg.), *Aristotle Transformed. The Ancient Commentators and their Influence*, Ithaca (NY) 1990.

H. Spanu, *Methodologische Untersuchungen zur aristotelischen „Wissenschaftstheorie"*, München 1976.

L. Spitzer, *Classical and Christian Ideas of World Harmony*, Baltimore 1963.

F. van Steenberghen, *Aristote et l'infini*, in: *Aristotelica. Mélanges offerts à Marcel De Corte*, hrsg. v. A. Motte u. C. Rutten, Bruxelles-Liège 1985.

A. Szabó u. E. Maula, *Enklima. Untersuchungen zur Frühgeschichte der griechischen Astronomie*, Athen 1982.

Ch. Tapp, *Kardinalität und Kardinäle. Wissenschaftshistorische Aufarbeitung der Korrespondenz zwischen Georg Cantor und katholischen Theologen seiner Zeit*, Wiesbaden-Stuttgart 2005.

R. Taschner, *Das Unendliche. Mathematiker ringen um einen Begriff*, Berlin-Heidelberg-New York ²2006.

A.E. Taylor, *A Commentary on Plato's Timaeus*, Oxford ²1962 (Erstausg. 1928).

Thomas Aquinas, *Summa Theologica*, Taurini ²²1939.

— *De Aeternitate Mundi contra Murmurantes*, in: Id., *Opuscula Philosophica divi Thomae Aquinatis doctoris angelici*, hrsg. v. R.M. Spiazzi, Taurini 1954, S. 103-108.

R. Torretti, *Relativity and Geometry*, Oxford 1983.

K. Ulmer, *Wahrheit, Kunst und Natur bei Aristoteles*, Tübingen 1953.

G. Vlastos, *Plato's Universe*, Oxford 1975.

F. Volpi (Hrsg.), *Großes Werklexikon der Philosophie*, Stuttgart, 1999.

— (Hrsg.), *Dizionario delle opere filosofiche*, Mailand 2000.

B.L. van der Waerden, *Die Astronomie der Pythagoreer*, „Verhandelingen der koninklijke nederlandse Akademie van Wetenschappen, Afd. Natuurkunde", H. XX (1954).

— *Die Pythagoreer. Religiöse Bruderschaft und Schule der Wissenschaft*, Zürich-München 1979.

— *Erwachende Wissenschaft*, Bd. 2: *Die Anfänge der Astronomie*, Basel-Boston-Stuttgart ²1980.

— *Die Astronomie der Griechen. Eine Einführung*, Darmstadt 1988.

S. Waterlow, *Nature, Change and Agency in Aristotle's Physics*, Oxford 1982.

K. Weierstrass, „Briefe an P. Du Bois-Reymond", *Acta Math.*, Bd. XXXIX (1923), S. 199-225.

H. Weiss, *Kausalität und Zufall bei Aristoteles*, Darmstadt ²1967.

Ch. Werner, *Aristote et l'idéalisme platonicien*, New York-London 1987 (Nachdr. der Ausg. Paris 1910).

H. Weyl, *Die Stufen des Unendlichen (Vortrag, gehalten am 27 Oktober 1930 bei der Eröffnung der Gästetagung der Mathematischen Gesellschaft an der Universität Jena im Abbeanum)*, Jena, 1931.

W. Wieland, *Die aristotelische Physik. Untersuchungen über die Grundlegung der Naturwissenschaft und die sprachlichen Bedingungen der Prinzipienforschung bei Aristoteles*, Göttingen ²1970.

C. Will, *Theory and Experiment in Gravitational Physics*, Cambridge ²1993.

C. Wolf, *Das potentiell Unendliche: die aristotelische Konzeption und ihre modernen Derivate*, Frankfurt a.M.-Bern 1983.

M. Wolf, *Fallgesetz und Massebegriff. Zwei wisseschaftshistorische Untersuchungen zur Kosmologie des Johannes Philoponus*, Berlin 1971.

F.J.E. Woodbridge, *Aristotle's Vision of Nature*, New York 1965.

W.H. Woodin, „The Continuum Hypothesis, Part I and II", *Notices of the American Mathematical Society* 48 (2001), S. 567-576 (Teil I), 681-690 (Teil 2).

P. Zagorin, „Francis Bacon's concept of objectivity and the idols of the mind", *British Journal for the History of Science*, XXXIV (2001), S. 379-393.

E. Zeller, *Die Philosophie der Griechen in ihrer geschichtlichen Entwicklung*, Darmstadt 1963 [7., unveränd. Aufl., fotomechan. Nachdr. der 6. Aufl. Leipzig 1922], Bd. I, Abt. 1.

P. Zellini, *Breve storia dell'infinito*, Mailand ³1989.

E. Zermelo, „Beweis, dass jede Menge wohlgeordnet werden kann", *Math. Ann.*, Bd. LIX (1904), S. 514-516.

— „Neuer Beweis für die Möglichkeit einer Wohlordnung", *Math. Ann.*, Bd. LXV (1908), S. 107-128.

— „Untersuchungen über die Grundlagen der Mengenlehre", *Math. Ann.*, Bd. LXV (1908), S. 261-281.